川島令三

最新 新幹線事情 大研究

草思社

はじめに

国鉄が分割民営化されＪＲが発足してから1年たった昭和63年（１９８８）に『新幹線事情大研究』を出版し、おかげさまで版を重ねた。本書はこの旧著を一部踏襲しつつ、新しく書き下ろしたものである。

昭和39年（１９６４）10月に東海道新幹線が開業して今年（２０２１年）で57年、新幹線はもうすぐ還暦を迎える。開業したときの最高速度は時速２１０キロだったが、今や３２０キロになっている。山陽、九州、東北、北海道、上越、北陸の６つの新幹線が加わり、最高速度５０５キロを出すリニア中央新幹線の品川―名古屋間が建設中である。

現在はコロナ禍で新幹線の乗客が減ったといわれる。だが、コロナウイルスの感染拡大がやや落ち着いた令和２年（２０２０）11月に久しぶりに東海道・山陽新幹線を利用したが、新横浜駅で列車を待っていると、ダイヤはフル稼働に近い運転本数で運行していた。そして、やってきた各新幹線電車はどれも満席に近い状況だった。

その後は再びコロナウイルスが猛威をふるって新幹線の利用客も減ったようだが、２回のワクチン接種後の令和３年６月末に新横浜―京都間を「ひかり」の自由席で２回往復したとき、駅で待っている間に発着する「のぞみ」の自由席車は満席状態だった。しかし「ひかり」の自由席は２人席に１人が座っている程度のガラ空《す》きの状態だった。

これはコロナ禍の前からそのような状態であった。「ひかり」は、インバウンド旅行客の利用で指定席は満席状態、自由席はガラガラというのが常だった。コロナ禍の現在ではインバウンドの乗車はほぼないので指定席も空いている。コロナ禍の現在でも、人々は速い「のぞみ」に乗りたがるのである。

コロナ禍はやがては収束する。そのときには東海道新幹線だけでなく、各新幹線も再び利用される。東海道新幹線は、「のぞみ」が1時間に最大12本走れるダイヤを組んでいる。コロナ禍になる前の朝7、8時台は、「のぞみ」をフル稼働させる12本運転をしていた。このほかに「ひかり」と「こだま」が1時間に各2本運転されている。世界中を見ても、これだけの過密運転をしている高速鉄道はない。ただしこれ以上の増発は難しい。そのためにリニア中央新幹線が建設中なのである。

そのリニアについては、日本だけでなく海外の識者からも、東海道新幹線があるから開通してもだれも乗らない、だから赤字になるとか、５００キロも出すのは危険だとかのコメントが出されている。

東海道新幹線が着工されたときにも、東海道本線があるから新幹線が開通しても赤字になる、２００キロの高速運転は危険でやがて大事故を起こす、といったコメントを嫌になるほど聞かされた。今のリニア不要論は東海道新幹線の建設時に聞かされた新幹線不要論とほとんど変わらない。当時を知る筆者からするとデジャブ（既視感）を見る思いである。東海道新幹線が開通すると、国の内外から出されていた不要論はなくなり、各国が高速鉄道を整備し始め、普及していったのは、ご承知のとおりである。

京王相模原線から見たリニア神奈川県駅。オープンカット工法で地下深く掘削される

本書では新幹線の歴史を振り返り、現状を考察し、そしてリニア中央新幹線がどういうものかなどを紹介する。

パート1ではテーマ別総点検として、新幹線にまつわるさまざまなテーマを取り上げた。日本と他国の高速列車との違い、とくに日本の新幹線電車は他国の高速列車にくらべて車体の幅が非常に広いこと、また、全国新幹線鉄道網の形成過程や、新しく開通した新幹線の各駅はこぢんまりしたつくりになっていることなどを詳述した。さらに今後の新幹線での荷物・貨物輸送について吟味した。

パート2では新幹線電車の速度にまつわる項目を取り上げた。新幹線が新幹線であるためには大半の区間でずっと最高速度を出していること、つまり最高速度イコール巡航速度であること、それが、今後は直線区間ではもっとスピードを上げるようになることなどを述べた。なお、東海道新幹線ではすでに巡航速度を上回る速度を出している。また、乗客にとって敬遠される所要時間は3時間半以上なのか2時間半以上なのか等、さまざまな事項を考察した。

パート3では新幹線各線ごとに、路線の概況、現在のダイヤと車両、そして将来展望について、具体的に吟味した。未開業の北海道新幹線新函館北斗―札幌間、北陸新幹線金沢―敦賀《つるが》―新大阪間、西九州新幹線新鳥栖《しんとす》―武雄温泉―長崎間も取り上げている。また、正式には新幹線路線でない山形・秋田の両新幹線についても言及した。これら各線のダイヤについてはコロナ禍を考慮しつつ、通常時のもので吟味した。

パート4ではリニア中央新幹線について詳述した。リニア中央新幹線が時速500キロを出すことは知られているが、メカニズムや運用方法は、あまり紹介されていない。それが、不要論や危険論が論じられる要因だ。リニアモーターカーについて、もっと理解されればそのような論調はなくなろう。ただし、リニアの一番の欠点は、通常の新幹線にくらべて輸送力が小さい点である。それをどう克服するか筆者の考えを述べ、想定時刻表も掲載した。

本書によって、リニアを含む日本の新幹線について理解を深めていただければ幸いである。

令和3年8月

最新　新幹線事情大研究——目次

はじめに――3

パート1 テーマ別総点検

新幹線とは――16
新幹線電車は徐々に幅が狭くなり背丈が低くなっている――19
ヨーロッパの高速電車はなぜ格好いい？――21
日本とヨーロッパの高速列車の違い――23
車体幅が世界一広い日本の新幹線――25
新幹線の車内設備はどう変わっていったか――28
新幹線にも夜行列車を走らせる予定だった――43
高度成長期の「通勤新幹線」構想――48
全国新幹線鉄道網の整備計画――52
在来線と新幹線の直通――57
基本計画線とのジャンクション駅は、予め分岐の準備がなされている――59

在来線との乗り換えが不便な駅が多い――63
新幹線単独駅は十分に利用されているのか――65
こぢんまりしている整備新幹線の駅――70
本線上で列車が立ち往生すると新幹線は大混乱になる――73
脱線・逸脱防止装置の開発――76
運賃・料金が最大3割引になるジパング倶楽部では「のぞみ」に乗れない――77
グランクラス車は空気を運んでいるだけ――79
新幹線による小荷物輸送は事業として成立するか――81
東海道新幹線は貨物列車も運転することになっていた――85
新幹線貨物輸送の再考が必要――88

パート2 「スピードアップ」分析

東海道新幹線に世界が驚いたのは、ずっと200キロで走り続けていること――94
新幹線のスピードアップの歴史――98
浮上式リニア駆動だけが超高速運転できるわけではない――113

東北新幹線は最高速度380キロに引き上げる？——115
カーブでの最高速度の計算方法——119
実は遠心力0・08gは乗り心地が悪い——121
リニア中央新幹線の最高速度は505キロ——123
新幹線が開通するとどのくらい所要時間が短くなるのか——124
「4時間の壁」は幻？——129
空路に対しては3時間半の壁が正解——134
出張族が鉄道を利用したくなる所要時間は2時間半以内——136
所要2時間を切ると対航空機シェアは100％になる——138
対高速道路シェアは、600キロの距離が壁——140

パート3 各線徹底分析

東海道新幹線——144
山陽新幹線——161
九州新幹線——168

西九州新幹線――175
東北新幹線――180
北海道新幹線――189
山形新幹線――195
秋田新幹線――200
上越新幹線――203
北陸新幹線――211

パート4 リニア中央新幹線

リニア中央新幹線と政治――222
中央新幹線は国のプロジェクトではない――225
事あるごとに出没するリニア中央新幹線不要論――227
リニアは技術的にも欠陥があるという主張は誤っている――230
速く走らせることの利点――233
リニア中央新幹線の根本的な欠点――234

中央新幹線品川―名古屋間のルートと駅――238
中央新幹線のダイヤ作成の条件を考察する――247
品川―名古屋間開業時の想定ダイヤ――249
新大阪延伸時には変電所の数を倍増する必要がある――252
リニア中央新幹線の延伸として四国新幹線を建設するのもいい――254

最新 新幹線事情大研究

パート
1

テーマ別総点検

新幹線とは

何をもって「新幹線」というのだろうか。文字からみると「新しい幹線」ということだ。幹線とは、たとえば東海道本線など、核となる路線のことである。それに並行して造られた新しい幹線だから新幹線なのである。

歴史的には、昭和13年（1938）12月に、最重要幹線区間である東京―下関間に広軌新線を建設して最高時速150キロの高速列車を走らせることが立案された。この路線の名を「新幹線」とした。新幹線という固有名詞が初めて使われたのはこのときである。しかし、一般には「弾丸列車」と呼ばれていた。

当時の弾丸列車構想による新幹線は、東海道・山陽本線の線路増設線扱いにしたので、新線の建設ではない。このため、新線建設の根拠となっていた「鉄道敷設法」で建設される路線ではないので、鉄道大臣の諮問《しもん》機関である鉄道建設審議会の意向に従う必要はない。ともあれ、歴史的には弾丸列車計画が新幹線なのである。

法律的には、昭和45年（1970）5月に公布された「全国新幹線鉄道整備法」の第2条において、『新幹線鉄道』とは、その主たる区間を列車が200キロメートル毎時以上の高速度で走行できる幹線鉄道をいう」と定義されている。

東海道新幹線は昭和34年（1959）4月に着工された。そのとき国鉄（日本国有鉄道）が定めた東海道新幹線の規格は、弾丸列車計画時の規格をほぼ踏襲し、軌間１４３５㎜の広軌、最小曲線半径は２５００ｍ、最急勾配15‰《パーミル》（千分率。水平に１０００ｍ進んで15ｍの高低差がある）とした。最高速度だけは弾丸列車の時速１５０キロから２１０キロに引き上げた。また、弾丸列車計画と同様に、東海道本線の線路増設線として建設することにした。

軌間というのは、左右のレールの内側の間隔のことである。国鉄在来線の軌間は１０６７㎜で、国際的には狭軌に分類されている。軌間１４３５㎜を当時の日本では広軌と呼んでいたが、国際的には「標準軌」である。また狭軌１０６７㎜は「日本標準軌」と呼んでいた。

最高時速を２００キロではなく２１０キロにしたのは、２１０キロになると自動列車制御装置（Automatic Train Control、以下ＡＴＣ）によってブレーキがかかるようにしているためだった。この２１０キロの速度を「ＡＴＣ頭打ち速度」という。このため２１０キロを出すことはほとんどなかった。

また当時の車両では、ずっと２００キロを出し続けるためには、２０５キロくらいまで出して加速（これを力行《りっこう》という）をやめ惰行《だこう》で走らせ、２００キロ程度に下がると再力行して２０５キロまで加速するという運転方法が必要だった。ＡＴＣによるブレーキは強く乗り心地が悪い。このため、頭打ち速度に達しない２０５キロで力行をやめていた。当時は定速走行の技術が進んでいなかったので、この方法にせざるをえなかったのである。

最小曲線半径を２５００ｍにしたのは２１０キロを出すためである。当時の国鉄では、東海道本線をはじめとする幹線路線のことを甲線と呼び、最小曲線半径の規格は３００ｍだった。もっとも、線路改良により東海道本線ではほとんどが半径４００ｍ以上になっている。ともあれ東海道新幹線の最小

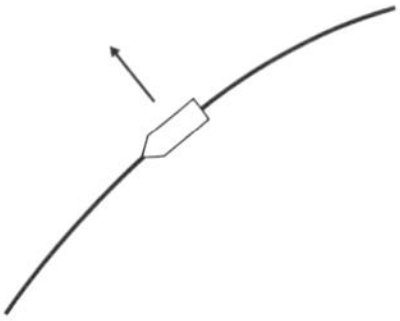

列車がカーブを走行するとき、カーブの外側へ遠心力が発生する

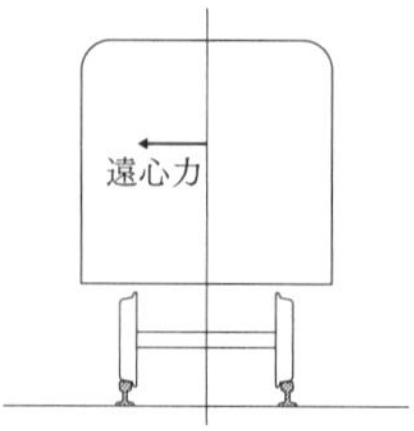

左右のレールが水平だと遠心力を緩和できない

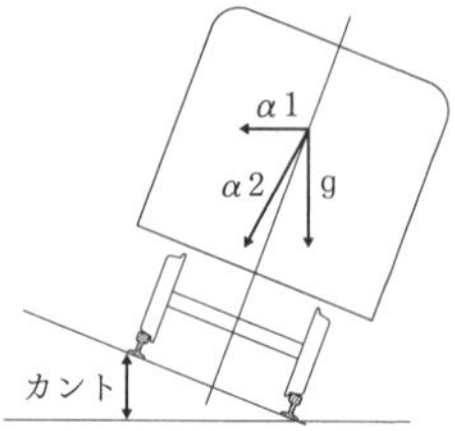

レールをカーブの内側に傾けると重力(g)と遠心力(α1)の合力(α2)で、外側へ持っていかれる力が緩和される

曲線半径は東海道本線の6倍以上緩い。

なお、200キロを出しても脱線しない曲線半径が2500mということではない。列車がカーブを走行すると、列車内にいる乗客はカーブの外側へ押される遠心力を感じる。200キロを出す列車内で乗客が通路を歩くときに、遠心力によってふらつかないですむ曲線半径が2500mなのである。

その遠心力の値は0・08g（gは重力加速度）以下にするのが国際的にも標準である。最高速度を300キロ以上にするためには、最小曲線半径2500mでは不足する。300キロでは4000m以上、350キロでは5400m以上は必要とされている。

ただし東海道新幹線の最小曲線半径2500mは、250キロで走行しても遠心力は0・08g以下にできる。現在の東海道新幹線は半径2500mで270キロを出している。270キロ走行ができるようになったのは、左右のレールの高低差（これをカントという）を大きくするとともに、車体を傾けて遠心力を0・08gに抑えているからだ。また、もっと緩いカーブや直線では285キロを出している。

新幹線電車は徐々に幅が狭くなり背丈が低くなっている

トンネルでの空力特性をよくするためと微気圧波《びきあつは》の発生を抑えるために、車体の高さは、2階建て新幹線は別にして、新しい車両ほど低くなっている。微気圧波とは、トンネルに入るとき列車がピストンのような役目をしてトンネル内の空気を押し、トンネルの出口側で圧力波が外に拡散し、大きな音が出て建物を揺らしたりする現象である。俗に「トンネルドン」と呼ばれるが、圧力波は大気圧の0・1%程度しかないので微気圧波という。車体断面積が大きいほど、そして速度が高いほど発生する。

最初の新幹線電車である0系は、車体の長さ25m、幅3380㎜、高さはレール面から屋根までが3975㎜だった。

270㌔運転を平成4年（1992）に開始した300系「のぞみ」の高さは3600㎜と、0系より375㎜低くなった。ATC頭打ち速度が275㌔のE2系は3700㎜と少し高くなった。

平成9年登場の500系は3690㎜と、300系よりわずかに低くなった。500系は300㌔運転を行うため、車高を低くするだけでなく、屋根部の断面を丸くしている。在来線に直通できるE3系電車（つばさ）が4090㎜と高くなっているのは、天井の上にエアコンの室内機を搭載しているためである。車体幅が在来線に合わせた2945㎜と細身なので、微気圧波の発生は抑えられている。

山陽新幹線で285㌔運転をする700系の車体高は3650㎜と低い。700系の改良型で300

０キロ運転をするＮ７００系の先頭車は、３５００㎜とさらに低くなり、後方デッキ寄りの座席の天井部分で１００㎜高くした３６００㎜になって、続く中間車はすべて３６００㎜になっている。

Ｎ７００系はカーブの内側へ車体を1度傾斜させるので、車体幅は３３６０㎜と20㎜狭くしている。東北新幹線Ｅ５系（はやぶさ等）は1・5度傾斜させるので、30㎜狭い３３５０㎜にしている。どちらも、車体が傾いたときに車両限界（車体や台車機器等の最大寸法規格）内に収めるためである。

２階建てのＥ１系やＥ４系、その前の１００系の中間に連結されていた２階建て車両では、微気圧波は当然大きく発生する。そこで最高速度をＥ１系とＥ４系は２４５キロに抑えた。１００系は２３０キロに抑えていた。その結果、２階建て新幹線電車は高速運転の邪魔ということでなくなってしまう。

東北新幹線Ｅ５系の高さは３６５０㎜と、Ｎ７００系より50㎜高い。しかし、３２０キロで走るために先頭部の長さは15ｍと、Ｎ７００系よりもはるかに長くなっている。車体の形状が大きく変化する個所を下部に持ってきている。この個所では風切り音が大きくなるが、防音壁があって騒音が沿線に届かない。このためにノーズの一番先頭は拳銃の弾のような形をしている。さらに空気ができるだけ上部へ流れ、水平方向へはあまり流れないようにしている。

16両という長編成では、前方車両の揺れが後方車両に伝わっていき、最後部車両の揺れが大きくなる。揺れを伝わりにくくするために、５００系やＥ2系から、連結器のほかに車両間ダンパー（緩衝装置）を設置するようになり、３００系もあとから装着した。だが完全には抑えきれていない。このためフロントノーズに切り込みを入れて、ちょうど飛行機の尾翼のように、左右動を抑える役目をさせている。

ヨーロッパの高速電車はなぜ格好いい？

時速３２０㌔運転をする東北新幹線Ｅ５系の先頭形状は、アヒルのくちばしをもっと長くしたような形状であり、フロントノーズの形状はボールペンの先や拳銃弾のように丸くなっている。３６０㌔運転を目指している試験電車のＥ９５６形「ＡＬＦＡ－Ｘ《アルファエックス》」はもっと長い。見慣れてしまえばそれなりに格好よく見えるものの、最初に見たときは不格好に感じてしまう。

３００㌔運転をするＮ７００系やＮ７００Ｓも、Ｅ５系ほどではないが、下膨れのフロントノーズをしている。これらは騒音防止、とくにトンネル突入時の微気圧波を軽減するための形状である。

ところが、同じく３２０㌔で走るフランスのＴＧＶデュープレックス（2階建て車両）は下膨れのスタイルをしておらず、すっきりした形状である。ドイツのＩＣＥ３電車もすっきりしている。

この違いは何かというと、日本の新幹線のトンネル断面積が基本的に63・5㎡なのに対して、ヨーロッパの多くの高速新線のトンネル断面積は１００㎡と広いためである。断面積が１・６倍広いということはトンネル微気圧波も小さくてすむ。さらに車体の幅は２９００～３１００㎜と狭く、そのぶん車体断面積も小さくなっている。また、人口が密集した街中を走ることが少ないので、明かり区間（トンネル外の区間）でも日本ほど騒音対策をしなくてすんでいる。

ドイツＩＣＥの３２０㌔運転線区のトンネル断面積は92㎡とやや狭いが、日本の新幹線にくらべて広い。初期のフランスのＬＧＶ（高速新線、95ページ参照）大西洋線のトンネル断面積は71㎡、ドイツ

ＩＣＥのマンハイム―シュトゥットガルト線は82㎡と狭かった。このため微気圧波が大きかったりして、一部の機関車の先頭部に亀裂が入ってしまった。それを解決する手段としてトンネル断面積を１００㎡に広げた。イタリアの高速新線も１００㎡である。イタリアも国鉄改革で上下分離（施設の管理主体と運行主体を別にする）され、運行部門を民営化したトレニタリア社のほかに、純民間資本のＮＴＶ社も高速列車の運行に加わった。ＮＴＶ社が造った「イタロ」ＥＴＲ５７５形はイタリアの有名な工業デザイン会社、ジウジアーロがデザインしたので、「フェラーリ特急」と呼ばれている。

　秋田新幹線「こまち」のＥ６系のフロントノーズが短いのは、ヨーロッパと同様の小さい車体断面積にしているからである。また、北陸新幹線は最高速度２６０㌔と遅いため、デザイン優先で設計できるから、Ｅ７系・Ｗ７系は下膨れでなく格好がいい。

　とはいえ、日本の新幹線のトンネル断面積が狭いということは、トンネル掘削費が安くつくということである。それでいて車体の横幅を広くとるようにしているので、輸送力が大きくなる。

　空力特性を最大限よくした技術は高い。大きな車体でありながら、狭いトンネルで微気圧波を抑えている技術は大したものである。しかし先頭フロントノーズは長くなる一方なので、先頭車の定員もそれにつれて少なくなっていく。

　リニア中央新幹線のトンネル断面積は74㎡である。新幹線よりは広いが、ヨーロッパの標準的なトンネルよりも狭い。しかし車体幅は２９００㎜と在来線並みにしている。側壁（ガイドウェイ）にコイルが取り付けられ、これが防音壁の役目もするから、やはり下膨れのスタイルになっている。車体幅が狭いこととやトンネル断面積が広くなったことで、フロントノーズはＥ５系よりも短くすんでいる。

日本とヨーロッパの高速列車の違い

日本の新幹線は電車方式（動力分散方式）、ヨーロッパの高速列車は機関車方式（動力集中方式）という点が大きく違うとよくいわれる。確かにヨーロッパは機関車方式が多いが、これは時速３２０キロ程度までのことである。

しかし、３２０キロでもブレーキに不安がある。というのは、３２０キロから速度を落とすブレーキは、駆動用のモーターを発電機代わりにしてその抵抗で減速する電力回生ブレーキに頼っている。機械的ブレーキ、クルマでいうフットブレーキは摩擦熱が出てしまい、常用しにくいところがある。

機関車方式では、機関車だけで速度を落とすことになってブレーキの効きが悪い。そこで機関車寄りの一部の客車にもモーターを搭載するようになった。客車にモーターを装備させるということは、電車ということである。徐々に、日本と同じ動力分散方式に移行している。

先頭に重たい機関車があるということは、脱線しても転覆しにくいということでもある。事実、フランスでは３００キロで走行中に脱線してしまったことがある。しかし、車輪が線路から外れてしまっても、転覆つまり横倒しにはならなかった。フランスが機関車方式に固執するのはこのためである。先頭が機関車ならば、在来線区間の踏切で大型トラックに衝突してしまっても、乗客が乗っていない機関車がダメージを受けるだけですむ。また、加速するときも、重たい機関車のほうがやりやすい。電車だと軽いので粘着力（車輪・レール間の摩擦力）が弱いからだ。

しかし、高速運転からのブレーキは電車が有利という矛盾をはらむ。そこで考えられているのは、先頭車に制御機器を集中する「先頭機器集中・動力分散」方式である。３５０キロ運転の列車はこの方式になるという。いずれにしても、いわゆる電車列車と同様の動力分散方式に落ち着くことになる。

新幹線との最も大きな違いは、在来線車両と同じ大きさにしていることである。フランスやドイツ、イタリアなどの在来線はもともと標準軌だから、高速新線も標準軌にすれば直通運転ができる。高速新線を少しだけ開通したとしても、いろいろな区間にスピードアップの効果を波及できる。

日本の国鉄線は狭軌だった。そこに国際標準軌を新幹線に導入した。在来線と直通しないのであれば車両ももっと大きくしたほうがいい。とくに東海道・山陽ルートでは輸送力を増強しなくてはならない。そこで、在来線よりも車体の幅を広くした３３８０㎜にした。狭軌線では最大２９５０㎜だから４３０㎜も広い。これによって在来線の横２&２列の計４列席を、横３&２列の計５列席にし、車体の長さを20ｍから25ｍに長くして１両当たりの座席定員を増した。

その後、在来線を標準軌に改軌して新幹線電車を直通する山形新幹線、続いて秋田新幹線を造ったが、大きな車体のまま乗り入れるにはトンネルや橋梁《きょうりょう》、ホームなどもそれに合わせたものにしなければならない。複線区間では上下線の間隔（軌道中心間隔）も広げる必要がある。それをせずにすむように、在来線の車両と同じ大きさにした、いわゆる「ミニ新幹線電車」が登場した。

車体幅は２９５０㎜、在来線ホームにかかる床位置では２８００㎜になっている。車体幅３３８０㎜に合わせた新幹線のホームに停車するときは、ドア下部に幅広いステップが出てきて、乗り降りするときにホームと車両の間に落ちることのないようにしている。

車体幅が世界一広い日本の新幹線

先述したように、カーブで車体を傾けない新幹線電車の車体幅は３３８０㎜である。日本の７００系の同系車を導入した台湾新幹線７００Ｔ形も同じ幅だ。中国も東北新幹線のＥ２系をベースにした車両（ＣＲＨ２）を導入したが、その後の中国の高速新線の車体幅は３２６５㎜にした。高速新線では高床ホームが多く、それに対応する車体幅は３３００㎜程度とされ、ＣＲＨ２は走る路線が限られてしまう。在来線にも乗り入れるが、在来線ホームは低床なので引っかからない。

フランスＴＧＶの車体幅は在来線と同じ２９５０㎜、ドイツＩＣＥは３０２０㎜だがフランスなどに乗り入れる電車では２９５０㎜にした。イタリアは３０００㎜、スペインは２９６０㎜である。いずれも在来線車両とほぼ同じにしている。

日本だけが幅広にしている。この３３８０㎜は戦前の「弾丸列車計画」の幅である。ただし車両限界の幅は３４００㎜にしていた。限界いっぱいいっぱいにせずに20㎜狭くして、実用幅は３３８０㎜にしている。

この車体幅にした理由は、明治に日本が鉄道を導入したときまで遡る。日本はイギリスの技師や商人の勧めで軌間を狭軌１０６７㎜にした。１０６７㎜は3フィート6インチである。イギリスの植民地の鉄道の多くが3フィート6インチだった。輸送需要から狭軌で十分だと勧めたのだが、イギリス側からすると、植民地の軌間と同じほうが輸出しやすいという利点もあった。

当時の狭軌車両の車体幅は2210㎜と狭かった。ところが日清戦争が起こって、兵員や物資の鉄道輸送力が明らかに不足してしまった。軍部は、広軌（当時は標準軌といわなかった）にしてヨーロッパ並みの車体幅にすることを望んだ。

横浜線に広軌線路を敷設して、狭軌から広軌へ改軌する各種方法の試験を行ったが、在来線を広軌化するには大がかりな工事と費用、期間が必要で、とても無理ということになった。

そこで、台車を改良したりして、狭軌のまま車体幅を明治41年（1908）に2464㎜、続いて大正8年（1919）には2794㎜の試作車を造った。その結果、ヨーロッパ並みの車体幅2800㎜にした大型客車が登場した。これによって在来幹線を広軌化する必要はなくなった。

それでも幹線を広軌化すべきとする軍部や政治家、鉄道技術者がいた。ヨーロッパの鉄道車両の幅は2800〜2900㎜だったが、アメリカの大陸横断鉄道の車体幅は3100㎜と広い。かつての朝鮮鉄道やその後の南満州鉄道の幹線では、それをまねて3100㎜幅にした。従来タイプが2800㎜ほどだから、車体幅を広げるとホームに当たってしまうのではないかと思われるかもしれないが、そもそもアメリカの鉄道はホームがないか、地面から少し立ち上げただけのホームがある程度である。客車のデッキ（出入台）にステップ（階段）があって、地上からはそれを昇る。南満州鉄道のホームも低床であり、やはりステップで昇り降りするので、車体はホームにかからない。

狭軌で2800㎜ができているのなら、広軌ではもっと幅の広い車両にすることができる。軌間1067㎜に対して2800㎜の車体幅は2・6倍になっている。単純計算すれば、軌間1435㎜では車体幅は3731㎜になる。しかし、安定性などを考慮すると3731㎜は無理で、可能な限界は

三島—新富士間を走るN700A系「のぞみ」。車体を傾斜させるので3360mm幅になっている

３５８１㎜であると結論づけた。

そして、広軌による東京—下関間の弾丸列車計画がスタートしたとき、最高速度は当初１５０㌔、ゆくゆくは２００㌔にすることから、３５８１㎜では不安がある。そこで座席を横２＆３列にでき、食堂車で通路と食事室が分離できる幅は３４００㎜で十分とした。ただし対馬と朝鮮海峡を船で航送する「鮮満直通客車」は３１００㎜にする予定だった。

その弾丸列車計画を受け継いだ東海道新幹線の車体幅は３３８０㎜になった。車体長も在来線の20ｍから25ｍと５ｍ長くしている。これも弾丸列車計画で決められたものである。ただし前述したように、弾丸列車も新幹線も車両限界は３４００㎜にしている。高さ10㎜の側灯《そくとう》が設置されても車両限界の範囲内に入るよう、車体そのものの幅は３３８０㎜なのである。

新幹線の車内設備はどう変わっていったか

試行錯誤だった新幹線の座席

前項のとおり、新幹線車両の車体幅は3380㎜にした。このとき1等車（現グリーン車）は掛け幅を広くし、ひじ掛けもゆったりさせることで横2&2列でもいいが、2等車（現普通車）も横2&2列だと通路が広すぎて無駄な空間ができる。そこで横2&3列にすることにした。しかし2列席は在来線と同様に回転させて向きを変えられるが、3列席は幅が広すぎて回転できない。

そのため各種の座席を昭和36年（1961）末に試作した。2列席は回転、転換、固定、3列席は転換、固定とし、それぞれ背ずり（背もたれ）は平面タイプと中央折れタイプの2種類を考え、全体で10種類の座席を試作した。

鴨宮に「モデル線」を先行して開通させ、1000形試作車を造り、試験を行った。1000形には2両編成のA編成（1001号と1002号）と、4両編成のB編成（1003～1006号）の2編成があった。試作B編成に各種の座席をとっかえひっかえ設置して試した。いろいろな転換式のほかに、大人2人と子供1人、あるいは詰めれば3人がなんとか座れる2・5人掛けの回転シート、横3&3の6列シート、6人掛けボックスシート、横2&3列のプラスチック製固定シートなどである。

その後に量産車（のちの0系）が登場したが、2等車の転換クロスシートの形状はまだ決まらず各種の形状を試し、ようやく、腰部分を凹ませた形状の背ずりに決定した。

量産車の車内設備

量産車の2等転換クロスシートのシートピッチ（前後の座席の間隔）は940㎜だった。座席の色は腰部分が濃紺、それ以外はグレーとし、ひじ掛けの内部前後に引き出し式の小さなテーブルと灰皿が設けられた。転換して向かい合わせにして前後のテーブルを引き出すと、テーブルは広めに使える。しかし通路に出るときは隙間がないから、跨ぐかテーブルを収納しなくてはならない。

5号車と9号車の半室はビュッフェが配置され、山側の窓向きにFRP（繊維強化プラスチック）製の椅子が13脚置かれ、デッキ側の壁には速度計が埋め込まれた。

1等車は横2&2列の回転リクライニングシートで、シートピッチは1160㎜だった。

開業時には12両編成30本360両を用意し

試作車1000形のA編成（左）とB編成（右）

0系の転換クロスシート。背ずりを転換させることによって座席の向きを変える

ビュッフェのデッキ側の壁にはアナログ式速度計が設置されていた

た。１８０両ずつ２回にわたって製造されたため、当初製造されたものを１次車、その次を２次車と呼んでいる。

12両編成のうち２両が１等車、２両は半室にビュッフェが設置された２等合造《ごうぞう》車《しゃ》だった。２等車のうちトイレや洗面所がない車両は前後22列横５列なので、定員は１１０人になった。なお、軸重は16ｔだった。

続く３次車10本１２０両は昭和40年（１９６５）７月までに増備された。１、２次車は、客室とビュッフェ室は１次気密構造、デッキは２次気密構造にしていたが、トイレと貫通路は気密外にしていた。このため客室とデッキの間の扉やトイレの扉は気圧差があって、引き戸が重く、開けにくかった。３次車からはすべてを一体の気密にした。

また、１、２次車は押し込め吸気をしていたので、車外との気圧差が生じていた。３次車では強制排気装置を設けて気圧差をなくした。ただしトンネル走行時は、気圧変動でいわゆる「耳ツン」が起こるので、吸気排気装置を閉じて完全気密にした。

1、2次車もこれに準じて改造していったが、その途上では、圧力差によってトイレの扉が開かなくなって、新大阪からの乗客が東京まで「雪隠詰《せっちん》め」にあったり、トンネル内の気圧差でトイレから汚水が噴き出す事件や、車両側面中央にあった非常口の扉が外れて飛び出す事件もあったりした。この経験から、トイレには緊急ブザーのスイッチが置かれるようになった。これはトイレ内で具合が悪くなったときなど別の理由もあり、最新のN700S系までずっと設置されている。

その後は乗客に関わる珍事故はなくなっていき、新幹線電車の増備が続いた。昭和44年、大阪千里万博前に「ひかり」の16両編成化が行われた。このため10次車として中間車30編成分120両を製作して、12両編成にそれぞれ中間車4両を増結した。また「こだま」用12両編成も5本製作された。車両運用上「こだま」も「ひかり」用16両編成で走ることもあるので、「こだま」だけ停車する駅のホームも16両編成分に延伸した。

昭和46年には、山陽新幹線用として12次車が登場した。山陽新幹線には長大トンネルが多く、トンネル内での換気が必要になった。それまでトンネル内では吸気排気装置を閉じていたのを、気密を保っていても換気ができる耐気密型換気装置を搭載できる準備設備を行うとともに、一層の難燃対策を施した。

そして14次車からは耐気密型換気装置が当初から設置され、他車も順次取り換えた。15次車からは、モーター出力を204kWから225kWにアップした。

食堂車の登場

山陽新幹線博多延伸を控え、昭和49年（1974）に17次車として、食堂車64両とこれとペアになる普通車64両が造られ、64本の「ひかり」編成に組み込まれた。18次車は10両の食堂車とペアの10両の普通車のほかに、ビュッフェ車を除く各種車両が合わせて156両、19次車も152両が造られた。

1編成に2両あったビュッフェは1両だけになり、9号車に配置された。9号車の隣の8号車が食堂車、11、12号車がグリーン車となった16両編成が「ひかり」に使用された。

かねて念願だった食事室と一般通路との分離をした。これで通行人に邪魔されずにゆったりと食事ができるようになった。テーブルを挟んで横2&4席、6列があり、その奥に少し仕切られたソファ席があった。海側は1人掛け向かい合わせの2人席、山側は食事室の通路側にテ

登場時の0系食堂車。通路側（写真右側）には窓がなく富士山が見えなかった

ーブルがあって、それを挟むようにコの字形の4人掛けのソファが配置された。

登場時は通路と食事室の間の仕切り壁に窓はなかったが、食事室から富士山が見えないという苦情があって窓が設けられ、テレビのCMでも「食堂車から富士山が見えるようになりました」のアナウンスが流された。

小窓車の登場

昭和51年に製造された22次車は、1次車など初期の車両の置き換え用として登場した。それまで座席2列に対して側窓1個の長窓だったのを、1列に1個の側窓を設置した。これを小窓車という。

冬季の関ケ原越えで雪が床下機器に付着し、京都や名古屋に到着する前に溶けて線路のバラスト（砕石）に当たり、そのバラストが跳ね上がって車体に当たったり側窓を割ったりすることが度々あった。そこで被害を抑えることと修理費を安くするために小窓にしたのである。このほか制御機器の変更なども行われた。このため1000番台に区分された。

200系の登場で東海道・山陽新幹線の車両は0系と呼ばれるように

昭和55年には東北新幹線用の200系が登場した。ここにはじめて東海道・山陽新幹線用の車両は系列として「0系」と呼ばれるようになった。

東海道・山陽新幹線では2桁で形式が区分されていた。先頭車は、大阪寄りが21形でトイレ・洗面所付、東京寄りが22形、中間車はトイレ・洗面所付が25形、なしが26形、電話室、車販準備室付が27

3号車　25形　定員100人　　4号車　26形$_2$　定員110人

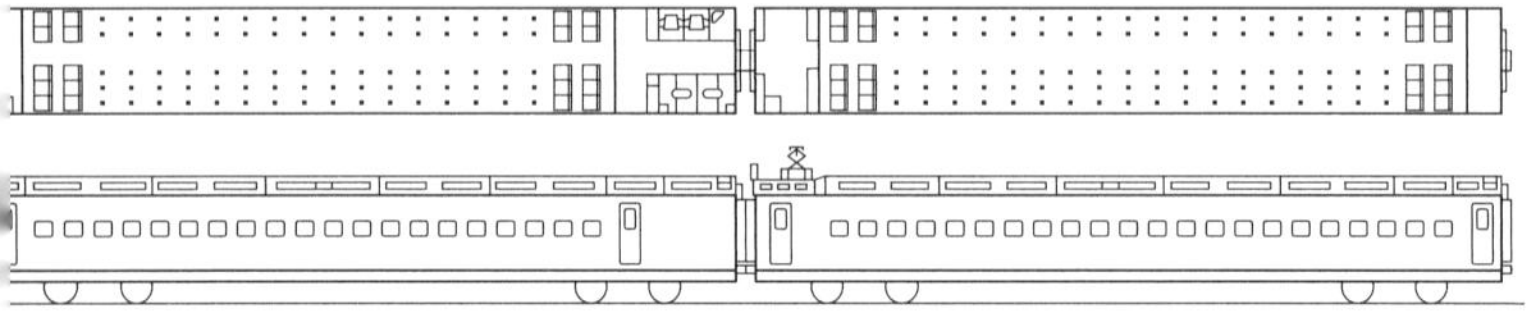

7号車　27形　定員85人　　8号車　36形(食堂車　座席数42)

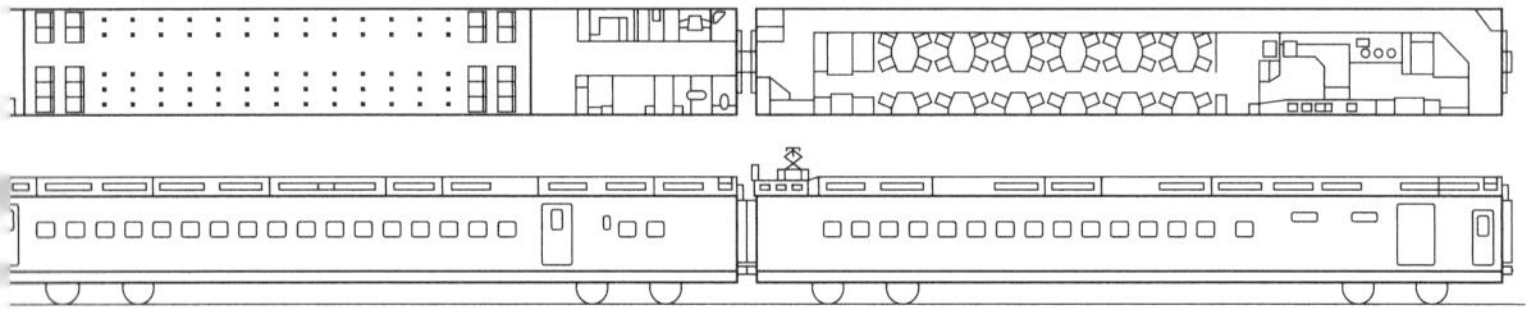

11号車　15形(グリーン車)　定員64人　　12号車　16形(グリーン車)　定員68人

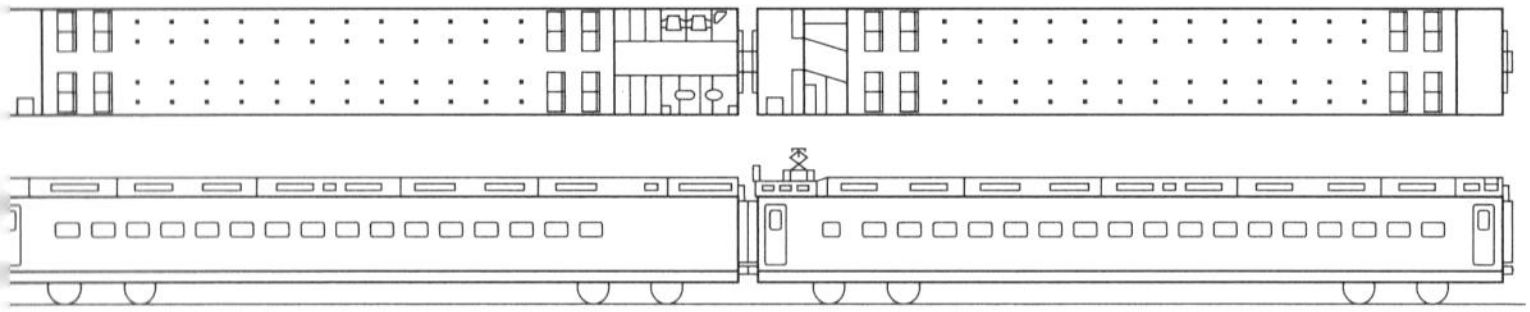

15号車　25形$_0$　定員100人　　16号車　22形　定員80人

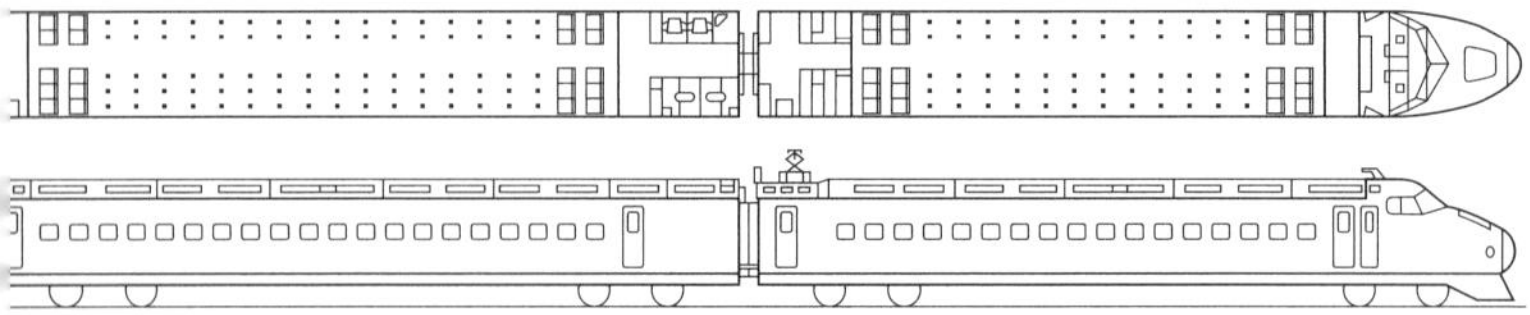

0系ひかり号　N編成(22次〜29次増備車、30・31次は定員減)

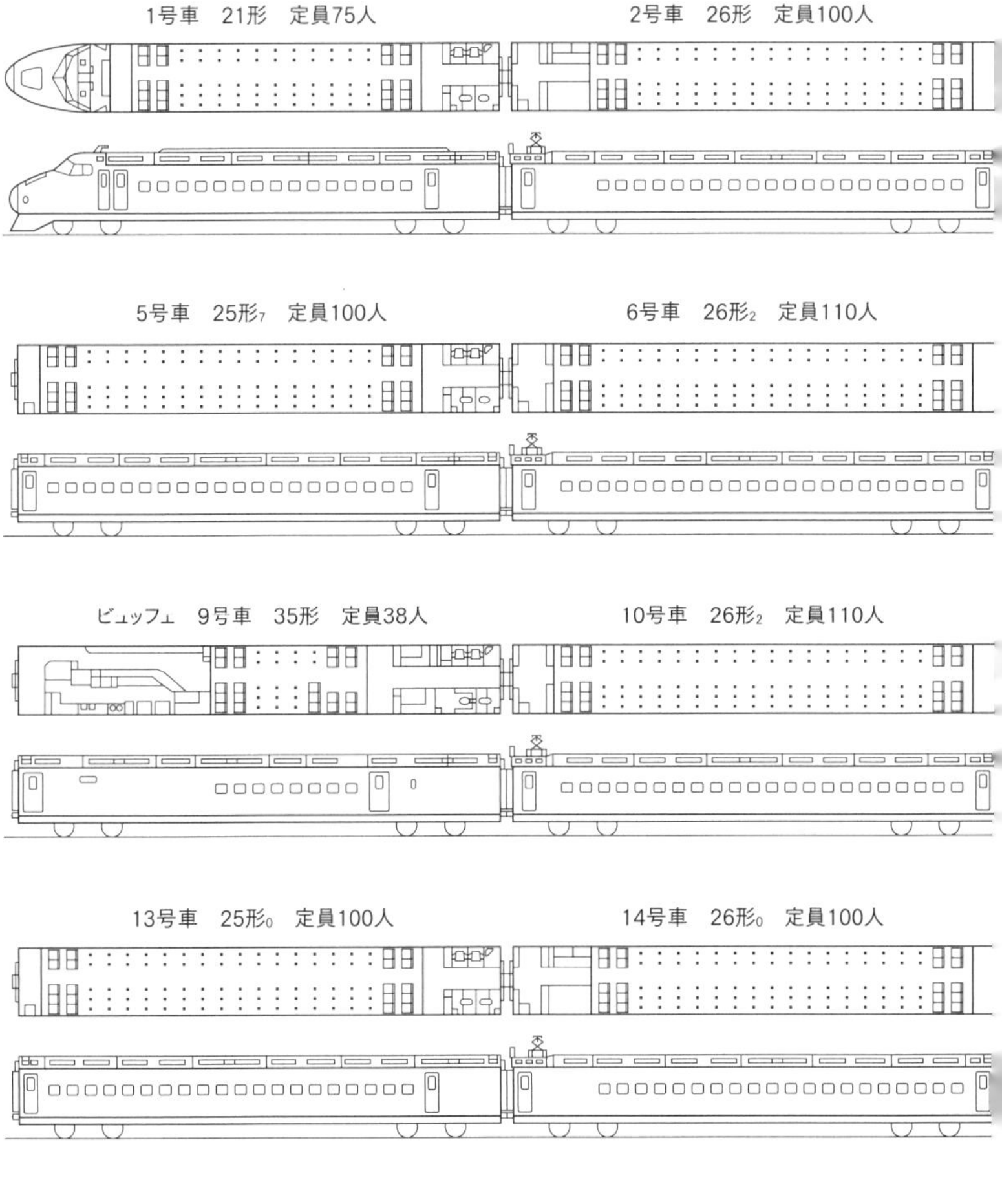

形、１等車（グリーン車）でトイレ・洗面所付が15形、なしが16形、半室ビュッフェ付が35形、食堂車が36形としていた。同じ形式でバリエーションがあると２０００番台など、あるいは造られた年代で第12次車とかで区別していた。

東北新幹線の車両には３桁目（百位）に２を付けて２００系とし、２２１形が東京寄り先頭車、２１５形がトイレ・洗面所付グリーン車、半室ビュッフェ車は２３５形など、２桁目以下は東海道・山陽新幹線と同じ付番で形式分けをした。東海道・山陽新幹線の車両は３桁目がない。ということは、数学上「０」であるということで、０系としたのである。

２００系の普通車のシートピッチは９８０㎜と、０系の９４０㎜より40㎜長くした。２列席は回転リクライニングシートにし、３列席は40㎜拡大してもまだ回転できないことから、車両の中央を境に半分ずつデッキ側に向く「集団離反形」配置にした固定シートを設置した。このため３列席の半分は進行方向と逆向きに座ることになる。２００系は積雪地帯を走るために、ボディマウント方式（車体を下部まで一体とし、内部に床下機器を載せる）とし、さらに雪切り室やその他の積雪対策を施したことから、軸重は東海道・山陽新幹線の16ｔから17ｔへ重くなった。

２００系に呼応して、０系も昭和56年製の30次車から普通車のシートピッチを９８０㎜に拡大し２００系と同じシート配置にした。このため２０００番台に区分されている。また、既存の転換クロスシートもリクライニングシート化した。当然、３人掛けはやはり集団離反形の固定シートになった。

これらのリクライニングシートは簡易型とされ、背ずりは17度～22度とそれほど傾斜しない角度だった。シートピッチが９８０㎜になったので、トイレ等がなく一番収容力がある０系中間車26形の定員は110人だったのが、2200番台では100人に減った。200系では雪切り室が置かれたために、同様の中間車226形の定員は95人である。

200系は東海道新幹線と同様に半室ビュッフェ車が連結されたが、窓に向かって配置されていたFRP製の椅子は省略され、すべて立席での食事になり、速度計はデジタル表示になった。

東北新幹線の車両を200系にしたのは、東海道・山陽新幹線の0系置き換え用にモデルチェンジ車を配置する予定で、これを100系としたためである。設計完了が遅れたために200系が先に登場してしまった。

100系電車の登場

100系は、昭和60年(1985)に16両編成の量産先行車が登場した。一番の特徴は、8号車と9号車に2階建て車両2両を組み込んだことである。8号車の階上(2階建て部分の2階)に食事室、階下(同1階)に厨房と売店、9号車の階上は開放グリーン車、階下は10室ほどの個室を予定していたが、詳細は設計中で、登場したときの量産先行車には何も設置されていない。10号車もグリーン車だが、博多寄りには、通路を挟んで海側に2人個室1室、山側に1人個室2室が設置された。

もう一つの目玉が、普通車3人掛け席でも回転が可能なように、シートピッチを1040㎜に拡大したことである。また2人席ともども、背ずりの傾斜角度を6度から31度としたフルリクライニングシートになった。

さらに、最高速度を230キロとするためにモーター出力を上げた。2階建て車はモーターがない

階下にある1人用グリーン個室

付随車にして、軸重を抑えている。先頭車もモーターがない制御車で、モーター付12両とモーターなしのトレーラー4両（＝12M4T編成）とし、製造コストを抑えている。

当初は「こだま」に使用することを前提にしていた。「ひかり」の運転間隔を短くするには、「こだま」の各駅間での所要時分を短縮するのが効果的だからである。0系の起動加速度は1・0km/h/sec（キロ／時／秒）だが、100系は1・5に向上している。これは12M4Tの16両編成でのことである。2階建て車両がない10M2Tの12両編成にすれば、加速はさらによくなる。

昭和61年に量産車4本が登場した。当初は12両編成で「こだま」に使用されたが、結局、2階建て車両を含む中間車を

岡山駅に進入する100N系「グランドひかり」編成。2階建て車両を4両連結

「グランドひかり」階上の食堂全景

追加して16両編成となって、「ひかり」に使用するようになった。さらに16両編成が2本追加された。

グリーン個室は2階建て車両の階下に集約し、平屋のグリーン車はすべて開放座席にした。

200系にもシートピッチ拡大車と2階車両が登場

東北・上越新幹線の200系にも昭和63年（1988）に2000番台が登場した。先頭車だけの製造だが、シートピッチを1040㎜に拡張して、3列席も回転できるようにした。先頭形状も100系に準じた。

この2000番台が国鉄の新幹線として最後の発注車両である。以後はJR各社が発注する。

平成2年（1990）に200系にも2階建て車が登場した。階上はグリーン車、階下は1人用個室3部屋と2人用1部屋のグリーン個室のほか、4人用普通個室が配置された。12両編成に2

JR東海の100系増備車は食堂車をなくして、階上はグリーン席、階下はカフェテリアにした編成が多数を占めるようになった

階建て車両1両を連結して13両編成で走るようになった。平成3年には、階下をカフェテリアにした2階建てグリーン車が登場し、13両編成に組み込んだほかに、普通車2両も組み込んで16両編成を組むようになった。

JRになってからは、JR東海の100系増備車も当初は食堂車付だったが、途中から食堂車をやめて、階上はグリーン席、階下は立食もできるカフェテリア付売店が置かれるようになった。

JR西日本には中間に4両の2階建て車両を連結した「グランドひかり」編成が登場した。1両は食堂車、3両は階上がグリーン席、階下は横2&2列の普通車とし、山陽新幹線内で230キロ運転をした。

シートピッチが東海と東日本とで異なるようになった

200系は雪切り室があって、100系より定員が少なくなっている。トイレなし先頭車の定員は100系が75人なのに200系2000番台は60人と、15人も少ない。定員をさらに減らさずにリクライニングさせるには、シートピッチ980㎜のままで回転できる3人掛け座席を考案しなくてはならない。

JR東日本になって登場したE2系の普通車の座席は、背ずりをほぼ垂直に立てて980㎜でも回転できるようにした。さらに自動回転装置を設置して、スイッチ一つですべての座席を一斉に回転できるようにした。200系も、リニューアル時にこの座席に取り換えた。

E2系以後の各形式の定員を東海道・山陽新幹線とほぼ同じにしていても、シートピッチが10

0㎜（10㎝）短いので、縦10列で1000㎜（1m）短くなる。そのスペースに共用の荷物室を設置している。東北・上越・北陸新幹線では冬季にスキー客が多く、スキー板を置けるようにし、また大型荷物も収納できる。E5系やE7系もこのシートピッチを採用している。

東海道・山陽新幹線は、シートピッチを拡大して3人席も回転できるようにした（写真はN700系）

JR東日本の新幹線電車では、背ずりをほぼ垂直に立てて回転できるようにした

　東海道・山陽・九州新幹線ではシートピッチが1080㎜なので、小型のキャリーケースを座席の前に置いても、通常の体格の男性であっても座ることができる。東北・上越・北陸新幹線ではこれが難しい。

　とはいえ、大型荷物のスペースは東海道・山陽・九州新幹線にはない。そこで東海道新幹線では、各車両の最後部座席の背面とデッキ仕切りの間を大型荷物の予約専用スペースにするようになり、N700Sはトイレの数を減らして荷物室を設置した。

新幹線にも夜行列車を走らせる予定だった

新幹線は朝の6時から夜の24時前までの間で運転しており、夜行列車は運転されていない。高速運転をするので入念な線路保守をする必要があり、保守の時間をたっぷりとるために0時から6時までは絶対に走らせられないと思われているが、実はそうではない。

山陽新幹線が開通したとき、夜行列車の運転を前提に、地元が誘致運動などもしていなかった西明石《にしあかし》、相生《あいおい》の2駅が新幹線停車駅として選定された。これに対して地元は驚いたものだった。このような利用が少ない駅を新幹線駅にするときは、政治家が介在していることが多い。相生では、地元選出の代議士が誘致したと信じられていた。しかし、そういう事実はまったくなかった。

選定の理由は、以後、博多までだけではなく、鹿児島、長崎、宮崎などの九州方面や、四国方面さらには山陰方面にも新幹線が建設されることが予測される。そのときには夜行列車の運転も要望されることになる。

しかし、深夜時間帯は線路保守を行う必要がある。そこで上下線いずれかの線路に夜行列車を走らせ、片方の線路は保守を行うことにしたのである。

夜行列車は単線線路上を走ることから、上下列車は姫路あたりで行き違いが必要になる。だが姫路駅だけだと、相対式ホーム2面4線の場合、2列車しか行き違いができない。そこで西明石と相生を新幹線駅に加え、計3駅で行き違いをさせることにした。

上下各2列車行き違い(通過線も使えば4列車)

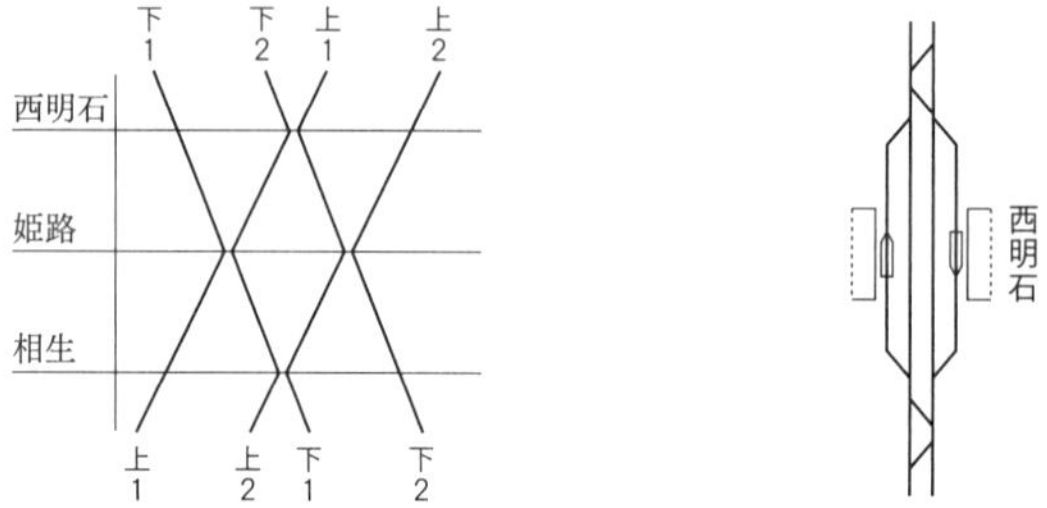

上下各6列車行き違い

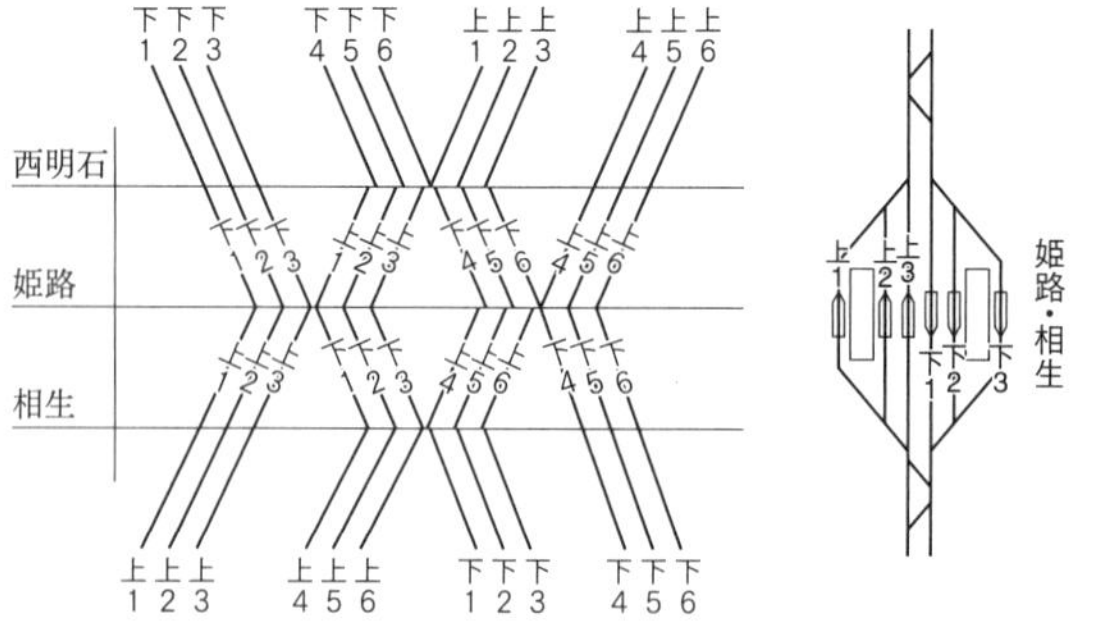

上下各8列車行き違い

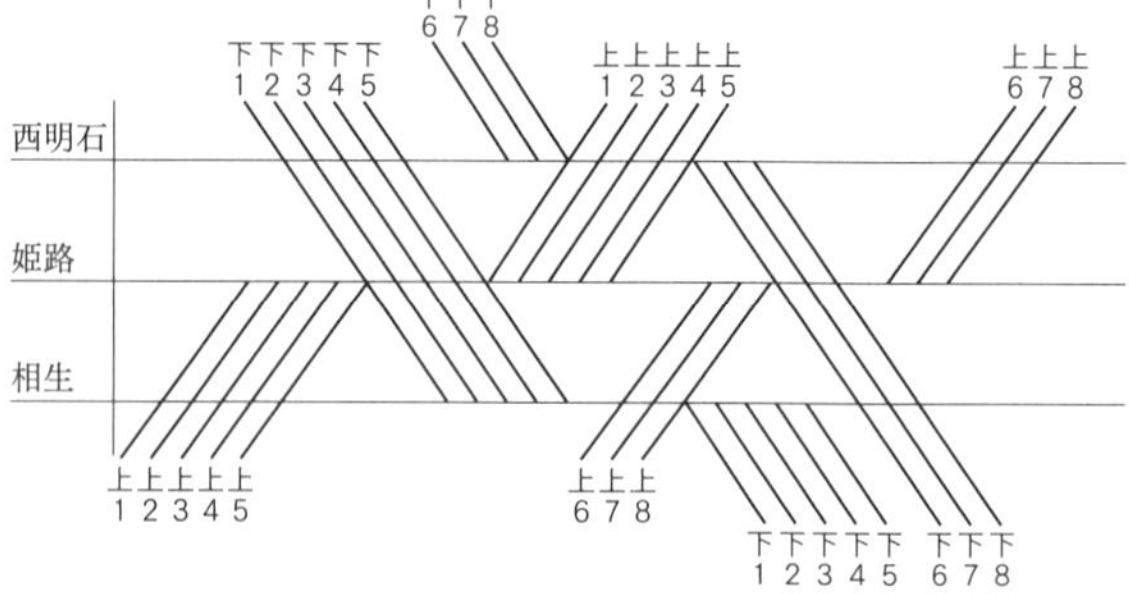

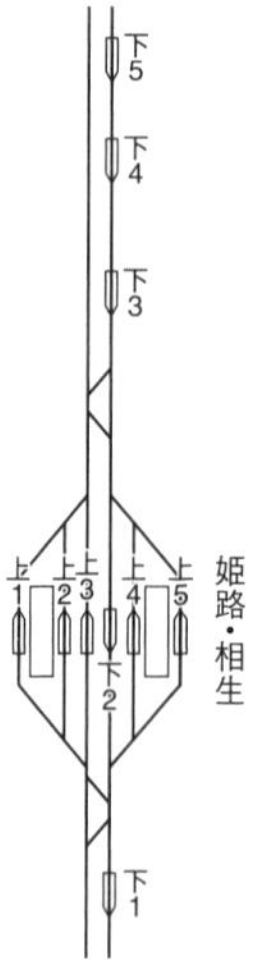

相生駅の岡山寄り。第2停車線の一部は、横取線として先に造られている

東京からやってきた先行の下り夜行列車は、姫路駅と相生駅で上り夜行列車と、後発の下り夜行列車は西明石駅と姫路駅で行き違いをする。

これだけだと上下各2列車しか行き違いができないが、相対式ホーム2面4線であれば先行も後発も2列車を1群にして、上下各4列車で行き違いをさせることができる。島式ホーム2面6線だと上下6列車同士の行き違いができる。

さらに島式ホーム2面6線の場合、たとえば下り列車5本を、下り本線1線と上下副本線（停車線）4線の合計5線にそれぞれ待避させ、上り列車のほうは5本立て続けに上り本線を通過させれば、上下計10本の夜行列車を走らせることができる。

姫路駅と相生駅は島式ホーム2面6線にできる構造で造られたものの、西明石駅は相対式ホ

961形試作電車　6両編成

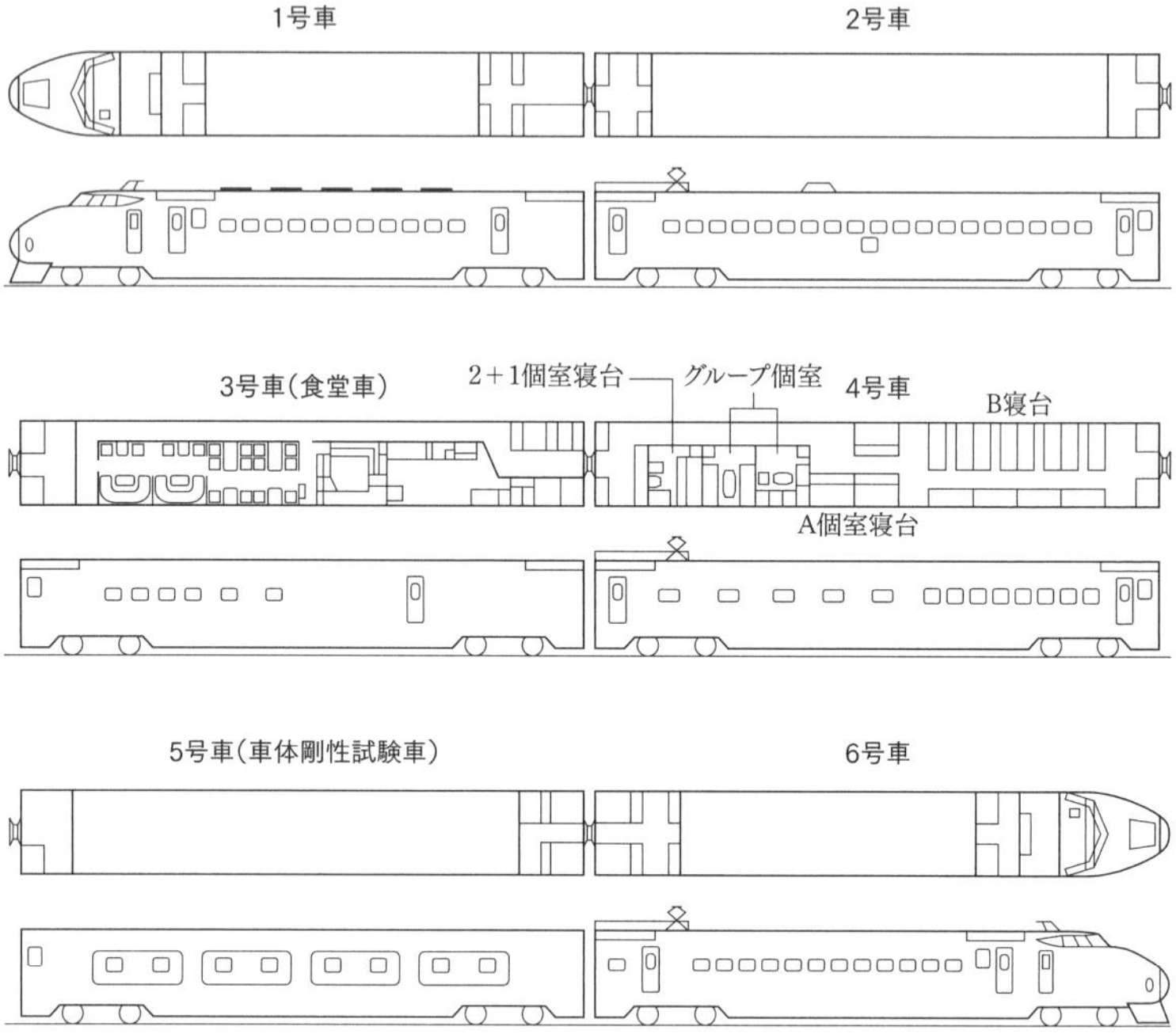

ーム2面4線の通常タイプの新幹線駅になった。

この結果、夜行列車は上下それぞれ8本が運転でき、西明石駅ではたとえば下り3本が行き違い待ちで停車し、そこに上り5本が続行で通過していくのを待つ。姫路、相生の両駅は5本同士、あるいは下り5本と上り3本とで行き違い待ちをする。

8本の夜行列車の行き先は、博多、鹿児島、長崎、宮崎、高松、松山、高知、浜田（島根県）となろう。なお片方の線路で保守作業をしていることから、安全性を考慮して200キロ運転をせず、160キロ運転をすることにしていた。

山陽新幹線の岡山―博多間が開

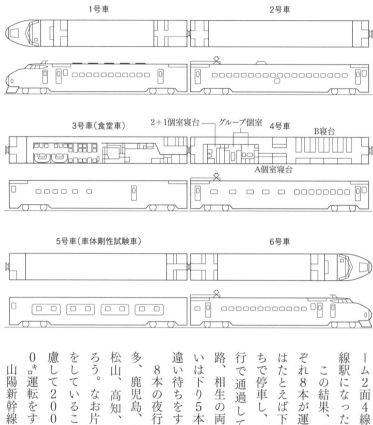

通する前に、全国に広がる新幹線の標準車となる961形が試作され、普通寝台（B寝台）や特別寝台（A寝台）個室も試作された。

しかし、新幹線の騒音公害が問題となり、新幹線は6時から24時までの18時間に限って運行する決まりになった。このため夜行列車の運転はできなくなってしまった。

姫路駅は下り線だけ島式ホームになっているが、上りの相対式ホームの反対側には、線路を敷くスペースが現在でも確保されている。下り島式ホームの両端は大半が端に行くにつれて狭くなっているが、上り線も同様の形状になっている。相生駅も島式ホーム2面4線だが、2面6線にできる構造になっている。

また、行き違いのため、これらの駅の前後には上下片渡りポイントが設置されていた。しかし、西明石駅は博多寄りを撤去、姫路駅は博多寄りの順渡りポイントを撤去し、相生駅は博多寄りの逆渡りポイントを残して撤去されてしまった。

仙台の車両基地入口にある広場に保存されている961形

高度成長期の「通勤新幹線」構想

東海道新幹線が開通して1年後の昭和40年（1965）暮れ、国による「通勤新幹線」構想が出てきた。東京から100キロくらい離れたところにニュータウンを建設して、東京まで新幹線で結ぶと、所要時間は40分程度になる。

新幹線電車は大型車両なので、通勤用に詰め込み座席を設置すれば1両当たりの座席定員は中間車で150人程度、先頭車で130人程度になる。12両編成では1760人、3分毎の運転だと1時間の輸送力は3万5200人になる。

当時は、山陽新幹線の建設はほぼ決まっていたが、東北・上越新幹線の建設に関しては、案はあったものの、ほぼ白紙状態だった。

通勤新幹線は、将来国際空港が建設されることが考えられていた成田付近、そして水戸付近、宇都宮付近、足利《あしかが》・桐生《きりゅう》付近、高崎付近、甲府付近、小田原付近の7方面に建設するとした。

通勤新幹線構想を受け、国鉄審議室は「東京付近の通勤高速鉄道の建設」として検討を開始し、昭和41年暮れに構想を発表した。

線路・車両・電化方式は新幹線方式に準じたものとするが、最高速度は160キロに抑えた。通勤用として立ち客が相当に出る可能性があることから、駅間で停車したとき、立ち客がよろけないようにするためにはカント量を130mm程度にしなくてはならず、そんなにスピードは出せない。最高速度

国鉄による通勤新幹線構想

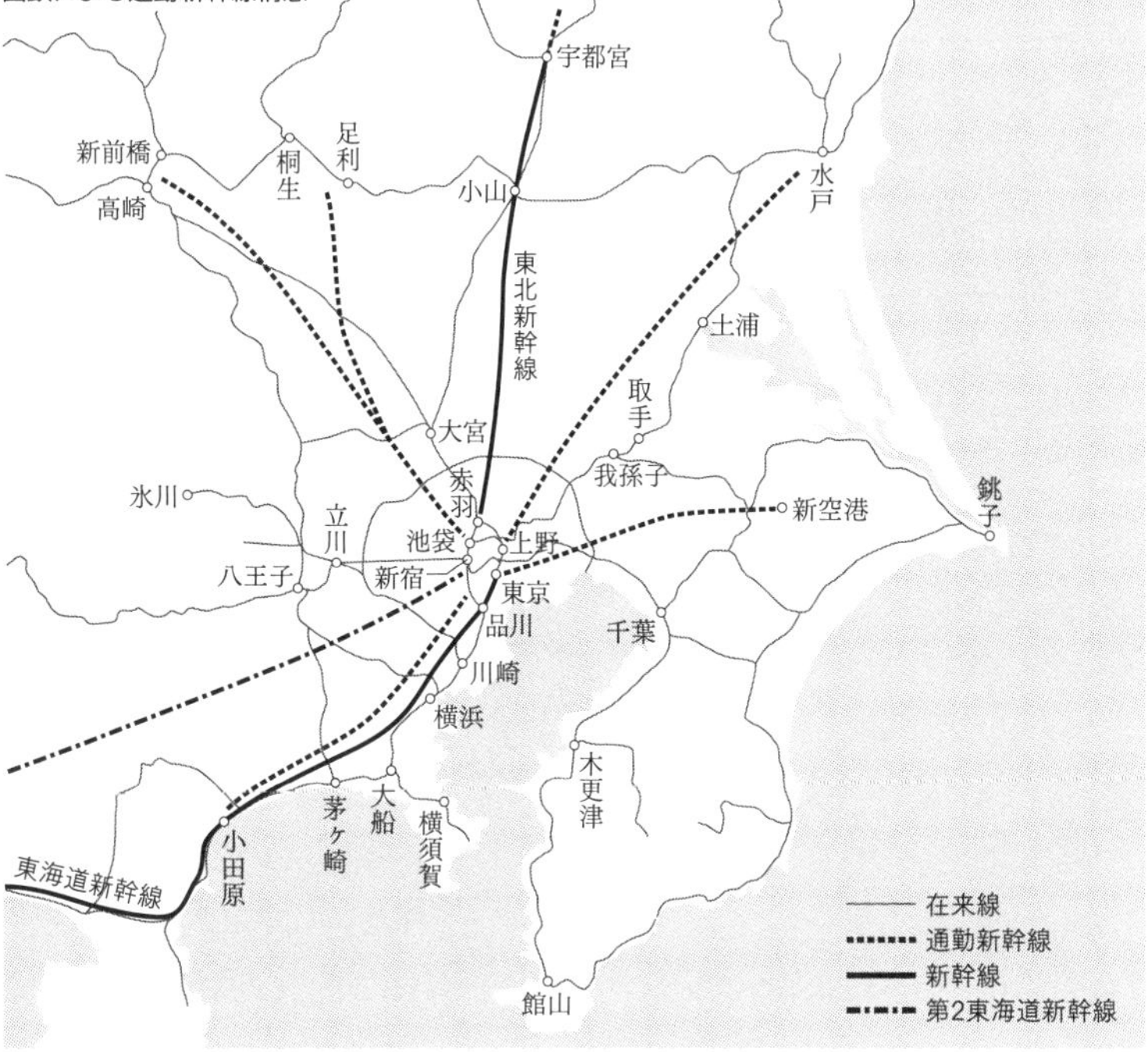

での遠心力も0・05g程度に抑える必要がある。ということで160キロにしたのである。それでも平均速度を120キロとした。

昭和42年になると、東北新幹線の東京—盛岡間と、軽井沢・新潟方面の新幹線の建設がほぼ決まっていたことで、国鉄は通勤新幹線としての宇都宮方面と軽井沢・新潟方面、そして山岳路線になる甲府方面の建設は省略し、千葉県新空港付近、茨城県中央部、群馬県南部（桐生・足利方面分岐線あり）、神奈川県湘南地区の4方面とした。

東京地区から千葉県新空港方面の距離は50キロ、所要時間は30分、表定速度（停車時間を含めた平均速度）は100キロ。茨城県中央部と

東北貨物線を走る0系4次車を運ぶ甲種輸送列車。在来線のホームに当たらないように車体を高くしていた

群馬県南部方面までは100㌔、50分、表定速度は120㌔。神奈川県湘南方面までは70㌔、40分、表定速度は105㌔とした。また、東北新幹線を建設した場合、通勤新幹線電車を走らせ、東京―栃木県中央部間は距離100㌔、所要時間50分、表定速度は120㌔で結ぶとした。各通勤新幹線沿線に人口60万の住宅都市を建設するとともに、生産機能と研究教育部門なども配置させる。通勤新幹線は平均座席定員1500人、1時間に20本の運転で、3万6000人の輸送力を持たせるとした。

その後、通勤新幹線の建設は中止になったが、在来線と相互直通できるよう狭軌にし、最高速度は160㌔とした「開発線」という名で、東海道、中央、東北・高崎、常磐、総武の5方面に造ろうとした。

そのなかで常磐開発線は第2常磐線、のちに常磐新線、最終的には「つくばエクスプレス」として開業し、東北・高崎開発線は通勤新幹線に名を変えて建設され、埼京線大宮―赤羽間がその一部区間として開業した。埼京線は高崎線と直通することも予定しており、今でも宮原―大宮間に用地が確保されている。

甲府駅と東京駅を結ぶ中央開発線の一部である東京―新宿―三鷹間は、三鷹―立川間の複々線化とともに現在でも、国土交通省の首都圏で建設する高速鉄道網の一つとして取り上げられている。

東海道開発線は、相模《さがみ》鉄道と東急が走る路線として開通させることで、新横浜付近は神奈川東部方面線が建設中である。さらに相鉄では、いずみ野線から平塚までの延伸の免許を維持している。

当時の国鉄の構想では、正式な新幹線は最高速度250㌔運転できるようにし、新規建設区間は東京―盛岡間と新大阪―博多間とした。新幹線駅各駅で連絡する在来線は大幅に線形改良をして、最高速度130㌔、表定速度100㌔程度の特急を走らせるともした。

ところで、当初の国の通勤新幹線構想も国鉄の通勤新幹線構想でも、第2東海道新幹線の路線が描かれていた。当時も、東海道新幹線はやがて輸送力が逼迫すると予想されていたからである。時速250㌔とするとともに南アルプスや鈴鹿《すずか》山脈など山岳地を貫通する。そして東京―大阪間の中間駅は名古屋1駅だけとし、東京―大阪間を2時間で結ぶというものだったが、磁気浮上リニアモーターカーが実用化されれば、これを採用して東京―大阪間を1時間で結ぶことも視野に入れていた。

また、新潟方面の新幹線とは現上越新幹線である。高崎付近で分岐する裏縦貫《じゆうかん》線は現在の北陸新幹線のことだが、経由地は軽井沢、長野、富山、金沢、敦賀《つるが》で、終点を米原《まいばら》にして、飯山や糸魚川《いといがわ》、小浜《おばま》は通らないと考えられていた。そして新潟方面よりも軽井沢への路線を先に造るとしていた。上越新幹線が先に開通したことや、飯山、糸魚川、小浜経由ルートは、政治家の関与の産物である。

全国新幹線鉄道網の整備計画

国鉄は昭和42年（1967）8月、全国約5000㌔に及ぶ新幹線鉄道網の構想を発表した。

東北新幹線は盛岡以北、青森まで建設するとともに、青森からは旭川までの北海道新幹線を建設して接続する。

東海道新幹線の輸送力不足を補うために、磁気浮上リニアモーターカーによる第2東海道新幹線を造るほか、建設中の山陽新幹線の岡山から、高松、松山までの四国新幹線、東京―高崎―新潟間の上越新幹線、富山―長岡、新潟―秋田―青森間の日本海縦貫線（当時は裏日本縦貫線）、高崎―長野―富山―金沢―福井―大阪間の北陸新幹線、大阪―鳥取―松江―下関間の山陰新幹線、さらに、計画中だった山陽新幹線の小倉―博多間の途中に筑豊駅を設置して大分、宮崎経由鹿児島までと、福岡（博多）―熊本―鹿児島間、それに福岡（博多）―佐賀―長崎間の3ルートの九州新幹線を建設する。

このほかに、前述したように首都圏での通勤新幹線として成田、水戸、宇都宮、高崎、甲府、小田原の6方面の通勤新幹線も建設する。通勤新幹線の総延長は520㌔、建設費9000億円とした。通勤新幹線は必ずしも新幹線規格ではなく、在来線に直通できる狭軌1067㎜にすることも考えられた。在来線と直通することによって、通勤新幹線も高速鉄道の効果を最大限引き出せるためである。いずれにしても最高速度は160㌔、表定速度120㌔とする。

昭和44年5月に閣議決定された「新全国総合開発計画」略して新全総で、7200㌔の新幹線を建設することになった。四国新幹線の大阪―大分間や、中央新幹線東京―甲府―塩尻―名古屋間などが加わった。

同年9月になると自民党国鉄基本問題調査会が、総延長9000キロ、建設費11兆3000億円を投入して昭和60年（1985）度までに整備する「全国新幹線鉄道整備に関する基本方針」を決定した。

それを受けて翌昭和45年5月に「全国新幹線鉄道整備法（以下全幹法）」が成立した。全幹法では基本的に整備する基本計画の新幹線路線（基本計画新幹線）を選別し、そのなかから率先して整備すべき新幹線（整備新幹線）を選定、そして着工するという3段階に分けて新幹線を建設する。鉄道敷設法で扱うところの予定線、工事線と同じ区分けである。

昭和46年1月に東北新幹線東京―盛岡間と、上越新幹線新宿―新潟間、成田新幹線東京―成田空港間が基本計画新幹線となり、4月には東北新幹線東京―盛岡間と上越新幹線の大宮―新潟間、成田新幹線の全区間が整備新幹線となった。上越新幹線は輸送需要がさほど大きくないので、当面は東北新幹線の東京―大宮間に乗り入れることによって都心アクセスは十分とされ、新宿―大宮間の建設は当面見送られた。国鉄としては、上越新幹線は高崎までとし、北陸新幹線の高崎―金沢（あるいは長野）間を先に整備したかったが、政治の介入で新潟方面が優先されてしまった。金沢方面は長岡で在来線特急に連絡することで十分だと押し切られたのである。もっとも、軽井沢手前の碓氷《うすい》峠をどのように通り抜けるか定まっておらず、長野―富山間の山岳地をトンネルで抜けるのは難工事になるという理由もあった。

昭和47年の7月には東北新幹線の盛岡―青森間、北陸新幹線の高崎―長野―金沢―大阪間、九州新幹線鹿児島ルートの福岡（博多）─西鹿児島（現鹿児島中央）間、北海道新幹線の青森─札幌間が基本計画新幹線に選定され、同年12月に長崎ルート（現西九州ルート）の福岡（博多）─長崎間も選定された。長崎ルートの博多寄りの一部区間は鹿児島ルートと重複する。これらの新幹線は48年11月に整備新幹線に昇格した。

その昭和48年11月には、北海道新幹線札幌─旭川間、北海道南回り新幹線長万部《おしゃまんべ》─室蘭─札幌間、羽越新幹線富山─青森間、奥羽新幹線福島─秋田間、中央新幹線東京─大阪間、北陸・中京新幹線敦賀─名古屋間、山陰新幹線大阪─下関間、中国横断新幹線岡山─松江間、四国新幹線大阪─大分間、四国横断新幹線岡山─高知間、東九州新幹線福岡（博多）─鹿児島間、九州横断新幹線大分─熊本間が基本計画新幹線となった。

このうち羽越新幹線の富山─上越（現上越妙高）間は北陸新幹線と、長岡─新潟間は上越新幹線と重複し、中国横断新幹線の米子─松江間は山陰新幹線と重複、東九州新幹線福岡（博多）─筑豊間は山陽新幹線と重複する。

中央新幹線の主な経由地は甲府市付近、名古屋市付近、奈良付近となっており、茅野《ちの》や諏訪《すわ》、岡谷、塩尻を経由するとは言及されていない。中央本線に沿って建設するのではなく、南アルプスを貫通する第2東海道新幹線として建設することを前提にしているためである。

北陸・中京新幹線は、米原駅で東海道新幹線に接続するのではなく、岐阜市を通って名古屋に達する。新幹線から見放された岐阜市に新幹線駅を設置することを前提にしているのである。

整備新幹線となった各新幹線のうち、現在、東北・北海道新幹線盛岡─新函館北斗間、北陸新幹線

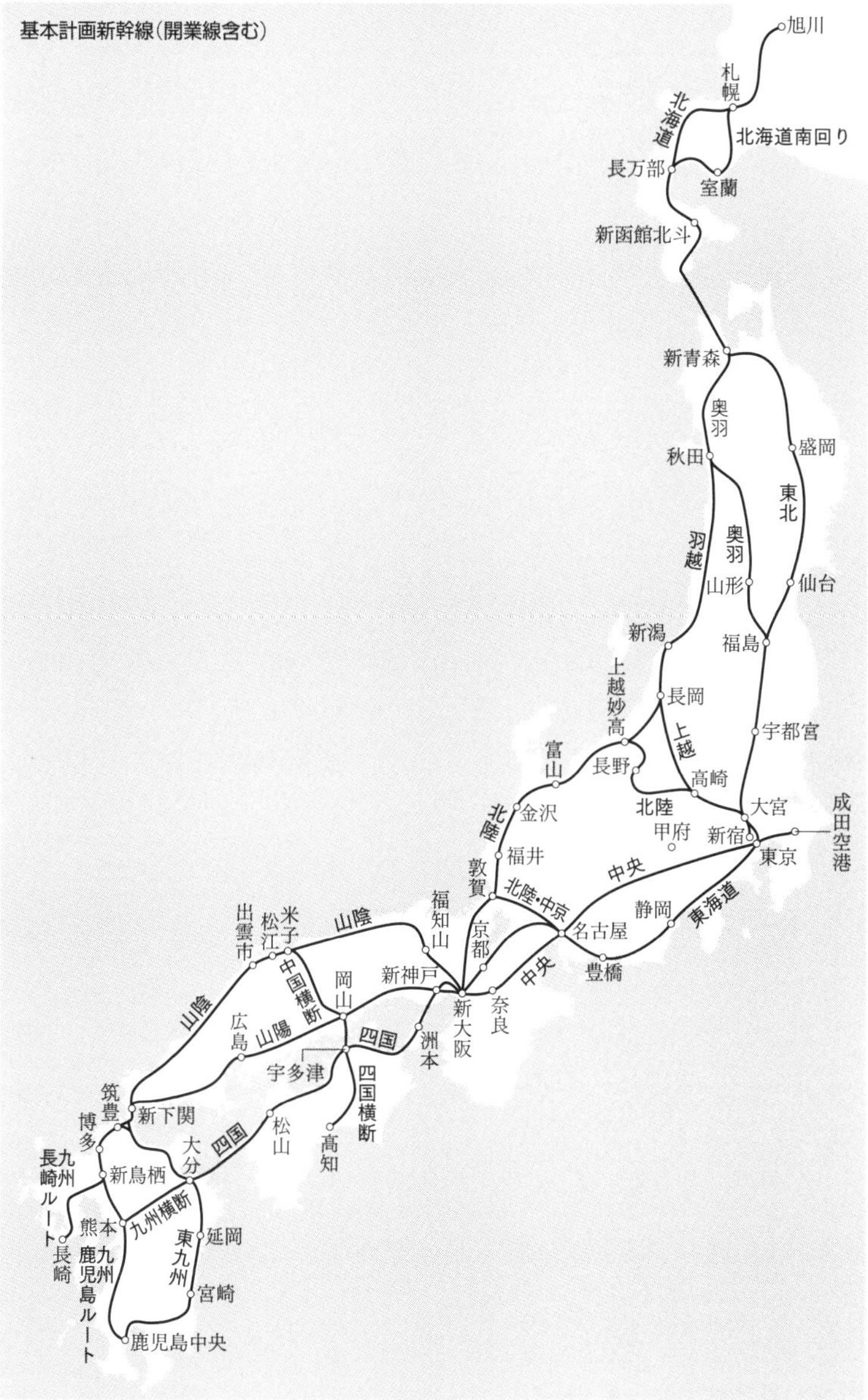

55　全国新幹線鉄道網の整備計画

高崎—金沢間、九州新幹線鹿児島ルートが開通し、北海道新幹線新函館北斗—札幌間と北陸新幹線金沢—敦賀間、九州新幹線西九州ルート（西九州新幹線）の武雄温泉—長崎間が建設中である。

未着工区間については、北陸新幹線敦賀—新大阪間のうち敦賀—新小浜（小浜線東小浜駅付近）間は当初のルートで建設されるものの、新小浜からは南下して京都駅を経由、片町《かたまち》線の松井山手《まついやまて》駅付近にも駅を設置して新大阪に向かうルートに決定した。西九州ルートの新鳥栖《しんとす》—武雄温泉間は建設の目途が立っていない。

なお、中央新幹線は整備新幹線に昇格して、現在、建設中である。中央新幹線は特殊な建設スキームで工事をしている。

これとは別に、整備新幹線に昇格すると予想される基本計画新幹線としては、四国新幹線もしくは四国横断新幹線がある。四国新幹線については、当初は明石海峡大橋を鉄道・道路併用橋で建設してこの橋を通るとしていた。そのため新大阪駅から六甲山の山中を通る大回りをして明石海峡大橋に接続することになっていた。ところが明石海峡大橋が道路単独橋で建設されたために、新大阪を出ると神戸東部の埋立地区を通って、海底の下をトンネルで抜けて淡路島に達することに変更された。また、関西空港への新幹線アクセスが欲しいところなので、関西空港を経由してから和歌山県の加太《かだ》付近に達し、友《とも》ヶ島《しま》を経由して淡路島に至る紀淡《きたん》海峡経由案も浮上している。これに対抗して兵庫県側も黙っておらず、神戸空港を経由して洲本に達する海底トンネルを建設する案も出ている。

とはいえ、基本計画新幹線のすべてを開通させることは確実に難しい。在来線を活用するなど、何らかの建設費軽減策が必要である。

在来線と新幹線の直通

在来線に新幹線電車を走らせる方法はいくつかある。一つめは在来線を狭軌から標準軌に改軌する方法、二つめは在来線の狭軌の線路に標準軌の線路を併設する方法、三つめは、在来線の狭軌線と新幹線の標準軌線の相互を行き来できる「軌間可変車両」を使う方法である。

在来線を標準軌に改軌する方法は、すでに山形新幹線と秋田新幹線で実現している。しかし、トンネルや橋梁、各駅のホームなどは在来線車両に合わせているために、在来線より一回りも二回りも大きい新幹線電車を走らせるわけにはいかない。そこで、山形・秋田新幹線を走る電車は在来線の大きさにしている。

二つめの方法は、3線軌方式である。秋田新幹線（奥羽本線）の神宮寺《じんぐうじ》―峰吉川《みねよしがわ》間や北海道新幹線の津軽海峡線との共用区間で行っている方式である。

なお、異軌間の併設には、狭軌のレールを挟んで両外側に標準軌のレールを設置する4線軌方式と、狭軌の一方のレールは標準軌と併用する3線軌方式とがある。4線軌方式は、標準軌車両と狭軌車両の車体中心が同じになるためホームの移設等は不要だが、ポイント（分岐器）などは複雑になる。3線軌は車体中心が異なってしまうが、いいかえれば狭軌列車と新幹線電車の間隔が広くなるので、すれ違い時の風圧がやや緩和される。

三つめの軌間可変車両は、建設中の西九州新幹線を走る車両として開発されていたが、3次試作車の車軸が破損してしまい、開発は中止された。
開発は国交省が音頭をとって行っていたが、ＪＲ九州とＪＲ西日本は、通常の電車と違って軌間を変換する車両は車軸が重くなる、車軸は車輪と直接つながっており軌道に振動が伝わって軌道が傷む、軌道保守をより入念にしなくてはならない、として反対していた。とくに山陽新幹線を持つＪＲ西日本は、３００キロ運転をしているのに、そこに最高速度２５０キロ程度で走る軌間可変電車は邪魔だという理由もあって猛反対していた。

しかしスペインでは、重い機関車方式による軌間可変列車を高速新線に投入して頻繁に走らせている。スペインでは別に問題になったことはなく、安定して走らせている。やればできるのだが、地盤が固いヨーロッパだから軸重が重くても軌道は沈まない、日本は軟弱地盤が多くて沈み込む恐れがあるという理由も加わって、結局中止になってしまった。

だがスペインでも、マドリード―バルセロナ間を結ぶ高速新線は一部個所が軟弱地盤地帯になっている。そこを、重い機関車を含む軌間可変高速列車も問題なく走っている。軌間可変列車への反対論は、反対のための口実にすぎないと思える。

それでも反対なら、在来線を標準軌にして、在来線電車を軌間可変電車にするという方法もある。最高速度１００キロ程度なら軌道破壊の度合いは小さい。こういった逆の発想をしてもいい。

基本計画線とのジャンクション駅は、予め分岐の準備がなされている

昭和45年（1970）5月の全国新幹線鉄道整備法の成立を受けて、今後の新幹線で2路線が分岐する駅では、遅滞なくその構造にできるよう準備設備を用意しておく方針が決定した。

分岐駅は、第2停車線がある島式ホーム2面6線とすることにしている。

山陽新幹線の岡山—博多間の線路経過地および工事計画の申請は昭和44年11月だったが、すでに山陰新幹線と日豊新幹線（のちの東九州新幹線）が山陽新幹線から分岐することが内定していた。

日豊新幹線との分岐は、小倉—博多間にある香月架道橋付近（都市高速4号線交差付近）で新大阪側からの連絡線が分岐、博多側からの連絡線は筑豊電鉄との交差付近で分岐して、デルタ線（三角線）で合流する。香月架道橋付近に新幹線馬場山保線所があり、明らかに島式ホーム2面6線の駅（香月駅?）ができるスペースが確保されている。

また九州自動車道の上り線直方《のおがた》パーキングエリア付近から遠賀川《おんががわ》橋梁の間にも、島式ホーム2面6線の駅（新筑豊駅?）を設置する用地が確保されている。

山陰新幹線は、博多方面からは新下関駅で分岐する。開業時から現在に至るまで、新下関駅の下り線には第2停車線が置かれているものの、上り線は片面ホームになっている。しかし、片面ホームの反対側には第2停車線の路盤ができており、島式ホームにする準備がなされている。

また上り線の外側に引上線が石原トンネル坑口付近まで延びている。しかも山陽新幹線は新大阪に

向かって15‰の上り勾配になっているのに対して、引上線は水平になっているので段差ができている。さらに下り線の外側には単線線路が設置できるスペースが、やはり石原トンネル坑口付近まで延びている。山陽新幹線の外側に山陰新幹線の上下線が設置され、ともにトンネルに入り、途中で山陰新幹線の下り線が交差して分岐する予定になっていることがわかる。

このように、山陰新幹線は博多方面からはスムーズに分岐できるが、新大阪方面からはスイッチバックしなければ山陰新幹線に入れない。もともと山陰新幹線は新大阪が起点だから不要である。岡山からは中国横断新幹線が分岐する計画であり、広島方面からも直通できるようにデルタ線にすることが考えられた。そのため新下関付近でデルタ線を設置する必要はない。

東北新幹線では福島駅が、奥羽新幹線の分岐駅として、島式ホーム2面6線構造になるように造られた。そして盛岡寄りの信夫山《しのぶやま》トンネル坑口手前まで、東北新幹線の両外側に奥羽新幹線の上下線が設置できるスペースを確保している。こちらは、仙台・盛岡方面から山形方面への需要は少ないし、奥羽新幹線が青森まで開通すれば青森方面から東北新幹線経由で山形に向かうことはないから、デルタ線の建設はなかった。

東北新幹線福島駅は、下り線に第2停車線がある島式ホーム2面5線で開設され、奥羽本線を標準軌化した山形新幹線が完成すると、この第2停車線に上下の山形新幹線電車が発着するようになった。東北新幹線の予備の発着線が山形新幹線の発着線に使われることになったために、上り線にも第2停車線を増設した。今後、上り線側の第2停車線を山形新幹線電車の上り発着線にできるように、連絡線を増設する。

上越新幹線では高崎駅が北陸新幹線との、長岡駅が羽越新幹線との分岐駅になる。高崎は開業時から島式ホーム2面6線になっている。北陸新幹線が分岐する地点まで、北陸新幹線が外側となる複々線用地を確保しようとしていたが、北陸新幹線の下り線の一部個所の用地買収ができなかった。そのため、北陸新幹線の上り線は高崎駅まで上越新幹線と並行するが、下り線は分岐地点まで上越新幹線の線路と共用して、高速ポイントで分岐している。高崎でもデルタ線の設置はなかったと思われる。

長岡は明らかに島式ホーム2面6線にできる構造で、現在は相対式ホーム2面4線になっている。新潟駅では車両基地まで延びている回送線を羽越新幹線に転用する予定だった。

開通した整備新幹線の九州新幹線は、新鳥栖で西九州新幹線が分岐する。この準備設備は鹿児島中央寄りにある。整備新幹線の分岐駅では経費節減のため、島式ホーム2面4線に規模を縮小した。

鹿児島中央方面から西九州新幹線への分岐設備はないと思われるが、久留米までの間に不必要な長スパンの高架橋が数か所ある。都市計画道路のためかと思われたが、その付近に住んでいる地元の人に聞くと、道路の建設計画はないという。もしかすると久留米方面からの西九州新幹線への連絡線なのかもしれない。こういう構造物は何ら公表されずに造られているのが常である。

熊本駅では九州横断新幹線との分岐設備が造られている可能性がある。熊本駅は島式ホーム2面4線になっている。そして九州横断新幹線との分岐は車両基地付近となる可能性が高い。入出庫線用とは別に、九州新幹線に長スパンの高架橋があるからである。

北陸新幹線の上越妙高駅付近でも羽越新幹線との分岐線が造られている可能性がある。同駅の金沢寄りに、やはり無意味な場所に長スパンの高架橋が点在している。羽越新幹線との分岐は長野側と金沢側の両方から直通できる必要があり、デルタ線で造られると予想できるからである。しかし、はっきりしたところはわからない。

建設中の北陸新幹線敦賀駅は、小浜に向かう北陸新幹線と名古屋に向かう北陸・中京新幹線の分岐駅になる。北陸新幹線の敦賀駅ホームは地上3階に置かれているが、各フロアは高くなっており、新幹線ホームは地上から20m以上のところに設置されている。

小浜へ向かうならこんな高さに設置するのは無駄だが、北陸・中京新幹線は疋田《ひきだ》の山越えをする。現北陸本線はループトンネルで疋田越えをしている。このため予め地上20mのところにホームを設置してループ越えなしで疋田の山を抜けることにしたと想像してもおかしくはないといえる。

しかし、これらの分岐設備に関して、高崎駅での北陸新幹線への分岐を想定したこと以外は、公式には何も発表されていない。

久留米ステーションホテルから鳥栖方面を見る。超望遠レンズで撮影しているので詰まって見えるが、結構離れている。鹿児島本線筑後川橋梁の向こうの新幹線に長スパンの高架橋がある。在来線を移設したりして、西九州新幹線の連絡線が斜めに下を通ると思えてならない

在来線との乗り換えが不便な駅が多い

東海道新幹線開業以来、新大阪駅での在来線との乗り換えはそんなに簡単ではない。一応、乗換時間は10分としているが、お年寄りや体が不自由な方、大きな荷物を持っている人にとっては10分の乗換時間はきついし、新幹線16両編成の博多寄りの1号車からだと、急がないと乗り継げない。新大阪以外の各新幹線駅では、乗換距離が比較的短いこともあって大半は7、8分に設定されている。

そんななか、新潟駅では在来線も高架になって、上越新幹線と同じ高さになった。そこで新幹線11番線と在来線5番線の間に乗換ホームを設置して、地上のコンコースを経ずに同一平面で乗り換えできるようにした。しかし、現在の接続時間は最短7分、最長15分（不定期列車は除く）とばらばらである。最短でも7分にしているのは、乗換ホームには中間改札があって、新幹線の16両編成の端部車両からは距離があるためだが、今後はE7系12両編成に統一されるので、3分あれば十分だろう。

在来線と新幹線とを同じホームで乗り換えする方式は、九州新幹線新八代《しんやつしろ》―鹿児島中央間の暫定開業時に新八代駅で行っていた。中間改札は設置されず、両列車の指定席を向かいのほぼ同じ位置にして、短時間で乗り換えができるようにしていた。このため乗換時間はわずか2分だった。

西九州新幹線の暫定開業時も、武雄温泉駅で同じことをする。今後開業する新幹線駅で中間改札なしで同じホームで乗り換えができる駅は武雄温泉以外ない。しかし、たとえば長万部《おしやまんべ》駅で北海道新幹線と室蘭本線の特急列車とを、同じホームで乗り換えできれば便利である。

新函館北斗駅でも、新幹線乗車ホームの11番線と在来線の1、2番線は同じホームで乗り換えられるが、11番線は東京行の発車専用にしている。東京方面の新幹線へ乗り換えるには便利だが、東京発の到着用は12番線なので、新幹線から在来線への乗り換えは不便である。また札幌延伸時には、新幹線ホームを2面4線にする予定なので平面乗り換えは廃止される。

建設中の北陸新幹線敦賀駅では、新幹線ホームは地上3階に置かれ、2階のコンコースを経て、地平に新設される特急ホームと、上下移動で乗り換えができるようにする。垂直移動だけなので乗換時間は5分を想定している。これによって大阪―金沢間は、28分短縮して2時間6分になる。湖西線で160キロ運転をすればさらに7分程度短縮するから、2時間を切ることができる。

といっても競争相手には空路はなく、高速道路が相手ということになる。高速道路だと運転時間は4時間程度だが、金沢、大阪の両駅から離れたところを行き来するにはクルマのほうが便利な場合もある。乗り換えが必要だから、速いからといって新幹線に切り替える人が圧倒的に多いとはいえない。

敦賀駅の新幹線ホームは島式ホーム2面4線である。外側の線路に在来線特急が乗り入れて、同じホームで乗り換えができるようになれば、乗り換えの面倒さという抵抗感は大いに緩む。新幹線の新大阪延伸はまだ10年以上先なので、暫定的に同ホーム乗り換えをしても無駄にはならない。なお、北陸新幹線新大阪延伸後の敦賀乗り換えは、名古屋発着の「しらさぎ」との接続のみになる。

リニア中央新幹線の名古屋駅ホームは地下4階に置かれ、地上2階の東海道新幹線と上下移動で乗り換えできるようにする。しかし、東海道新幹線のホームとリニアホームとはほぼ直交するので、双方のホーム端部からは水平移動も必要になり、乗換時間は今の新大阪駅と同様に10分程度になろう。

新幹線単独駅は十分に利用されているのか

在来線や私鉄との連絡がない、いわゆる新幹線単独駅は結構ある。東海道新幹線では新富士駅がある。岐阜羽島駅も開業当初は単独駅だったが、名古屋鉄道羽島線が開通して連絡駅になった。

山陽新幹線では新尾道駅と東広島駅がそうである。新岩国駅も単独駅だが、錦川《にしきがわ》鉄道の清流新岩国《せいりゅうしんいわくに》駅が徒歩7分程度のところにあり、連絡きっぷの発売がないので正式ではないものの、一応連絡駅である。東北新幹線では白石蔵王、くりこま高原、水沢江刺《みずさわえさし》、七戸十和田《しちのへとわだ》の4駅がある。上越新幹線では本庄早稲田《ほんじょうわせだ》駅と上毛高原《じょうもうこうげん》駅、北陸新幹線は安中榛名《あんなかはるな》駅だけである。九州新幹線には新大牟田《しんおおむた》と新玉《しんたま》名《な》の2駅がある。

新幹線単独駅で乗り降りするときは、他の鉄道をアクセスに利用できない。このため駅へは路線バスかクルマで行くことになる。鉄道であれば輸送力があって、新幹線駅を利用する人も多くなる。またスピードも出ることから、新幹線駅を利用できるエリアも広くなる。

高速バス連絡もスピードが出ることから利用エリアは広がるが、一般の路線バスだと新幹線駅の利用エリアは狭くなる。また、高速バスも含めて、運ぶ人数は鉄道にくらべて少ない。

クルマ利用は、送迎は別にして、いわゆるパーク・アンド・ライド（クルマを駅の近くに駐車して、鉄道で移動する）での新幹線利用は、駅前に駐車場が必要になる。駐車台数は限られてしまうから、大量の客の利用の見込みはない。ただし、高速道路が近い新幹線駅では利用エリアが広がる。

在来鉄道と連絡している新幹線駅が有利といっても、それは人口が比較的密集している駅でのことである。乗客が非常に少ないローカル線では、まったく有利に働かない。

北海道新幹線の奥津軽いまべつ駅は、津軽線の津軽二股《ふたまた》駅との連絡駅である。北海道新幹線が在来線の海峡線だった時代は津軽今別という駅名であり、津軽二股駅と隣接していてもまったく別の駅になっていたが、北海道新幹線になってからは、名目上、海峡線津軽今別駅を廃止して、北海道新幹線奥津軽いまべつ駅を新設し、北海道新幹線と津軽線との連絡駅になった。

「青春18きっぷ」の利用客には、奥津軽いまべつ―木古内《きこない》間は「北海道新幹線オプション券」（2490円）の購入で利用できるようにしている。今別町では、新幹線で通学・通勤する高校生や地元通勤客に対して助成金を出している。また、竜飛崎《たっぴざき》の旅館は奥津軽いまべつ駅まで送迎している。津軽鉄道とタクシーとが連携した割引運賃を設定するなど、いろいろな方策で利用客を呼び込もうとしている。だが、1日平均の乗車客数は30人前後しかいない。

奥津軽いまべつ駅の近くに民家はほとんどなく、「道の駅いまべつ」があるだけである。駐車場はあってもパーク・アンド・ライド用の駐車場ではない。レンタカーの営業所もない。あまりにも人口過疎地帯なのである。奥津軽いまべつ駅の存在意義は貨物列車の新幹線電車の待避や、車両故障や事故時の避難といった信号場機能のためにあるといってもいい。

奥津軽いまべつ駅だけではない。山陽新幹線新岩国駅は錦川鉄道の清流新岩国駅と隣接している。しかし、錦川鉄道の前身、国鉄岩日《がんにち》線の時代から連絡駅ではなかった。つまり新岩国駅は単独駅である。錦川鉄道は新幹線と乗り換えができるということをアピールするために平成25年（2013）、御《み》庄《しょう》駅から清流新岩国駅に改称した。しかし改称後も新岩国駅の乗車客はあまり増えていない。新岩国駅の周辺にはパーク・アンド・ライドの新幹線客を目当てに、格安の駐車場が多数設けられている。なかには自宅の庭を駐車場にしている個人宅もある。また、路線バスも多数あるが、といっても乗車人員はずっと900〜1000人程度で推移している。

東北新幹線の開業後、昭和60年3月に新花巻駅ができて、釜石《かまいし》線にも新花巻駅を設置して連絡駅になった。新幹線のコンコースからは、県道を横断する地下道を通って釜石線のホームに行く。釜石線には快速「はまゆり」や臨時のイベントトレインが走り、それらに乗るためには、首都圏からは新幹線新花巻駅で乗り換えるのが便利である。このため比較的乗換客は多い。ただし新幹線新花巻駅自体の乗車人員は900人前後である。

東北新幹線で開業以来の単独駅の白石蔵王駅は800〜900人、後から設置したくりこま高原駅は1000〜1100人である。白石蔵王駅の周辺には大型商業施設がなく、郊外住宅のなかに駅がある。それにくらべ、くりこま高原駅は隣接してイオンがある。その差が乗車人員に即つながっているわけではないが、白石蔵王駅周辺は賑わっていない。白石蔵王駅の乗車人員が少ないのは、東北線の白石駅が現在でも街の中心で賑わいを見せていることと、仙台まで東北本線で50分以内に行け、しかも比較的頻繁運転をしている。新幹線に乗るのは東京方面などもっと長距離利用のときなので、乗車人員が増えていないといえる。

くりこま高原駅は、東北本線の新田《にった》駅が近いといっても結構離れている。さらに仙台方面や盛岡方面に在来線で行くにしても、本数は少なく時間がかかる。くりこま高原駅は栗原市や登米《とめ》市の市街地からバスや道路のアクセスがよく、駅前には大きな駐車場もある。駅から少し離れると田園地帯になるものの、道路アクセスがよいこともあって、白石蔵王駅よりも利用が多いのである。なお、くりこま高原駅と新田駅とは「選択乗車」制度が利用可能である。たとえば仙台駅や一ノ関駅などに行くとき、普通乗車券や回数券に関してはどちらの路線を経由してもいいことになっている。

九州新幹線の新大牟田駅と新玉名駅も、在来線との選択乗車が可能であり、パーク・アンド・ライド用の駐車場も整備されている。とはいえ両駅の乗車人員はいずれも600人台である。同じ九州新幹線の駅でも、鹿児島本線と連絡する筑後船小屋《ちくごふなごや》駅の乗車人員は1200人程度と、約2倍になっている。

山陽新幹線の単独駅である新尾道駅と東広島駅の乗車人員は1000〜1200人である。東広島駅周辺では、広島駅方面に行くには山陽本線の西条駅を利用するが、大阪方面へは東広島駅から新幹線を利用する。新尾道駅も同様で、単独駅としては健闘しているほうである。新尾道駅では142ページで述べるように、「のぞみ」停車と松山への高速バスの連絡によって乗車人員を増やせるだろう。

東海道新幹線の新富士駅の乗車人員は4800人と、新幹線単独駅では一番多い。東海道本線富士駅と道のりで2キロほどしか離れておらず、両駅間を結ぶ路線バスが1時間に2本運転されており、新富士駅の周囲は市街地の中にあるものの、東側には日本製紙の大きな工場もある。

次に乗車客が多いのは本庄早稲田駅である。名のとおり、南西側に隣接して早稲田大学本庄キャンパスと付属本庄高等学院があり、北東側には広大な駐車場、道路を挟んだ向こうにショッピングセンターがある。関越自動車道の本庄児玉インターチェンジも近くにあるため、パーク・アンド・ライド利用は、駅近くだけでなく高崎市内在住の人も利用する。高崎駅前の駐車場の料金は高くて数も少ないが、本庄早稲田駅付近の駐車場は広くて安く停めやすいからである。こういうことから、後から造られた新駅の上越新幹線単独駅であっても、乗車人員は2200人台になっている。

リニア中央新幹線の品川―名古屋間で単独駅は、山梨県駅と長野県駅である。山梨県は身延《みのぶ》線との交点に山梨県駅の設置を要望したが、交点はリニア中央新幹線の半径8000mのカーブ上にあることから、本線路盤は10度傾いており、そこにホームを設置することは難しい。新幹線のように副本線を設置して、副本線の路盤の傾斜を小さくすることで設置可能だが、費用がかかる。

その結果、品川寄りの大津町に山梨県駅の設置が決まった。甲府中心部からはバス連絡とし、駅は中央自動車道と新山梨環状道路が並行しており、バスとクルマによって利用エリアが広がる。このほかに身延線小井川《こいかわ》駅からリニアの高架に沿って枝線を新設する案もあるが、JR東海としてはリニア中央新幹線の建設で精一杯なので、枝線の建設や身延線の複線化などの改良をする余裕はない。

長野県駅は飯田線元善光寺駅と伊那上郷《いなかみさと》駅のちょうど真ん中の東側、天竜川による段丘のところに設置する。駅を出るとすぐトンネルに入るので、飯田線とはトンネルの上で交差する。飯田線に新駅を設置して連絡することになっているが、リニアの建設で手一杯のJR東海は、消極的である。やるとすれば地元負担になろう。

というよりも、JR東海は、中間駅からの利用が増えるとリニア中央新幹線の第2東海道新幹線としての役目が成り立たないとして、利用客が増えないようにしようとしているふしがある。

しかし、岐阜県駅は中央西線と並行している位置に設置され、中央西線にも駅が設置される。中央西線は高速化されているので再整備の必要はないから、乗り換えが便利な構造にすることになろう。

こぢんまりしている整備新幹線の駅

九州新幹線の新玉名駅は高架駅で、駅前広場やロータリー、500台近くが収容できる駐車場、それにケーズデンキとホームセンターグッデイが出店しているが、それらだけがまとまってポツンとあり、周囲は田園地帯である。

通過線と停車線に分かれておらず、相対式ホーム2面2線だけの単純な棒線駅である。しかもホームの長さは210mしかない。「みずほ」とほとんどの「さくら」は同駅を時速260キロで通過していく。ホームドアがあるために危険はないものの、ホームで通過電車を眺めていると列車風をまともに受けてしまう。

九州新幹線の中間の各駅で待避追い越しができるのは新鳥栖、筑後船小屋、熊本、新水俣《しんみなまた》の4駅だけ、残りの中間駅は、一部に上下渡り線があるものの相対式ホームの棒線駅である。熊本駅は全列車停車を前提に島式ホーム2面4線であり、新鳥栖駅は将来の西九州新幹線の分岐駅としてやはり島式ホーム2面4線になっている。

筑後船小屋駅は下り線側、新水俣駅は上り線側が島式ホームになったホーム2面3線である。前後に渡り線を設けて上下列車の待避を可能にしている。

東海道・山陽新幹線のようにほとんどの駅で待避追い越しを頻繁に行うわけでもなく、筑後船小屋で1日に1回行うだけなのでこれでいいし、棒線駅だと建設費も安い。しかも待避追い越しを行うの

新玉名駅は非常に簡素な駅になっている

は、ポイントを動作させて錆びつかないようにするのが目的でもある。新鳥栖駅や熊本駅も、停車する線路を適宜変えている。新水俣駅では下り列車が渡り線を通ってわざわざ上り線に転線して、待避線の11番線に発着させたりもしている。

整備新幹線として建設された東北新幹線の盛岡以北でも一部に渡り線があるものの、いわて沼宮内《ぬまくない》、二戸《にのへ》、七戸十和田駅が棒線駅である。東海道新幹線の熱海と山陽新幹線の新神戸も棒線駅だが、これはトンネルと山に囲まれているための措置である。

北海道新幹線の奥津軽いまべつは下り線側、木古内は上り線側に通過線と停車線があり、両駅とも、通過線と停車線は逆方向への出発もできるようにしている。青函トンネルで何かあったときに列車の抑止あるいは折り返しができるようにするためである。

北陸新幹線では軽井沢、長野、上越妙高、富山駅が島式ホーム2面4線で、その他の駅は棒線駅である。

軽井沢駅と長野駅のホームの幅は広いが、上越妙高駅と富山駅、金沢駅のホームの幅は狭い。敦賀駅まで延伸工事が進行中で、福井駅は島式ホーム1面の、小松、芦原《あわら》温泉の2駅は相対式ホーム2面の棒線駅だが、加賀温泉駅と越前たけふ駅は、上下線とも通過線と停車線がある相対式ホーム2面4線になっている。新大阪まで延伸したとき運転本数が比較的多いということから、待避追い越しも比較的頻繁にすると考えられているためである。

西九州新幹線のすべての中間駅は相対式ホームの棒線駅である。ほとんどが各駅に停車するから待避追い越しはないと考えられているためである。

東北新幹線盛岡以南の開通後に新設された、くりこま高原、水沢江刺、新花巻の各駅も棒線駅だが、東海道新幹線の三島や新富士、掛川、山陽新幹線の新尾道、東広島、厚狭《あさ》の各駅、それに上越新幹線の本庄早稲田駅は通過線と停車線がある。頻繁に待避追い越しをする必要があるからである。とくに上越新幹線の本庄早稲田駅は、北陸新幹線電車も走ることから、棒線駅だと通過列車の邪魔になるのである。

棒線駅が多用されるようになったのはホームドアがあるだけでなく、建設費が安くなるからである。国鉄時代のように潤沢に予算を注ぎ込めないからだが、問題もある。

本線上で列車が立ち往生すると新幹線は大混乱になる

どの新幹線でも、本線上で列車が動けなくなると、その列車が修理されたり、ほとんど使用しない第2停車線の副本線や車庫に移動したりするまで、他の列車は走れなくなってしまう。しかし、多くの新幹線駅にはそのような第2停車線の副本線は少ない。

東海道新幹線では豊橋、岐阜羽島、米原の3駅、山陽新幹線では姫路、新岩国、新下関の3駅にしかない。東北新幹線では大宮、小山、那須塩原、郡山、福島、白石蔵王、北上と比較的多い。上越新幹線は熊谷、高崎、越後湯沢、燕三条《つばめさんじょう》と、これも比較的多い。東北新幹線の盛岡以南と上越新幹線は国鉄時代に一番、建設予算を潤沢に使えたからである。

予算の引き締めが強い整備新幹線ではそうはいかない。整備新幹線では通過線と停車線に分けた駅は今のところ皆無なので、これに加えて第2停車線の設置などは考えられていない。その代わりに待避追い越し用を兼ねた副本線が設置されている。

九州新幹線では新鳥栖、筑後船小屋、熊本、新水俣の各駅、北陸新幹線は軽井沢と長野、上越妙高、富山、東北新幹線盛岡以北は八戸と新青森である。

北海道新幹線の開業区間は、中間2駅の両方に副本線がある。青函トンネルがあるためである。

これら副本線がある駅の中で、筑後船小屋と新水俣、北海道新幹線の中間駅各駅は上下線兼用の副本線が1線あるのみである。

TGVパリ南東線配線略図

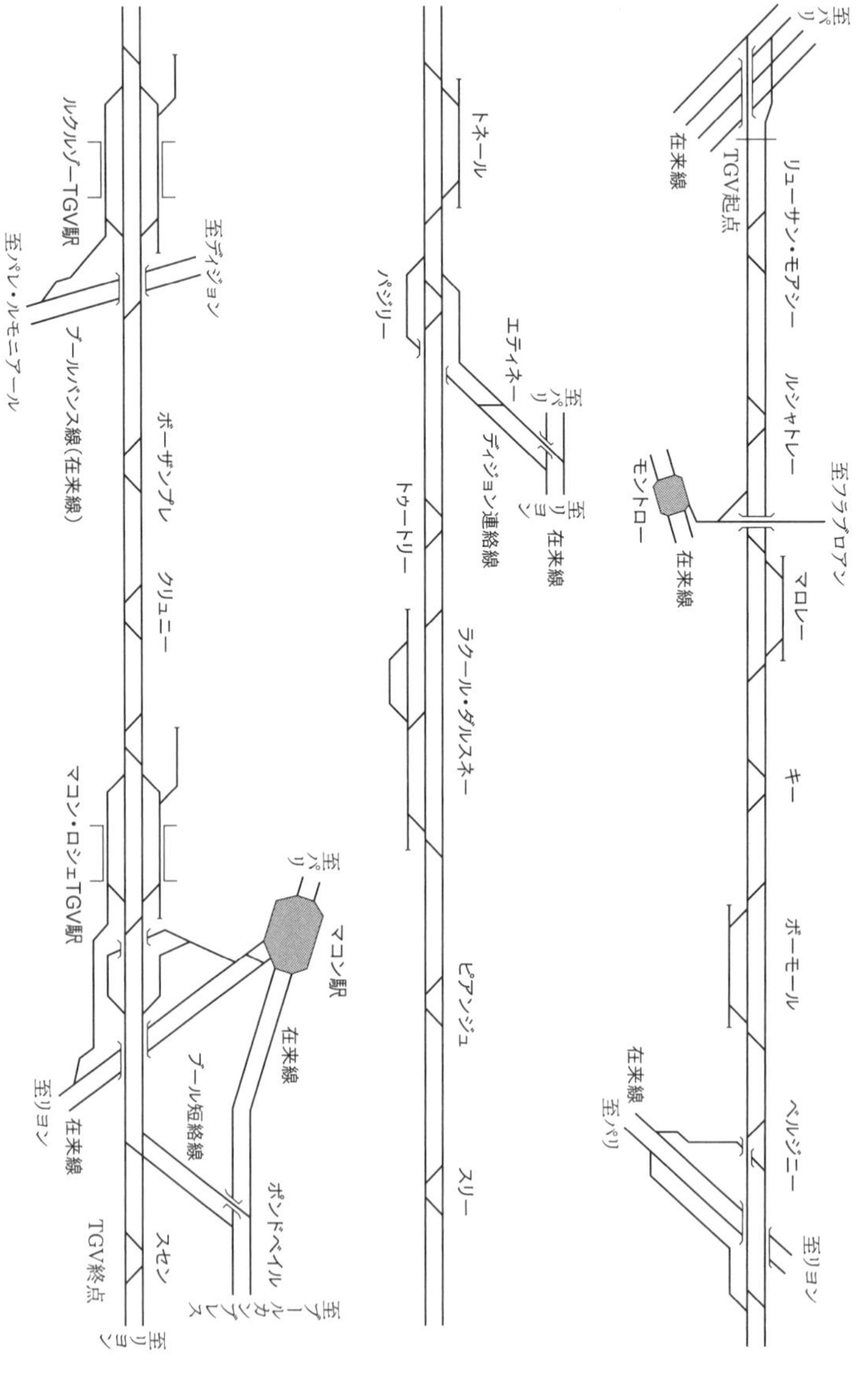

とはいっても、第2停車線や副本線も折り返しに使用されることもあり、また、ほとんど使用されない副本線がある駅同士の距離が長いことから、いざ一つの列車が故障などで立ち往生してしまうと、すべての列車が動けなくなって、なかなか復旧しない。

日本の新幹線電車は故障が少ない。だから、年に一回あるかないかの立ち往生のために、あまり使用しない副本線を多数の駅に造るのは無駄という考え方である。

しかし、海外では車両故障が頻繁にあることを前提にして高速新線を造っている。まず、上下線は一方向だけにしか進めないようにはしておらず、逆線走行を可能にしている。これに合わせて十数㌔程度の間隔で、160〜200㌔の速度で転線できる上下渡り線を設置して、立ち往生した列車を逆線走行でやり過ごさせる。

さらに、ある一定の間隔で非常留置線を設けている。そこに立ち往生した列車を牽引する機関車を置いているところや、乗客の避難用にホームを設置しているところもある。そして高速新線上にある正式な駅では、第2停車線や非常留置線が置かれているところも多い。

逆線運転はヨーロッパの高速新線だけでなく、韓国や台湾、中国の高速新線でも行っている。

東海道・山陽新幹線のような運転本数が多いところでは無理だということや、正面衝突防止のための信号保安装置が複雑になり費用もかかるということで、日本ではすべての新幹線で逆線走行ができないようにしている。

逆線運転はともかく、非常留置線の設置や第2停車線がある駅を増やす必要がある。保守基地の1線だけでも非常留置線にする。さらに停電でも動ける故障車牽引用の機関車を造る必要があろう。

脱線・逸脱防止装置の開発

新幹線が運転中に地震が発生したとき、まずは初期微動を感知し、すぐに饋電《きでん》（架線への送電）停止を行う。架線電圧がなくなると自動的に新幹線電車は非常停止する。

　直下型地震の場合は、初期微動を感知しても瞬時に大きな揺れに襲われてしまう。それでも320キロで走っていたときは310キロに落とすなど、少しでも速度を落として被害を最小限に抑えるとともに、地震の揺れで脱線しないように「脱線防止ガード」を設置して、脱線しにくいようにしている。

　それでも大きな揺れで脱線してしまったときに備えて、軌道逸脱防止ガイド（東北・上越・北海道・北陸の各新幹線）、軌道逸脱防止ストッパ（東海道・九州の各新幹線）、軌道逸脱防止ガード（山陽新幹線）が備えられている。

　軌道逸脱防止ガイドは車軸の両端に逆L形金具を設置して、脱線して軌道からずれたときに逆L形金具がレールに引っかかってそれ以上逸脱しないようにする。強い力で押されてもレールが倒れたり大きく移動したりしないよう、「レール転倒防止装置」も付いている。軌道逸脱防止ストッパは車軸の中央にストッパを設置して、やはりレールに引っかかって止める。軌道逸脱防止ガードは軌道にガードを設置、車輪がガードに引っかかることで、それ以上逸脱しないようにしている。

　だがこれをくぐり抜けて転覆してしまう可能性もないとはいえない。新潟県中越地震で上越新幹線電車が融雪排水溝に引っかかって転覆を免れたように、転倒防止ガイドの設置も必要かもしれない。

運賃・料金が最大3割引になるジパング倶楽部では「のぞみ」に乗れない

ＪＲの運賃・料金が最大３割引になる「ジパング倶楽部」は、満60歳以上の女性、満65歳以上の男性が入会できる。

しかし、東海道・山陽新幹線の「のぞみ」、山陽・九州新幹線の「みずほ」の特急料金とグリーン料金は割引にならない。ただし、「のぞみ」または「みずほ」の正規料金を支払えば運賃は割り引かれる。また、「グランクラス」の利用も、割り引かれるのは運賃だけである。

新幹線ではないが、夜行寝台電車「サンライズ瀬戸・出雲《いずも》」では、寝台料金は割引の対象にはならないが、特急料金と運賃は割り引かれる。ただし２人個室の「サンライズツイン」だけは特急料金も割引にならない。「サフィール踊り子」の「プレミアムグリーン」を利用すると、これも特急料金も割引外である。

ＪＲ九州在来線の７８７系電車のグリーン個室（ＤＸグリーン）も割引対象外だが、山陽新幹線「ひかりレールスター」の普通車個室は割引される。だが、その「ひかりレールスター」は今や下り１本、上り２本しか運転していない。しかも下りは深夜、上りは早朝の時間帯の運転なので、利用のチャンスはあまりない。さらに「ひかりレールスター」編成の７００系で走る「こだま」での個室は利用できない。

「のぞみ」「みずほ」の特急料金・グリーン料金が割引から除外されているのは、これらが特別な列車だからとされている。しかし、「みずほ」はともかく、「のぞみ」はもはや特別な列車ではない。東海道・山陽新幹線の主力列車であり、運転本数が一番多い。

「のぞみ」の運転を開始したときは、1日に2往復だった。このときは「ひかり」よりも速いということでプレミアム列車といえた。この列車には特別な人だけ乗ることからジパング倶楽部の割引の対象から外していた。開発に費用を注ぎ込んだため、安く乗れないようにした。

その後、運転本数が増え自由席も設定した。それでもジパング倶楽部では割引対象外のままだった。せめて自由席特急料金だけでも割引の対象にしてもらいたいものである。

同様に、海外在住の人が利用できる指定席乗り放題の「ジャパン・レール・パス」も、「のぞみ」と「みずほ」の利用はできない。そのためインバウンドの乗客は「ひかり」を利用する。「ひかり」の指定席客のほとんどが外国人という状態が続いた。

筆者も、急がないときはジパング倶楽部の割引がきく「ひかり」を利用していたが、インバウンド利用の急増でなかなか指定席がとれなくなってしまった。逆に「ひかり」の自由席は空席が目立ち、利用しているのは日本人ばかりである。そこで「ひかり」の自由席利用に切り替えた。

現在はコロナ禍で外国人が極端に減ったので、「ひかり」の指定席利用はできるようになったが、自由席はもっと空いており、2座席1人で快適に乗車できる。

コロナ禍が収まれば再び「ひかり」の指定席は満席になるだろうが、自由席は結構空いている状態が続くだろう。

グランクラス車は空気を運んでいるだけ

東北・北海道新幹線を走るE5系・H5系と、上越・北陸新幹線を走るE7系・W7系には、グリーン車よりもデラックスな「グランクラス」車が連結されている。当然、料金もグリーン車より高い。またグリーン車と同様、異なるJR会社間をまたがる場合などに対して適宜料金が設定されている。

当初のグランクラスにはアテンダントが乗務して軽食や飲み物のサービスをしていたが、グランクラス車を連結する列車が増えたために、一部の列車はコロナ禍前からアテンダントサービスをなしにして走らせている。このためグランクラス料金は、アテンダントサービスありとなしの2種類に分けられている。東北・北海道新幹線で東京と盛岡以北の間を走る「はやぶさ」と、北陸新幹線の東京—金沢間「かがやき」「はくたか」についてはアテンダントによるサービスがあった。ただし現在はコロナ禍で休止中である。

東北新幹線の「なすの」や「やまびこ」にもグランクラス車を連結している。朝の上りは新幹線通勤客がほとんどである。これらにグランクラス車を連結している理由は以下のためである。

東北新幹線で一番収容力が多いのはE2系10両とE3系7両を連結した17両編成で、その次に多いのがE5系10両とE6系7両を連結した17両編成である。そのE5系の10号車にグランクラス車が連結されている。ほとんど利用されておらず空気を運んでいるようなものである。北陸・上越新幹線を走るE7系もそうである。

もっとも、最近はコロナ禍で人との接触を極度に嫌い、お金に余裕がある人が乗るようになったといわれるが、これらの人々によって利用率が上がったという話は聞かない。

北陸新幹線の「つるぎ」に至っては、12号車のグランクラス車は普通車の8〜10号車とともに閉鎖している。これこそ完全に空気を運んでいる。

E5系・H5系やE7系・W7系をそれぞれすべて同じ編成にして共通使用できるようにしたほうがダイヤ運用上でメリットがあるから、「なすの」などにもグランクラスを連結しているのだが、空気しか運ばないグランクラス車があるのではエネルギー効率として無駄である。

もっともJR東日本では、グランクラス車をもっと利用してもらおうと、東北新幹線「なすの」、北陸新幹線「あさま」、上越新幹線「とき」に、「ふらっとグランクラス」を期間限定で販売した。グリーン料金より1500円高いだけで、かつ駅売店のニューデイズやキオスクで利用できる500円券付である。しかし、インターネットで予約する旅行商品であり、乗車区間に対する運賃もセットになっているから、区間外、たとえば小田原から新潟に行く場合には小田原―東京―新潟間の普通乗車券を買うのがセオリーなのだが、「ふらっとグランクラス」と併用できない。利用できるとすれば小田原―東京間の普通乗車券やICカード運賃との併用である。

すべてのE5系にグランクラス車を連結するよりも、盛岡以北を走る「はやぶさ」用とその他の列車用で分けて走らせ、その他の列車用の10号車には普通車を連結すればいいといえる。E7系もそうである。「つるぎ」用にはグランクラス車がなく、半室グリーン車連結の4両編成のW7系を用意すればいい。「あさま」や「とき」用のE7系もグランクラス車は普通車に改造すればいい。

新幹線による小荷物輸送は事業として成立するか

新幹線で生鮮食品を輸送する実証実験が、ＪＲ東日本・北海道やＪＲ西日本、ＪＲ九州で行われている。たとえば、宮城県石巻市で水揚げされた鮮魚類を仙台駅まで陸送して、ここから「やまびこ」136号の1号車に乗せ、東京駅で降ろして東京駅構内の飲食店のメニューに提供することが令和2年の夏に3日間限定で行われた。同年10月には富山湾産の鮮魚類を北陸新幹線に乗せて、同様に東京駅構内の飲食店で販売した。

そしてＪＲ西日本はこれを恒久的事業として行うと公表し、ＪＲ九州と連携して九州の特産品を関西圏に運ぶ実証実験を令和3年2月に行った。

ＪＲ東海も大阪の「みたらし団子」を新幹線電車で東京駅に運び、東京駅構内の「プレシャスデリ東京」などで数量限定で販売した。

現在はコロナ禍の最中なので新幹線の利用率が落ちているから、空いている座席を利用して荷物をスピーディに運ぶことができる。

しかし、この荷物輸送には何人もの係員が携わっている。東京駅に到着した少量の生鮮食品を台車に積み替えてホームを移送するだけでも3人で行っていた。3人もの人を使うのではコスト高で、決して事業として成り立たない。

実証実験はコスト度外視の少量輸送で行っていたが、これを本格的に事業化するには、人件費の削減と省力化が必要である。実証実験は、国鉄時代に行っていた荷物輸送と同様に、人件費の無駄を再現している。

人件費が安かった時代には荷物輸送事業も成り立っていたが、国鉄末期には職員の給与が上がってしまって、国鉄の代表的な赤字事業とされ、荷物事業は廃止になった。

荷物には小荷物と手荷物があった。小荷物は、現在の宅配便や郵便小包と同じ事業である。手荷物は普通乗車券を示すと到着駅まで格安で荷物を運んでもらえる、いわゆる「チッキ」と呼ばれたものだった。国鉄時代、荷物輸送のために荷物客車（荷物車）や荷物電車（荷電）が用意され、各駅には荷物扱い所が置かれていた。このほかに郵政省所有の郵便車による郵便荷物輸送もあった。

時代によって大きさや輸送距離で荷物運賃は異なるが、いずれにしても駅に行って託送を頼み、駅に行って荷物を受け取る。国鉄と「連絡運輸」をしている私鉄や路線バス、船便でも取り扱っていたので、全国的な輸送網ができていた。宅配便などない時代には大いに利用されていた。

しかし、今の宅配便のようなシステム化も機械化もしておらず、荷物車に手作業で積み込む（というより、放り込むといったほうが正しい）。荷物車内では手作業で、この荷物はどの駅で降ろすかなど選別していた。

大きな駅では、ターレットという動力付き荷車が無動力の荷物台車を何両も引っ張ってホームを駆け巡っていた。筆者の耳には今でもそのエンジンの音がこびりついている。荷物をターレットごとホームから地上に降ろす専用エレベーターもあった。

人力による荷扱いをしていたので効率は悪く、先述したように、放り込んだりして手荒に扱うので荷物が傷んだりしていた。それに、駅へ取りに行くにしてもいつ到着するかはっきりしないことが多く、何度も駅に通うこともあった。

末期にはフォークリフト用のパレットによる荷扱いをするようになったり、駅からトラックによる宅配も行われたりしたが、丁寧できめこまかなサービスがあって、到着時間もはっきりしている民間の宅配便の普及に押され衰退していった。

ところが東北新幹線の盛岡開業後に、東海道・山陽新幹線も含めて、荷物のタダ送りが横行するようになった。要するに、入場券で新幹線車内に入って網棚に荷物を置き、連絡を受けた別の人が目的地の駅で入場券を買って受け取るというタダ乗りである。新幹線を使えば短時間で荷物を送付できる。

これを見た国鉄は、一定の大きさごとに料金を定めて、荷物を新幹線の業務用スペースで運ぶ「ひかりレールゴー・サービス」という小荷物輸送をするようになった。

東海道・山陽新幹線では旅客輸送に専念するために中止になったが、東北新幹線の東京―仙台間と上越新幹線の東京―新潟間では「新幹線レールゴー・サービス」の名で現在も行われている。駅受け取りが基本だが、東京―仙台間には集配サービスも行う「ひかり直行便」もある。「ひかり」と付いていることから東海道・山陽新幹線が最初だったということがわかる。

6段階の大きさのボックスに入れ、基本的に駅で収受することで手間がかからないようにして、人的コストは最小限ですませている。新幹線車内では多目的室などに収納するので、専用荷物室は不要である。東京駅と仙台駅は車販用エレベーターによって搬入・搬出するので専用エレベーターもいらない。

ところが、今実証実験している生鮮類の輸送については、1両を締め切って客室に置く。客室への搬入・搬出、輸送のお守りは昔ながらの人力である。1両にまるまる乗せるほどの荷物の量ではない。非常に無駄な事柄が多い。

将来的には、改造して荷物室を設置するとか、搬入・搬出も機械化することになる。そして原産地からの搬入なども効率よくしなければならない。生鮮物だけの輸送では片輸送になる。生産地に戻るときに、何らかの物品の逆輸送ができればベターである。たとえば東京で造られた物産品の地方発送を取り扱うのである。

さらに、これだけのために特別な車両あるいは編成を用意しなければならない。

輸送事業として成り立たせるためには、解決すべき課題は多い。一つだけいえるのは、空気を運んでいるグランクラス車を荷物車に改造するか、グランクラス車に荷物を積み込むことである。

また先頭車のフロントノーズの中は、がらんどうで何もない。外部から出し入れできるように扉を設置して、そこに荷物を収納するのもいい。

荷物が大量に増えるというのであれば、新幹線にコンテナ用貨物列車を走らせ、そこに生鮮類輸送専用のコンテナを積載すればいい。貨物列車の運転本数は少ないし、後述する積載方法をとれば貨物駅は小規模ですむ。だから、各車両基地や保守基地の空いているスペースに設置できるはずである。

なお「新幹線レールゴー・サービス」と「ひかり直行便」は令和3年9月30日をもって中止、10月1日以降は新たなサービスを開始するという。

東海道新幹線は貨物列車も運転することになっていた

東海道新幹線は当初、貨物列車も走らせる予定だった。貨物駅は東京地区、静岡地区、名古屋地区、大阪地区の4か所とし、東京地区は大井ふ頭に設置するが、大井の埋立整備に時間がかかるので、とりあえず品川新幹線電車基地内に置く。静岡地区は、静岡駅の東京寄りにある在来線の柚木貨物操車場の北側、新幹線を挟んだ南北に設置する。名古屋地区は「弾丸列車」計画時代に客車操車場用として確保していた日比津《ひびつ》地区を貨物駅にする。大阪地区は鳥飼《とりかい》電車基地の北側に置くことにしていた。

日比津貨物駅へは新幹線本線を乗り越す必要があり、鳥飼貨物駅も京都寄りで新幹線本線を乗り越す予定だったので、これらの乗越橋は、新幹線開通後に設置するのは大変な工事になるために、東海道新幹線開業時にはすでに設置されていた。柚木貨物駅の上下着発線は新幹線を挟んで設置し、仕訳《しわけ》線は北側に設置する予定だったので、新幹線本線の下を通る地下線も考えられた。

機関車牽引では軸重が新幹線電車にくらべて桁違いに重くなるから、電車方式とし、コンテナ積載で考えられていた。1両にコンテナを5個積載し、10両1ユニットを3ユニット連結した30両編成で走らせ、最高速度は130㌔とし、東京―大阪間の所要時間を5時間30分にするとした。トラックやトレーラーをそのまま貨物電車に乗せる「ピギーバック」方式と、荷物の形状に応じたコンテナを積載する「フレキシ・バン」方式も検討された。

旅客列車は5時から24時まで走らせることになるから、貨物列車は深夜時間帯に走らせる。しかも旅客列車終了後の午前0時から2〜3時間、始発前の2〜3時間は線路保守の間合時間としたので、実質の走行時間帯は2時間ほどである。貨物列車の走行時間帯は、下り東京発が23時から1時となり、大阪着は4時から6時となる。上りはその逆なので、保守をするといっても上下線の片線しかできない時間もある。そこで毎週日曜日は、貨物列車の運転をやめて保守時間をたっぷりとるとした。

しかし、東海道新幹線は工事費がかさみ工期も足らなくなり、各新幹線貨物駅を整備する余裕はなくなってきた。そこで品川と鳥飼だけを整備するまで縮小されたが、それでも予算と時間がなくなってしまい、まずは旅客列車だけを走らせることにした。

東海道新幹線の大半は盛土と切取になっている。このため路盤が落ち着かず、多くの区間で徐行運転をすることにした。その結果、「ひかり」の所要時間は4時間となってしまった。1年1か月後に3時間10分運転になったものの、路盤沈下の修正が続き、貨物列車を走らせるための保守時間の縮小はできなくなった。それどころか思いのほか保守に手こずり、保守車両を増強する必要が出てきた。

そのためには保守基地の拡張が必要になる。旅客電車の留置線不足もあって、柚木貨物駅の用地は保守基地の拡張と2線の電留線の設置がなされた。本線横断の地下線の計画は在来線柚木貨物駅（現静岡貨物駅）からの狭軌線で掘削され、レールその他保守機材を在来線貨物列車で搬入できるようにした。日比津貨物駅は、当初は保守基地、次いで名古屋車両基地に転換された。

昼行長距離旅客が新幹線に移ったことで東海道本線のダイヤに余裕ができたため、貨物列車は在来線を走らせることに方針を転換して、大井の新幹線貨物用地は在来線の東京貨物ターミナル、鳥飼の用地も大阪貨物ターミナルの用地に流用された。

東海道本線東静岡駅付近。写真左側が新幹線保守基地、フェンスの右の2線が新幹線本線、その右2線が静岡電留線

大阪・鳥飼にあった貨物線用の乗越橋（現在は撤去されている）

日比津電留線への貨物線用に造られていた乗越橋

新幹線貨物輸送の再考が必要

東海道新幹線での貨物列車の運転は中止になったが、その再来として鮮魚類の輸送が東北新幹線で実証実験されている。しかし、現状の車両への搬入、搬出は人力に頼っている。先述したように、事業として成り立つほどの輸送量はない。そのための搬入搬出設備もない。

少量の鮮魚輸送等だけでなく、車体が大きい新幹線だからこそ効率よく大量の貨物輸送ができる。

新幹線の車両限界は高さが4500㎜、幅が3400㎜である。旅客車のレール頭頂面から床面の高さは1300㎜であり、屋根部の肉厚を100㎜とすると、客室内の高さは3100㎜になる。

一方、最大の海上コンテナの高さは2896㎜、幅は2438㎜、長さは1万2192㎜である。在来線の車両限界では高さが邪魔をして積載できないが、新幹線では可能である。

一般の少し小さい海上コンテナの高さは2591㎜なので在来線でも積載できる。新幹線の長さは25mだから、一番大きなコンテナを1両に2個積載できる。

在来線貨物列車はコンテナを固定するだけで露天繋止をしている。これを貨物室内に収納してしまえば時速300㌔走行も可能である。

問題は積載・積降ろし方法である。新幹線の車体側面を全面的に開けてしまう方法があるが、構造的には難しい。それならば新幹線電車の床にレールを敷いて前後面から転がしていく方法をとればいい。転がすだけなので車輪の直径は100㎜程度でもいいことになる。

しかし、それならば在来線のコンテナ貨車を丸ごと新幹線車内に収納してもいい、ということになる。一般的な海上コンテナが積載できるコンテナ貨車の床面高さは1000㎜が多いが、4tトラックを載せるピギーバック用貨車は700㎜にしている。

これにコンテナを載せると高さは3291㎜になる。新幹線電車のほうも床面を1000㎜にすれば、室内の高さは3400㎜になり収納できる。

まさにJR北海道が試作した、在来線コンテナ貨車を新幹線車内に積み込む「トレイン・オン・トレイン」である。ただしトレイン・オン・トレインでは、新幹線の床面高はさらに100㎜低い900㎜にして、貨車の床面高800㎜でも対応できるようにした。

しかし、荷物を積載したコンテナ貨車を積み込んだ新幹線電車の軸重はかなりな重さになる。軸重を抑えるためにすべて付随車にして、前後に機関車を連結させて走行させる。それでも軸重を軽くできないことから、積載車両の真ん中にも台車を装備した3台車にする、あるいは3軸ボギー台車にすることになった。

ただしコンテナ貨車の長さは21・3mだから、新幹線の積載車両もそれに合わせた長さにすれば軸重をそれなりに軽くできて、3台車や3軸台車は不要になるとも考えられる。また機関車の軸重も軽くするために、高出力の機関車にせず、最高速度を200㌔に抑えればいい。

津軽海峡線を走る貨物列車は1000t牽引、20両編成だから406mの長さになる。これを牽引する新幹線機関車の出力は大きくなり、その分非常に重くなってしまう。10両ずつ、2編成に分けることも考えられたという。

JR北海道が試作した「トレイン・オン・トレイン」の正面と側面。車体内部に在来線コンテナ貨車が入っている。台車は3軸になっている。狭軌と標準軌のダブルトラバーサで出し入れする

青函トンネル内では、貨物列車と新幹線電車が混在して走っているために、新幹線電車の最高速度が160キロに抑えられている。抜本的な解決策としてはトレイン・オン・トレインが最適といえよう。

しかし、編成両数をどうするか、機関車の軸重は重いなどの理由で開発は中止になった。

トレイン・オン・トレインの応用として、コンテナ貨車ではなくトラックを載せる方法もある。とはいえ4t以上のトラックの高さは3800㎜だから、すべてのトラックを載せることはできない。専用のトラックを造って載せることになる。

そうであれば、床面高1100㎜に対応した高さ3300㎜（3・3m）の

専用のトラックを造る。1100㎜なら、積載する新幹線車両も電動車にでき、軸重が重い機関車は不要になる。車輪径が大きいために、240㌔程度の速度も維持できる。これならば最速旅客列車の運転の妨げにはなりにくい。トレイン・オン・トレインが貨物列車を丸ごと収納させるのと同様に、専用トラックが隊列を組んで新幹線列車内に入って繋止され、そして運転台付の車両を連結して出発する。

運転台付の車両には、トラックのドライバーを乗せてもいい。あるいは小荷物を積載する車両にあててもいい。軸重がかなり重たくなることから、2軸ボギー台車でなく3軸ボギー台車にしてもいい。

在来線ではトラックを直接積載するピギーバック方式で走らせ、新幹線載せ換え駅で、トラックが隊列を組んで在来線貨物列車から新幹線貨物列車に乗り換える方法をとれば、載せ換え時間は10分程度ですむ。

この方法ならばあまり場所をとらないから、各新幹線の各車両基地や各保守基地に積載・積降し基地を置いてもいい。

物流においても輸送需要が高い東京―大阪間では東海道新幹線にもほしいところだが、ダイヤに余裕がない。中央新幹線ができればダイヤに余裕ができる。少子化の時代に東京―大阪間に東海道と中央の二つの新幹線はいらないという論調があるが、物流も東海道新幹線に担わせることで、こちらも少子化によるトラックのドライバー不足を補うことができる。

新幹線が旅客輸送だけしか行っていないのは、鉄道としてもったいない。集荷と宅配は個別輸送が得意なトラックによって行い、集まった荷物を超高速の新幹線で輸送し、再び配送するのはトラックにする。

トラック輸送から新幹線輸送に切り替える方法で、一番スピーディで手間いらずの方法は、トラックを丸ごと載せる方法である。いわばフェリートレインである。

これをさらに発展させるなら、かつてやっていた「カートレイン」を新幹線に切り替えることである。カートレインは有蓋《ゆうがい》（屋根付）貨車にマイカーを積み込み、寝台車を連結して走らせていた。

国鉄がＪＲになってからも続けられたが、積載するクルマの大きさに制限があり、一番利用したいワンボックスカーやキャンピングカーなどが載せられなかった。

また、長距離フェリーでは必ず供食設備があるのに、寝台車の連結だけなので供食サービスがない。これらのために利用されなくなってしまい、廃止になった。

しかし、新幹線電車であればトラック並みの大きさのキャンピングカーでも載せられる。スピードがあるので寝台車の必要はなく、併結する客車は2階電車にすることで供食設備も提供できる。東京―札幌間の長距離区間だけでなく、青森―函館間の短距離区間だけでも走らせれば青函フェリーに対抗できる。

トラックも積載できるカートレインも新幹線に導入すれば、新幹線のスピード、新幹線の大量輸送能力による貨物輸送は物流の大革命になる。

パート2

「スピードアップ」分析

東海道新幹線に世界が驚いたのは、ずっと200キロで走り続けていること

昭和39年（1964）の東海道新幹線の開業は、世界中に驚きをもって迎えられた。ただし、新幹線が営業列車として初めて200キロ運転をしたことに対して驚いたわけではなかった。ドイツは1933年（昭和8）にベルリン―ハンブルク間で最高時速160キロを出す流線形気動車「フリーゲンダー・ハンブルガー」号を登場させている。イギリスも1935年にロンドン―ニューカッスル間で最高速度181.8キロ（時速113マイル）を出す「シルバー・ジュビリー」号を登場させた。アメリカでも160キロを出す特急列車が登場した。これらは蒸気機関車である。

そしてフランスでは1955年に、客車3両を牽引する電気機関車が331キロを出して世界を驚かせた。そして最高速度160キロはさほど珍しい列車ではなくなっていた。

あと40キロアップすれば200キロ走行ができる。しかし、既存の路線では200キロに対応したカーブはほとんどなく、200キロを出したとしても、それはわずかな区間で瞬間的に出すものであり、スピードアップにあまり寄与しない。しかも200キロ走行のために路盤を強化する必要があり、費用対効果を考えると営業的に成り立たないとしていた。

東海道新幹線は瞬間的に200キロを出しているわけではなかった。東京、名古屋、京都、新大阪の各駅の近くでは曲線半径4000～1600mとカーブがきつく、熱海駅の前後に曲線半径1500mがある。また、関ケ原付近には規格外の20‰の勾配がある。これらの区間では減速するが、それ以外

の区間ではずっと２００キロ運転をする。しかもすべての列車が２００キロで走る。

このことに世界が驚いたのである。要は、２００キロの速度は最高速度でありながら巡航速度でもあるのだ。

東海道新幹線は、２００キロ運転をほとんどの区間で行うために新しく造られた路線だからこそ、こんなことができる。

この発想は当時の世界にはなかった。鉄道は古い交通機関であり、瞬間的に１６０キロを超える速度を出せるだけなので航空機や高速道路を走るクルマに太刀打ちできない、というのが世界的な認識だったのである。いや、日本国内でも、世界の三バカの一つとして東海道新幹線を取り上げたメディアもあった。ちなみに残り二つは万里の長城と戦艦大和とされているが、これには諸説あって定まっていない。

東海道新幹線を造ったのは、東海道本線の輸送力の逼迫があったのが最大の理由である。輸送力を上げるために、狭軌在来線を複々線化する案や狭軌による別線にする案もあったが、弾丸列車計画以来の広軌別線により最高速度２００キロをずっと出し続けて、所要時間を大幅に短縮する考え方が国鉄部内で優勢だった。このため広軌別線案が選ばれた。

フランスは、東海道新幹線の成功によって、連続して高速運転をする新線を自国でも造ることになり、それが１９８１年（昭和56）にＴＧＶとして花咲き、やがて各国が導入するようになった。

これらは「高速新線」と呼ばれている。これはフランスが、ライバル視している日本の新幹線の世界的呼び名の「Shinkansen」を使いたくないということで、フランス語で高速線を意味するLigne à

フランスの高速新線（LGV）東ヨーロッパ線を走るTGV-R系列車

高速新線のケルン―フランクフルト線を通ってケルン駅に進入するドイツの高速電車ICE3

Grande Vitesse（略してＬＧＶ）の用語を使い、英訳は「New Highspeed Line」とし、日本ではヨーロッパ方式の新高速路線を高速新線と呼ぶようになった。

この高速新線が新幹線と決定的に違うのは、フランスをはじめ西ヨーロッパ各国では在来線も標準軌なので、都市部では基本的に在来線を走行し、郊外に造られた高速新線に入ると高速運転をすることである。

だからＬＧＶは高速新線という線路のことであり、ＴＧＶ（Train à Grande Vitesse＝高速列車の意）は高速車両のこと、あるいは高速列車の運行区間のことである。

そしてフランスのＴＧＶは、高速新線での最高速度を２５０キロ以上と定義付けた。あからさまに日本の新幹線の「時速２００キロ以上で走る鉄道」を見下したような定義である。そしてドイツやイタリアもこの定義に従っている。

スペインは在来線が広軌１６６８㎜であるが、高速新線はフランスと直通するために、基本的に標準軌になっている。そして在来線に直通できる軌間可変列車を登場させている。

広軌１６６８㎜の高速新線として、他の高速新線から離れているオーレンセ―サンティアゴ・デ・コンポステラ線がある。走っている車両は、電源車を連結して非電化区間も走れるようにした軌間可変車両だが、軌間変換で時間を消費しないですむように在来線と同じ広軌にした。

また台湾は在来線が狭軌のため、日本と同様に、標準軌の高速新線から在来線への直通はできない。

新幹線のスピードアップの歴史

モデル線での走行試験

「モデル線」は、新幹線規格の軌道を敷設して実際に200㌔以上の高速運転を実施し、諸試験を行って開業時に備える路線である。ちょうど今行っているリニア実験線と同じような存在だった。

東海道新幹線は小田急江ノ島線と高座《こうざ》渋谷駅付近で交差している。その西側、東京起点41㌔付近のところにモデル線の終点があった。起点は酒匂《さかわ》川橋梁手前の東京起点73㌔付近、現在の鴨宮保線所である。延長32㌔で、73㌔地点に「モデル線管理区」(鴨宮基地)が置かれ、検査庫を兼ねた2線の留置線などが置かれ、東海道本線から狭軌線も接続して、管理区内は狭軌・標準軌の3線軌もあった。

昭和35年(1960)11月に着工し、37年5月に単線で軌道が敷かれ、6月には試作車1000形が狭軌の仮台車を履いて、東海道本線経由で鴨宮基地に搬入された。在来線のホームは在来線車両の幅2800㎜に合わせてあるが、新幹線の車体幅は3380㎜なので、車体が在来線ホームにかからないように、仮台車と車体の間を嵩《かさ》上げして在来線を走ってきた。

1000形試作車は、2両連結のA編成と4両連結のB編成とがあった。6月22日にA編成の走行試験を開始、25日に鴨宮基地から10㌔地点まで時速70㌔で走行した。7月15日に時速110㌔の走行試験、9月11日から時速160㌔の走行試験を行った。

10月10日にはモデル線は複線敷となって全線完成し、21日に時速170㌔、27日に190㌔走行をして、31日に目標の200キロ走行を果たした。モデル線は短いので、200キロ走行の時間はわずか1分30秒だった。

　210キロの速度で安定して走るためには、その2割程度高い速度まで出せる性能が必要である。そこで時速250キロを目指してさらに速度向上試験を行い、昭和38年3月にB編成が時速256キロを出した。

　そして量産車がモデル線に搬入された後に、建設中だった他区間とつながって、モデル線は東海道新幹線の一部に組み込まれた。

東海道新幹線開業

東海道新幹線の最高速度は210キロだったが、何度も述べたように巡航速度は200キロである。210キロは自動列車制御装置（ATC）が作動する「頭打ち速度」である。210キロになるとATCによって200キロにスピードが落とされる。だから運転士は210キロになる前に加速をやめる。

　東海道新幹線には盛土区間が多く、開通したときはその盛土路盤が固まっておらず、160キロまたは70キロに速度を落とす個所がいくつもあった。そこで計画の3時間運転は行わず、1時間遅い4時間とした。

　東京駅から南武線武蔵小杉駅付近までは急カーブが多くて、運転士の手動運転で70〜110キロの速度で走る。本来は武蔵小杉付近を通過した地点から、200キロに向かって加速することになっていたが、新横浜駅付近の盛土路盤が安定していなかったために160キロに抑えた。現在の横浜羽沢貨物駅付近ではさらに安定しておらず、70キロに落とした。

熱海駅では半径１５００〜１９００ｍの急カーブがあって、１６０キロに落とす。これは現在でも同様だが、今は10キロ高い１７０キロで通過している。開業当時には駅がなかった三島付近と新富士付近では70キロ、静岡―掛川付近間は連続して１６０キロ、浜松―豊橋間と豊橋―三河安城《あんじょう》間でそれぞれ１か所、名古屋駅手前でも１か所で70キロに落とす。岐阜羽島前後の比較的長い区間で１６０キロ、米原の新大阪寄りでも70キロに落とす。そして新大阪手前でも70キロに落として、すぐに１１０キロに上げてから新大阪に停車する。

阪急京都線は大山崎《おおやまざき》駅から水無瀬《みなせ》駅の大阪梅田寄りの間で東海道新幹線と並行する。東海道新幹線の工事が開始される前は地上に線路があった。盛土の新幹線が並行すると線路の見通しが悪くなるということで阪急京都線も盛土にすることになり、すでに完成していた東海道新幹線線路を京都線の仮線として借用し、京都線電車が新幹線線路を走った。だから、新幹線線路に最初に乗客として乗ったのは阪急京都線の客だった。京都線電車が走ることによって盛土が固まったので、開通したての東海道新幹線では、路盤が一番安定しているといわれたものだった。

ともあれ、4時間運転の新幹線に乗ったが、浜松―豊橋間で70キロに落としてしまい、95キロで走る在来線普通電車に追い抜かれて、がっかりした記憶がある。

4時間運転時はすべての区間において１６０キロで走っていて２００キロは出さなかったという報道が近年になってなされたが、決してそういうことはない。4時間運転のときにビュッフェに行ったが、そこにあった速度計は、最高で２０８キロを示していた。

4時間運転のときの基準運転時分は3時間32分30秒だった。差分の27分30秒は余裕時分として全線に平均的に配置した。そのためずっと160キロで走っても4時間運転はできた。ただしこの場合は余裕時間がほとんどなくなってしまう。

なぜ3時間10分運転になったのか

東京—新大阪間を3時間で結ぶとされたのに、翌40年11月の改正からは3時間10分と、10分の端数が付いてしまった。3時間で走れるのは京都に停車しないときの計算だった。京都市や京都府の強い要請で京都にも全列車が停車するようになって3時間10分となった。

3時間10分運転の基準運転時分は下りが2時間57分、上りが2時間58分だから、3時間運転は不可能ではない。しかし、遅れたときや、地盤の関係で路盤が安定しない箇所が発生して徐行運転することもある。そのために余裕時間を設定しておくことはダイヤ設定上の鉄則である。そこで余裕時間を下りは13分、上り12分とって、3時間10分にしたのである。

山陽新幹線新大阪—岡山間が開通（昭和47年）しても東京—新大阪間は3時間10分のまま、昭和50年の博多延長開業でも変わらなかった。新大阪—博多間も路盤が安定せず、岡山、広島、小倉のみ停車の速達列車、通称「Wひかり」は3時間28分の予定が暫定的に3時間44分となった。新大阪で2分停車するので東京—博多間は最速6時間56分だった。翌年には徐行区間が解除され、3時間28分運転となった。

951形・961形による速度向上試験

260キロ運転をするための2両編成の高速試験電車951形が昭和44年（1969）3月に登場した。しかし、いろいろな不具合があって、なかなか200キロを超える高速試験が行える状態ではなかった。不具合を改修して200キロ走行ができるようになったのは昭和47年1月と、3年もの時間を費やした。その年の2月の深夜に、開業直前の山陽新幹線新神戸—相生間で、目標を275キロとした高速試験を行った。

その結果、275キロを超える286キロを記録して、電車による当時の世界最高速度記録を樹立した。286キロ走行記録は、昭和50年10月にフランス国鉄の電車が309キロを出して記録を更新された。

961形は、その後に造られる各新幹線の標準車の基礎となる試作車として、昭和48年7月に登場した（46ページ参照）。

山陽新幹線岡山—博多間の開業前に高速試験を行う予定だったが、開業まで時間がなく、国鉄の労働組合の闘争もあって、210キロまでの走行試験しかできなかった。

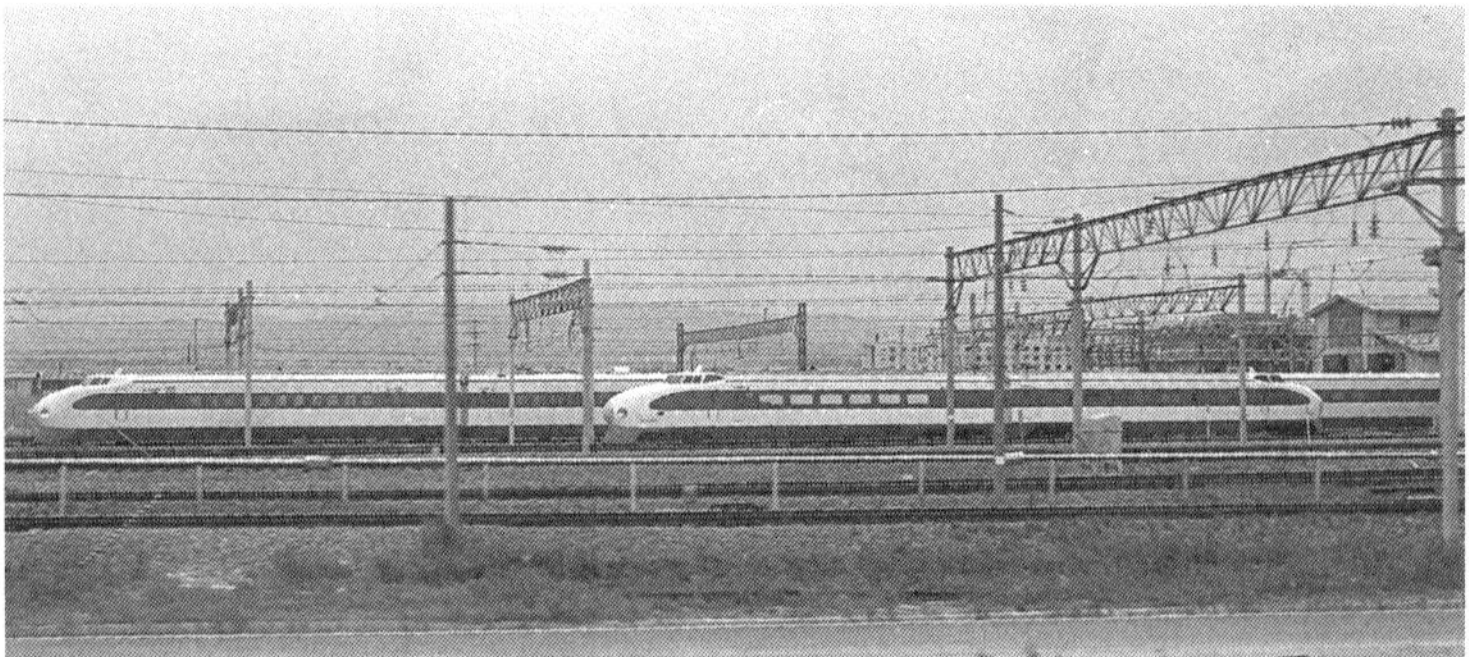

鳥飼基地に留置中の951形（手前）と961形（奥）

「新幹線総合試験線」の設置

東北新幹線では、工事中の区間のうち、早期に完成した埼玉県鷲宮町《わしみやまち》—栃木県石橋町間42・8キロを「新幹線総合試験線」として、昭和53年3月に開所した。東海道新幹線の「モデル線」と同様に、各種走行試験を行う試験線である。

試験電車は、９６１形6両と軌道試験車９２１形（1両）を、東海道新幹線の大井基地から陸送して5月に搬入、これに東北新幹線用の試作車９６２形6両も加わった。９６２形の窓周りの帯は東海道新幹線のブルーから若草色に変えている。

東北新幹線は基本的に高架構造のスラブ軌道（コンクリート路盤上に軌道スラブというコンクリート製の板を敷き、その上にレールを敷設したもの）なので、東海道新幹線のモデル線ほど時間をかけずに高速試験が行われ、９６１形は11月に３０４キロ、12月に３１９キロを出して、電車の世界速度記録を再び日本に取り戻した。９６２形は東北新幹線標準仕様のために９６１形よりモーター出力が小さいので、昭和55年5月に２６１・5キロを記録したのみである。

東北新幹線の最高速度２１０キロについてフランス鉄道当局が批判

昭和57年（１９８２）6月に東北新幹線の大宮—盛岡間が開通した。同時期（１９８1年9月）にフランスのＴＧＶ（ＬＧＶ南東線）が開業している。東北新幹線の最高速度（ＡＴＣ頭打ち速度）は山陽新幹線と同じ２１０キロである。フランスＬＧＶの最高速度は２６０キロだった。

フランス鉄道当局は、東海道新幹線が開通して18年も経っているのに、新しい東北新幹線の最高速度が東海道新幹線と同じなのは、まったく進歩していないと批判した。２００系は２６０キロ運転を前提にして造られたが、軸重が東海道新幹線の16ｔから17ｔに増えたこと、冬季の降雪を経験していないことなどから、安全をとって２１０キロにしたものである。

東海道・山陽新幹線０系・１００系のスピードアップ

しかし、国鉄の新幹線総局もスピードアップを見送っていたわけではない。東北新幹線上野―大宮間が開通した昭和60年に、名古屋と京都の停車時分を2分から1分に縮めて東京―新大阪間を3時間8分に短縮した。やや姑息なスピードアップといえなくはないが、21年経ってやっと2分短縮した。山陽新幹線の新大阪―博多間では余裕時分の見直しなどで12分短縮の3時間16分になり、東京―博多間は6時間26分に短縮した。

昭和61年11月に東海道・山陽新幹線の最高速度を２２０キロに引き上げて、東京―新大阪間は2時間56分、新大阪―博多間は2時間59分と、両区間とも3時間を切った。新大阪で2分停車するため、東京―博多間は5時間57分である。

最高速度を10キロ上げただけではこんなに短縮しない。頭打ち速度を２２５キロに引き上げて、巡航速度を２２０キロにした。このため実質のスピードアップは20キロである。頭打ち速度が5キロ高いだけになったのは、速度計が正確になり、誤差を縮めても問題がなくなったためである。

また、このときＡＴＣの制限速度もそれぞれ10キロ引き上げ、１１０キロは１２０キロに、１６０キロは１７０キロに変更し、これもスピードアップに寄与した。

東北新幹線２００系のスピードアップ

フランスに酷評された東北新幹線では、昭和60年に上野―大宮間が開業するとともに「やまびこ」の最高速度を２４０キロに引き上げた。

東北新幹線のＡＴＣは、頭打ち速度２１０キロを指示する２１０信号の上に２６０信号があらかじめ用意されていた。これを２４０信号に読み替えて２４０キロ運転を開始するとともに、これもフランスから指摘された「2両に1個のパンタグラフでは架線に与える影響が大きく、騒音の元にもなる」というのを払拭するために、１編成に2個だけ設置する方式に切り替えた。このため各車両間に25kVの高圧引通線が設けられた。

従来の「やまびこ」の大宮―盛岡間の停車駅は宇都宮、郡山、福島、仙台以北各駅だったが、２４０キロ運転で大宮、郡山または福島、仙台の3駅停車の「やまびこ」が登場し、上野―盛岡間を福島停車は2時間45分、郡山停車は2時間46分で結んだ。

上越新幹線は２１０キロ運転ながら大宮、高崎または長岡の2駅停車の「あさひ」が設定され、上野―新潟間を長岡停車は1時間53分、高崎停車は1時間55分で結ぶようになった。

愛称はあくまで「やまびこ」または「あさひ」だったが、利用者は「スーパーやまびこ」「スーパーあさひ」と、「スーパー」を付けて呼んでいた。

上野―仙台間の所要時間は1時間53分と2時間を切る所要時間になり、やがて羽田―仙台間の空路は消滅してしまった。

上越新幹線で下り勾配を利用して275キロ運転を開始

昭和62年（1987）4月に国鉄は分割・民営化され、東北・上越新幹線はJR東日本の路線になった。翌年3月には上越新幹線でも240キロ運転を開始した。240キロで走るのは5往復、うち2往復は長岡のみ停車の「あさひ」である。これによって上野―新潟間の下りは1時間39分、上りは1時間41分に短縮した。

平成元年（1989）9月に、パワー不足の200系で275キロ運転（頭打ち速度）をすべく、上越新幹線の大清水《だいしみず》トンネルの途中から長岡に向かって10‰の下り勾配を利用して高速試験を行った。下り勾配に転じた大清水トンネル内で加速を開始、大清水トンネルの東京側坑口から16キロ地点で276・2キロに達した。

上越新幹線は下り坂を利用して275km/h運転を始めたが、ほとんど273km/hしか出さなかった

平成2年3月に上越新幹線は上毛高原―浦佐間の下り勾配を応用して275キロ運転を開始して、上野―新潟間の下り「あさひ」は1時間36分に短縮した。

当時、フランスLGV南東線の最高速度は270キロだったので、わずか5キロだがTGVより速くなったとした。しかし、275キロは頭打ち速度なので275キロに達するとブレーキがかかる。それでも一瞬だけ275キロになるように運転していたという。ただし筆者が見た限りでは273キロを出したのが最速だった。

上り「あさひ」も東京側の下り勾配で275キロ出してもいいよう

に思われるが、南にある中山トンネルは掘削中に大湧水が出て、急遽ルートを変更している。このため同トンネル内に半径1500mの急カーブができてしまって、上下列車とも160キロにスピードを落とさざるをえなくなった。そのため上り列車の275キロ運転はできないのである。

100N系「グランドひかり」でスピードアップ

JR西日本の路線になった山陽新幹線では、平成元年2月に2階建て車両を4両連結している100N系「グランドひかり」編成（100系3000番台）が登場した。

モーターの駆動力を車輪に伝えるときに、歯車でモーターの回転力を小さくする。その歯車比を下げたことによっても高速力を付けた。ただし加速度は0系と同じになった。

同年3月に山陽新幹線の最高速度を230キロに引き上げ、新大阪―博多間を2時間49分に短縮した。

翌平成2年2月に徳山―新下関間で100N系による高速試験を行い、小郡《おごおり》（現新山口）付近で276・4キロに達し、その先の下り勾配を利用して加速、277・2キロを記録した。しかし、騒音が大きく、トンネル突入時に発生する微気圧波が大きくなってしまい、とても営業運転で275キロで走るわけにはいかず、100N系でのスピードアップはお預けとなってしまった。

東海道新幹線のスピードアップ

東海道新幹線はJR東海の路線になり、平成2年3月に東京―新大阪間を2時間52分で走る「ひかり」が1日16本運転されるようになった。

同月には、２７０キロ運転を目指した３００系試作車が登場した。国鉄時代に東京―新大阪間を2時間半で結ぶ「スーパーひかり」用の車両が研究された。当時予定していた高崎―軽井沢間の急勾配を高速で走れる高出力の車両も研究されていて、この技術も応用して、２７０キロ走行できる車両が設計されていた。そして国鉄分割・民営化後、この設計図をもとにＪＲ東海が３００系試作車を登場させたのである。

３００系は4月から米原―京都間で高速試験を行った。米原の新大阪寄り約3キロ地点に半径２５００ｍのカーブがあり、次に近江《おうみ》鉄道と交差する付近に３０００ｍのカーブがあるが、その先は５０００～１万ｍの緩いカーブが草津川橋梁付近まで続くだけなので、高速走行試験をするのに打ってつけの区間である。

7月に２７２キロ、12月に３０３・１キロを記録した。12月の試験では３００キロ以上の走行距離は18キロ、時間にして3分35秒だった。平均時速は３０１・７キロである。

３００系の高速試験はさらに続く。歯車比を小さくして３２０キロ以上の速度を目指す試験が行われ、平成3年2月に３２５・７キロをマークして、再度、電車による世界最高速度記録を更新した。

平成4年3月に３００系による「のぞみ」が登場、２７０キロ運転（頭打ち速度は２７５キロ）をして東京―新大阪間を2時間30分に短縮した。このときは1日2往復で、朝の下り「のぞみ」だけは停車駅を新横浜のみとし、名古屋と京都は通過した。その他は名古屋、京都停車だった。ただし半径２５００ｍでは２７０キロで走れず、このカーブでは２５５キロに落としていた。

平成5年3月に「のぞみ」は運転区間を東京―博多間に拡大し、停車駅は名古屋、京都、新大阪、岡山、広島、小倉とした。おおむね1時間毎の運転となった。新大阪―博多間は2時間32分に短縮、東京―博多間は5時間4分に短縮した。

やがて「のぞみ」が主流になり、「ひかり」が脇役となって主要駅停車になっていく。

東北新幹線で400系による高速試験を開始

「山形新幹線」用の400系は、奥羽本線福島―山形間を標準軌に改軌して東北新幹線と直通する、いわゆるミニ新幹線電車である。

この400系の歯車比を小さくしたうえで、高速試験を上越新幹線高崎―燕三条間で平成3年3月に行い、下り勾配を利用したとはいえ336キロをマークして、300系の世界記録をわずか1か月で更新、続いて9月には345キロを出して自己記録をさらに更新した。

山形新幹線の開業は平成4年7月で、400系の東北新幹線での最高速度は240キロのままだった。

「WIN350」の登場

JR西日本は平成4年4月に6両編成の500系試作車を登場させた。のちの量産型500系とは似ても似つかない車体スタイルをしていて、「WIN350」（West japan railway's INnovation for the operation at 350km/h）の愛称が付けられた。つまり350キロで走ることを目指した試作車である。

車体幅は3380㎜のままだが、車体高は300系よりも350㎜低い3300㎜にして、トンネル突入時の微気圧波を軽減している。6月から小郡―新下関間で高速試験が行われ、8月に350・4キロをマークして、日本最高速度を更新した。

500系量産車によって平成7年3月に300キロ運転（頭打ち速度は305キロ）の「のぞみ」が登場して、新大阪―博多間を2時間17分に短縮、その後、東海道新幹線にも乗り入れるようになったが、これもやがて700系、そしてN700系にとってかわられ、停車駅が増え所要時間も延びるようになって現在に至っている。

微気圧波については、トンネル入口にフードを設けることで発生音をさらに抑えた。要は消音ピストルのように、手前で風圧を周囲に拡散させる役目をフードに持たせたのである。

なお、500系は山陽新幹線で320キロ運転を予定していたが、福知山線事故によってこの計画は中止となった。

JR日本に「STAR21」が登場

JR東日本では952・953形高速試験電車を平成4年3月に登場させた。これに「STAR21」（Superior Train for the Advanced Railway toward the 21st century）の愛称を付けた。通常タイプのボギー台車の952形4両と、5車体連接の953形をつないだ9両編成である。車体の幅は従来の3380mmから3100mmと細身にして、トンネル突入時の微気圧波を軽減している。

高速試験は上越新幹線燕三条―新潟間で行われた。新潟駅近くの信濃川橋梁付近に半径4000mのカーブがある以外は半径1万mのカーブしかなく、高速試験にはもってこいの区間である。平成4

米原の鉄道総合技術研究所施設に保存されている「300X」

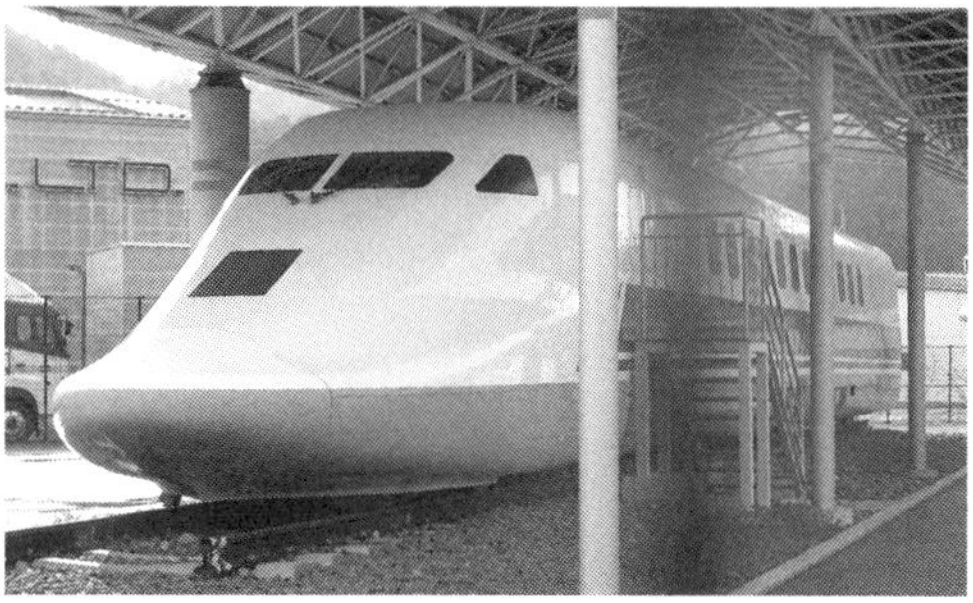

同じく「STAR21」（左）と「WIN350」（右）

年10月27日に３５２キロ、翌28日に３５３キロを出してＷＩＮ３５０の日本記録を更新、続いて12月には４２５キロをマークした。

ＪＲ東日本の新幹線は平成３年に東北新幹線東京—上野間、４年に山形新幹線、９年に秋田新幹線と北陸新幹線高崎—長野間が開業した。これに呼応してＥ２系とＥ３系が造られ、北陸新幹線安中榛名—長野間でＥ２系は２６０キロ、東北新幹線宇都宮—盛岡間でＥ２系とＥ３系は２７５キロ運転（頭打ち速度）を開始した。

そしてＥ５系、Ｅ６系により宇都宮—盛岡間で３００キロ、次いで３２０キロ運転を開始する。デジタルＡＴＣによるパターン制御のため、頭打ち速度というのはない。

JR東海の「300X」

JR東海では平成7年1月に6両編成の955形試験電車が登場した。愛称は「300X」である。JR東日本のSTAR21と同様に車体幅を3100㎜と細身にしている。大阪寄り1号車はフロントスタイルが下膨れのカスプ形、東京寄り6号車はWIN350同様のくさび状のラウンドエッジ形をしている。

東海道新幹線では300キロを出しにくい。まして350キロなどは瞬間的には出せても実用的でない。第2東海道新幹線となる中央新幹線はリニアモーターカーで建設する予定だが、その開発がうまくいかなかったときは通常型の新幹線電車を走らせることになる。その場合、400キロくらいは出さないとならない。300Xはそのための試験電車である。

平成8年7月に米原―京都間で443・0キロを出して日本記録を更新した。その後は700系の設計のためのデータ収集をして、700系はもっと下膨れのスタイルになったカスプ形で設計された。

700系は山陽新幹線で285キロしか出さなかった。そして山陽新幹線用の「ひかりレールスター」用も700系8両編成が採用された。また、台湾新幹線の車両は700系が原型の700T形が採用されて300キロ運転をした。

次のN700系は車体傾斜機能を持ち、半径2500mでも270キロ運転をし、山陽新幹線では300キロで走行する。さらに東海道新幹線では半径3000m以上のカーブで285キロに向上した。

浮上式リニア駆動だけが超高速運転できるわけではない

通常の電車は、路面電車より速いことから高速電車と呼ばれている。「高速鉄道」はそれより速い新幹線などを指す。新幹線は時速２００キロで営業を開始したが、当時、鉄道の実用限界速度は２５０キロ程度というのが常識だった。それよりも高い速度では、試験的には出せても実用とするのはとても無理とされていた。

これは鉄の車輪と鉄のレールを使うかぎり粘着力が低いことに起因する。つまり大きなパワーをかけても超高速では走行抵抗が増えて、パワーを相殺し、空回りしてしまうからである。東海道新幹線の次に開通した山陽新幹線は、２５０キロに10キロの余裕を足した２６０キロを出すことを前提に造られ、その後の各整備新幹線も２６０キロを最高速度にするようになった。それ以上の速度を出すには磁気浮上リニアモーターカーでなければならないとして、国鉄はリニアの開発を開始した。

ところがフランスＴＧＶ南東線では、あっさり時速２６０キロで営業を開始し、試験では３８０キロの速度を出した。その後、営業運転でも２７０キロ、そして３００キロを出すようになった。ＴＧＶ大西洋線以降の高速新線の設計最高速度は３５０キロにして、現在３００キロ運転をしており、地中海線以降は３２０キロで営業走行している。フランスＴＧＶは試験では５７４・８キロをマークし、鉄レール・鉄車輪方式で世界最高記録を達成した。なお日本のリニア実験線では、有人走行で６０３キロを出している。

日本でも山陽新幹線が３００キロ、東北新幹線が３２０キロを出すようになった。また、規格が一段低

パリ東駅に停車中の574.8km/hを出したTGV機関車

い東海道新幹線では最高速度２８５キロを出している。東京―新大阪間の最速列車の所要時間は2時間22分、新大阪―博多間は2時間23分、東京―盛岡間は2時間11分である。いずれの距離も５００キロ台であり、新幹線鉄道はそのくらいの距離で最大の威力を発揮する。

新幹線は磁気浮上リニアモーターカーにくらべれば遅いが、新幹線各路線とは規格がほぼ同じなので直通運転ができる。今は各ＪＲに分かれてしまってそれが直通運転を阻害している。ＪＲ東海の東海道新幹線とＪＲ東日本の東北新幹線とが直通できないでいる。北陸新幹線の敦賀以西は、東海道新幹線米原接続が簡単で建設費は安く、工期も短いのに、ＪＲ西日本とＪＲ東海はまったく考えることをしない。東海道新幹線の輸送力が逼迫していて北陸新幹線電車が乗り入れる余裕がないとしているが、結局のところ、会社が違うことが大きな理由である。

東北新幹線は最高速度380キロに引き上げる？

現在の東北新幹線の最高速度は時速320キロである。東北新幹線の最小曲線半径は東海道新幹線の2500mよりも緩い4000mになっている。巡航速度も320キロにできると思われがちだが、現実にはそうではない。

曲線半径だけが巡航速度に関与するのではない。左右のレールの傾きも巡航速度に関与している。この左右の傾きをカントといい、左右の高低差をカント量という。単位はmmである。

東海道新幹線の次に開通した山陽新幹線の新大阪―岡山間では、最小曲線半径を4000mにするとともに、東海道新幹線で苦情が多かったカント量を180mmから110mmに引き下げた。カント量が大きいと、カーブで停車したときに車体が傾いて歩きにくいことが問題視されていたのである。

遠心力を感じない速度（これを均衡速度という）を東海道新幹線と同じ190キロにするにはカント量は110mmになる。このため110mmにした。しかし、これでは最高速度を250キロに引き上げたときに遠心力が0・08gを超えてしまう。そこで山陽新幹線岡山以西と東北新幹線盛岡以南、上越新幹線では、カント量を155mmに引き上げて遠心力が0になる均衡速度を230キロにした。

その後、東海道新幹線では「のぞみ」の運転開始で最高速度を270キロに引き上げたとき、最小曲線半径2500mにおいて260キロで走れるように、カント量を200mmに引き上げた。

遠心力0・08gが許される速度は山陽新幹線岡山以東で279キロ、岡山以西で306キロだが、三原

仙台駅を発車した「はやぶさ・こまち」東京行

と福山の駅構内や新山口（旧小郡）駅の新大阪寄りなど一部区間に半径3500mのカーブがある。3500mのカーブでは286キロしか出せない。そこでカント量を180mmに引き上げた。

デジタルATC化する前の山陽新幹線のATC頭打ち速度は305キロである。305キロにしているのは、東海道新幹線の頭打ち速度を210キロにしていたのと同じ理由である。ただし速度計の精度が上がって、余裕の速度差を10キロから5キロに下げることができた。

東海道新幹線の軌道のほとんどは、砕石を敷き詰めた上にレールと枕木を敷いているバラスト軌道のために、カント量の180mmから200mmへの引き上げは比較的簡単にできた。山陽新幹線ではコンクリートの上にレールを敷くスラブ軌道区間がある。とくに岡山以西では多くがスラブ軌道である。スラブ軌道でのカント量引き上げは非常に面倒だが、さほどあるわけでもないから引き上げて、巡航速度を３００㌔にした。

東北新幹線ではほとんどがスラブ軌道になっている。このためカント量の引き上げは今のところ行っていない。ということで３０７㌔以上は出せない。そこで、台車の空気バネを膨らませたり縮めたりして車体を１・５度傾けるＥ５系とＥ６系を登場させた。傾斜角１・５度はカント量に換算すると38㎜になる。これによって半径４０００ｍで３２０㌔走行を可能にした。このため宇都宮—盛岡間の巡航速度は３２０㌔になっている。

なお山陽新幹線では一部に３５００ｍのカーブがあるが、東北新幹線は札幌まで延ばすことから、都市部を除くすべての区間で４０００ｍ以上のカーブになっている。また、盛岡以北の整備新幹線区間でも、最小曲線半径は４０００ｍのままだが、カント量は当初から２００㎜にしている。カント量２００㎜で車体を１・５度傾斜させたときの通過速度は３４８㌔である。

ところで東海道新幹線の最高速度は２７０㌔だが、半径２５００ｍでは２６０㌔しか出せない。現実には２５５㌔で通過していた。そこで車体を１度（カント量25㎜に相当）傾けることができるＮ７００系を登場させ、２５００ｍのカーブでも２７０㌔で走行できるようにした。これによって巡航速度は２７０㌔になった。その後半径３０００ｍ以上のカーブや直線で２８５㌔走行を開始した。

今後、東北新幹線盛岡以北で３２０㌔運転を開始する。カーブによる障害はなく、３２０㌔で走れるＡＴＣの設置と防音壁の強化、微気圧波を軽減するトンネル坑口のフードを長くするなどしてから３２０㌔運転をする。

東北新幹線のカーブで次に多いのは６０００ｍである。盛岡以南では５０００ｍのカーブは小山駅付近にあるだけである。このため6000m以上のカーブと直線で360㌔運転ができる。東海道新幹線と同様に、東北新幹線は巡航速度という概念を捨てて、半径4000mは320㌔（盛岡以北は350㌔）、その他の区間は360㌔に上げる運転方法をとると思われる。また、次に多い8000m以上のカーブでは380㌔運転をして、現在、営業運転で350㌔を出している中国を追い越すことも考えているという話もある。

なお、宇都宮以南の最高速度は275㌔である。ここも320㌔や360㌔を出したいところだが、人口密度が高く騒音対策が大変なので、そのままにしている。

東海道新幹線の東京駅から、多摩川を渡って武蔵小杉あたりまでは半径400〜1500mの急カーブが散在している。開通時には最高速度110㌔だったが、現在は120㌔で走っている。同様に東北新幹線の東京―大宮間では最小曲線半径600mの急カーブがある。ここも最高速度は110㌔だったが、令和3年3月に130㌔に引き上げて1分のスピードアップをした。

300km/hで走る山陽新幹線のトンネル坑口にはフードが設置されている

カーブでの最高速度の計算方法

カーブの最高速度をどのように計算しているか説明する。

カーブでは車内に遠心力が発生する。車内にいる乗客にとってこの遠心力が不快にならない値として0・08gが設定されている。gは重力加速度（9.8m/s^2）である（mはメートル、sは秒）。重力加速度は物体や人体にかかっている引力のことである。この引力が横方向に働くと人はよろけてしまう。よろけず、そして不快にならないぎりぎりの横方向のgが12・5分の1、つまり0・08gなのである。

カーブで発生する遠心力αは、α=1/(R・g)×$(V/3.6)^2$で計算される。Rは曲線半径、Vは列車速度である。これを解き単位を整えるとα=V^2/127Rとなる。カーブで発生する遠心力を緩和するために外側のレールを高くして車体を傾けるカントをつける必要がある。カントの単位は㎜である。重心位置で横方向に遠心力が働く。車体を傾けると地面方向に重力がかかるために遠心力を打ち消すことになる。

軌間Gとカント量Cmと遠心力αの関係はα=Cm/Gになる。そうするとV^2/127R=Cm/Gという式が成り立つ。軌間とカーブに対して遠心力がゼロになる速度式は$V=\sqrt{127R \cdot Cm/G}$になる。

許容される遠心力は0・08g以下である。先ほどのα=Cm/Gという式はCm=α・Gの式に置き換えられる。このとき許容される遠心力0・077g、つまり0・08gと定め、それをカント量に換算するとカント量は110㎜になる。この換算カント量をカント不足量Cdとし、許される遠心力が発生する

東北新幹線那須塩原駅は半径4000mでカント量155mm、「こまち・はやぶさ」は車体も1.5度傾けて320km/hで同駅を通過する

速度式は$V=\sqrt{127R\cdot(Cm+Cd)/G}$となる。

半径2500m、カント量200mm、カント不足量110mmを当てはめると261・8キロ（小数点2桁目以下は切り捨て）になる。このため、車体を傾けない列車のATC頭打ち速度は260キロとし、半径2500mの制限速度を255キロにした。

N700系は車体を1度傾斜する。1度はカント量に換算して25mmになる。Cmは200mm+25mmの225mmになる。速度計算式にこれを当てはめると272・2キロになる。東海道新幹線はデジタルATC化されたために、頭打ち速度を考慮しなくてすむようになった。そのため半径2500mでも270キロで走ることができるようになった。

東北新幹線宇都宮―盛岡間の半径4000m、カント量155mmにおいて、車体を1・5度（カント量に換算して38mm）傾斜させた場合は327・5キロになる。そして端数的な値7・5キロを取って320キロになり、「はやぶさ」や「こまち」はこの速度を巡航速度として走っている。

実は遠心力0・08gは乗り心地が悪い

最近の新幹線に乗って、キャリーケースなどを座席の近くに固定せずに置いていると、ズズーッと床を移動してしまって、慌てて追いかけた経験を持つ人は多いだろう。また、半分以上飲んだ紙コップやペットボトルを座席背面の折り畳みテーブルに置いていると、スーッと移動して床に落ちてしまうことがある。

東海道新幹線が開通する前、国鉄では〝200キロで走っているときコップを座席に置いてもこぼれることはない！〟とよく説明されたものだった。たしかに開通したころの0系新幹線に乗っても、コップが移動するようなことはなかった。

それなのに現在の新幹線は紙コップや荷物が移動してしまう。昔の新幹線と今の新幹線とでは何が違うかというと、0系新幹線電車では半径2500mのカーブで発生する遠心力は、今よりずっと小さい0・0005gでしかなかった。

当時、東海道新幹線のカント量は180㎜で、遠心力がゼロになる均衡速度は190キロなので、200キロでは0・0005gとなり、遠心力はないに等しい。また、起動加速度も1・0と低かった。当時の在来線の特急電車の起動加速度も1・0程度だった。

今の「のぞみ」にしても「はやぶさ」にしてもカーブ通過時は乗り心地基準ぎりぎりの0・08gにしており、起動加速度もN700系では2・6に向上している。所要時間は短くなったが、乗り心地基準からすると限界ぎりぎりである。ほぼ0gであれば、座っていても立っていてももちろん遠心力はまったく感じない。しかし、0・08gだと座っていても遠心力を感じ、立って歩くと足腰の弱いお年寄りなどはよろけそうになる。

ただし盛岡以北や九州新幹線、北陸新幹線は最高速度が260キロであり、カント量は200㎜にしているから、最大遠心力はマイナス0・006gとなる。つまりカント量のほうが勝っているオーバーカント状態である。しかも小数点以下2桁目までが0ということは、ほとんど車体の傾きを感じない状態である。

これらの区間において320キロで走った場合の最大遠心力は0・06gになる。0・08gよりは小さい遠心力だが、やはりキャリーケースなど滑りやすい荷物は移動してしまう。

立つことを前提にしていないために、起動加速度を高め、カーブも乗り心地限界ぎりぎりにしている。スピードアップの観点からやむをえないが、お年寄りが多い観光客はたまらない。

ともあれ0・08gの遠心力をジワーと何度も右に左にかけられながら乗っている。乗っているときはそれほど疲れを感じないが、筆者の経験からすると取材帰りに博多―新横浜間4時間半あまり乗っていると、取材疲れの要因もあるだろうが、翌日にはすぐに起きられないほど疲労を感じてしまう。

観光客向けには、遠心力を半分以下にし、加速度も低めにし、さらに2階建て展望車や食堂車もあってもいいかもしれない。観光新幹線電車を走らせるとするなら、そのような快適な車両があってもいいように思う。要は、ビジネス客はスピード、観光客は快適性と使い分けるようにしてもいいのではないか。

リニア中央新幹線の最高速度は５０５キロ

長らく「基本計画新幹線」だった中央新幹線は「整備新幹線」に昇格、さらに「工事線」になって品川―名古屋間が建設中である。

リニアモーター駆動による浮上式鉄道でも新幹線として建設できるように、「全国新幹線鉄道整備法」に基づき、在来型新幹線のほかに超電導磁気浮上方式という走行方式を加えた。これによって新幹線鉄道として建設が行われている。

リニア中央新幹線は最高速度を５００キロではなく５０５キロとしている。５キロプラスしているのは余裕を持たせたためである。

乗り心地基準は新幹線を含む従来型鉄道と同様に、カーブで発生する遠心力を０・08ｇ以下にする。巡航速度５０５キロにおいて遠心力を０・08ｇにするために、傾斜角度10度、最小曲線半径８０００ｍを設定した。

リニアにはレールがない。路盤そのものをカーブ上で傾けている。10度の傾斜角度は標準軌に対するカント量にして２５５㎜になる。

カント量２５５㎜、曲線半径８０００ｍのカーブで、遠心力が０・08ｇになる速度は５０８キロになる。時速５０５キロはその範囲内である。

結果、リニア中央新幹線の巡航速度は５０５キロということになる。

新幹線が開通するとどのくらい所要時間が短くなるのか

左の表は、日本の新幹線とヨーロッパ主要国の高速新線の各区間における開業前・後の所要時間と短縮率、それに表定速度である。

東海道新幹線については開通前の所要時間は東京―大阪間だったので、東海道新幹線も新大阪で乗り継いで大阪駅までの所要時間とした。この場合、乗換時間10分、新大阪―大阪間の所要時間4分を合わせた14分を加えている。

最高速度110㌔だったのを200㌔にしたため、52%の短縮（=48%減）になっている。現在の最速「のぞみ」の所要時間は2時間21分である。最高速度は285㌔になったため大阪―東京間は2時間35分になる。在来線特急にくらべて40%に短くなっている。山陽新幹線が開通したときの在来線特急との短縮率は40%だったが、300㌔運転の現在は28%もの短縮になる。

現在最速	比率（%）	表定速度（km/h）
2時間35分	40	199.7
2時間23分	28	232.3
1時間47分	32	260.9
2時間35分	32	249.1
1時間14分	33	218.5
1時間16分	33	202.7
2時間 4分	32	204.5
1時間 2分	53	177.5
1時間25分	70	120.4
1時間56分	52	218.6

新幹線とヨーロッパの高速新線の開業による短縮率

区間	在来線	表定速度（km/h）	開通時	比率（%）	表定速度（km/h）
東京—大阪間	6時間30分	85.6	3時間24分	52	152.7
新大阪—博多間	8時間35分	72.2	3時間28分	40	159.7
大宮—盛岡間	5時間38分	89.6	3時間17分	58	141.7
大宮—青森間	8時間 9分	87.0	6時間10分	76	108.5
大宮—新潟間	3時間47分	80.2	1時間45分	46	154.0
博多—鹿児島間	3時間47分	83.8	2時間10分	57	1284
大宮—金沢間	6時間29分	68.3	3時間22分	52	122.6
金沢—糸魚川間	1時間23分	100.0	51分	61	154.8
金沢—富山間	35分	101.8	19分	54	185.1
盛岡—新青森間	1時間58分	103.7	1時間38分	83	117.9
青森—函館間	2時間 2分	78.9	1時間54分	93	89.8
マドリード—バルセロナ間	6時間38分	103.6	2時間30分	38	248.4
マドリード—マラガ間	7時間 0分	90.7	2時間24分	34	213.8
マドリート—バレンシア間	5時間13分	77.4	1時間42分	33	230.0
パリ—リヨン間	3時間44分	137.1	2時間 0分	54	213.0
リヨン—マルセイユ間	2時間43分	129.2	1時間44分	64	202.5
パリ—レンヌ間	3時間12分	116.9	1時間33分	48	234.8
パリ—ボルドー間	4時間24分	132.0	2時間 9分	49	249.8
パリ—ストラスブール間	3時間48分	132.6	1時間45分	46	250.9
パリ—リール間	2時間 5分	123.8	1時間 2分	50	219.7
ハノーバー—ヴュルツブルク間	3時間22分	106.0	2時間26分	72	134.8
ケルン—フランクフルト間	2時間26分	93.3	1時間 3分	43	172.3
マンハイム—シュトゥットガルト間	2時間14分	57.8	37分	28	173.5
フィレンツェ—ローマ間	2時間10分	145.8	1時間30分	69	174.0
ミラノ—フィレンツェ間	3時間17分	95.6	1時間40分	51	189.0
ローマ—ナポリ間	3時間31分	60.8	1時間10分	33	190.3

東北新幹線は最初に大宮—盛岡間が開通した。東北本線の特急の最高速度は120㌔だったので東海道本線の特急より表定速度は高い。開業時の東北新幹線は200㌔だったので58％の短縮と、あまりよくない。現在は320㌔運転をしているので38％にもなっている。

盛岡—新青森間は現在も260㌔だが、東北本線の特急の盛岡—青森間の表定速度は101・8㌔にもなっていた。このため現在の新青森乗り換えもあって短縮率は53％となっている。なお開通時の項目は、盛岡—八戸間が開通したときの所要時間とした。八戸乗り継ぎなので83％の短縮にしかならなかった。

青森—函館間については、青森—新青森間と新函館北斗—函館間の所要時間だけではなく、実際の接続時間で所要時間を割り出している。接続が悪いこともあって、短縮率は開業時で93％、現在でも70％の短縮である。青森—新青森間の連絡をよくすれば短縮率は飛躍的に向上する。

北陸新幹線の大宮—金沢間の開通時の数値は、上越新幹線越後湯沢で、北越急行ほくほく線経由の特急「はくたか」と接続していたときと比較したものである。在来線は長野経由の特急「白山」の所要時間である。越後湯沢経由で短縮率は52％だった。北陸新幹線金沢開通で32％の短縮になった。

日本の新幹線でみてみると、おおむね30〜40％に短縮している。金沢—富山・糸魚川間の在来線が130㌔を出していることと駅間距離が短いことで、金沢—富山間は54％の短縮、金沢—糸魚川間では各駅停車タイプの「はくたか」なので61％にしか短縮していない。

ヨーロッパ各国では、もともと在来線でも最高速度160㌔、なかには200㌔を出していたところもあって、大きく短縮していない区間もある。

スペインのマドリード―バルセロナ間はドル箱路線である。高速新線がなかったときでも表定速度は１００キロを超えていた。高速新線が開通して38％の短縮になった。

フランス最初の高速新線（ＬＧＶ）の南東線パリ―リヨン間は最高速度２６０キロ運転だった。在来線時代の表定速度が１３７・１キロにもなっていたために54％の短縮にすぎないが、所要時間は2時間になったので、空路に対して１００％近いシェア率だった。

その後、最高速度２７０キロに引き上げ、現在は３００キロに引き上げたものの、開業時にくらべ４分しか短縮していない。３００キロを出す区間が短いことと在来線走行区間も長いこと、それに対空路のシェア率が１００％近いことで、スピードアップにさほど熱心でなくなっている。だが、ＬＧＶローヌ・アルプ線はリヨン・パール・デュー駅に寄らず、リヨン・サン・テグジュペリＴＧＶ駅が終点である。同駅はリヨン空港構内にあり、ここでＬＧＶ地中海線と接続している。パリ―リヨン・サン・テグジュペリＴＧＶ間の所要時間は、ほとんどの区間がＬＧＶなので2時間1分になっている。

パリ―ストラスブール間では３２０キロ運転をする。同区間も在来線時代は表定速度１３２・６キロもあったので、やはり３２０キロ運転によっても短縮は46％にしかなっていない。

ドイツは表定速度が低いようにみえる。たしかにハノーバー―ヴュルツブルク間は遅い。停車駅が多いことと最高速度が２８０キロに抑えられていることからである。ケルン―フランクフルト間では途中フランクフルト空港駅に寄って、同駅からフランクフルト中央駅まで在来線を走ることで所要時間がかかっている。

イタリアのフィレンツェ―ローマ間は、まだ高速新線という呼び方がなかったころから、高速用路

速度と所要時間

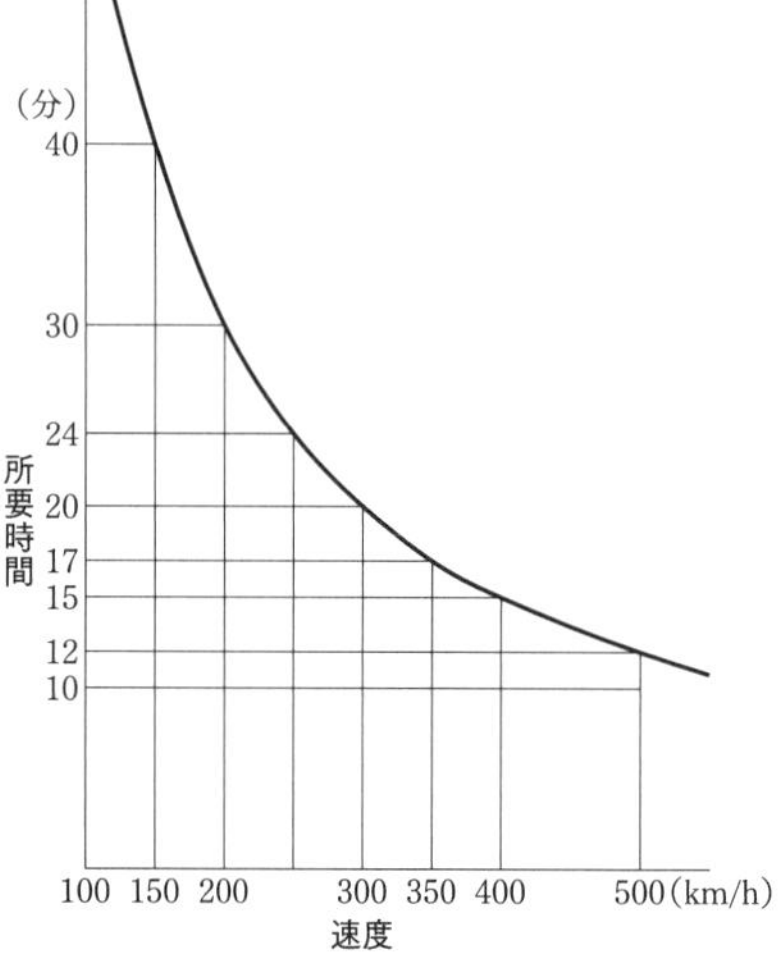

線の「ディレッティシマ線」（高速路線の意）を建設していた。しかし、一部区間が開通したものの最高速度も２００キロ程度だった。表は１９８７年の所要時間である。同線が全通し改修工事を行って、現在は２６０キロで安定して走れる。１９８７年にくらべると69％しか短縮していない。ミラノ―フィレンツェ間は３００キロ運転だが、在来線時代の表定速度は95・6キロだったので短縮率は51％に留まった。ローマ―ナポリ間は在来線の線形が悪く、高速新線開通後は33％もの短縮となった。

ところで１００キロの距離を時速２００キロで走った場合の所要時間は30分、時速２５０キロでは24分、３００キロでは20分、３５０キロでは17分（小数点以下は切り捨て）、４００キロでは15分、マグレブ（磁気浮上式）リニアの速度である５００キロでは12分である。50キロ刻みで速度を上げても所要時間の短縮時分は小さくなる。つまり、速度が高くなれば所要時間は短くなるが、その短縮の度合いは半減期減衰なので小さくなっていく。だから１００キロの距離を時速５００キロ出しても、時速３８０キロ運転より12分の短縮にすぎない。

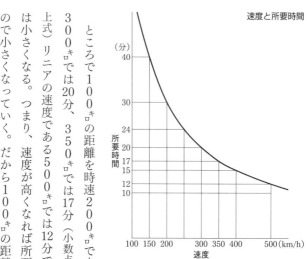

「4時間の壁」は幻？

北海道新幹線が平成28年（2016）3月に開通したとき、東京—新函館北斗間の最速「はやぶさ」の所要時間は4時間2分と、4時間以内で結べなかった。このことから「4時間の壁がある」といわれたものだった。3時間台で結ぶことができないのでは乗客増につながらない、とされていた。

しかし平成31年3月に、青函トンネルを挟む在来線共用区間での最高速度を140キロから160キロに引き上げて、3時間58分とあっさり4時間の壁を破っている。さらに令和3年春には上野—大宮間の最高速度を110キロから130キロに引き上げて1分短縮し、現在の東京—新函館北斗間は3時間57分になった。

だが、これによって北海道新幹線の乗客は増加したかというと、していない。むしろ減少している。「4時間の壁を打ち破った」と大々的に宣伝もしなかったし、3時間57分で走る「はやぶさ」は下り2本と上り1本の3本しかなく、実用的ではない。

というよりも、そもそも「4時間の壁」というのはなかったのである。

新幹線で「○時間の壁」というのは、空路とのシェア争いのときに用いられることが多い。

空路での羽田空港—函館空港間の所要時間は函館空港行が1時間20分、羽田空港行が1時間25分である。これだけ見ると新幹線はまったく太刀打ちできない。しかし、飛行機に乗るには最短でも20分、普通は40分くらい前に空港ロビーに到着している。東京—羽田空港間はJRと東京モノレール、またはＪＲと京急利用で40分程度、これに羽田空港駅から空港ロビーまで10分はみたい。

また、函館空港に着陸してもすぐには飛行機から降りられない。到着ゲートを出るまでには最低でも10分はかかる。到着ロビーからバス乗り場まで、最低でも10分程度は必要である。バス待ち時間も10分程度みておきたい。函館空港から函館駅までの所要時間はバスで20分程度である。結果、空路での東京駅―函館駅間は3時間40分ほどの所要時間になる。

新幹線は3時間57分といっても、新函館北斗―函館間の快速「はこだてライナー」利用でさらに20分ほどかかるし、接続はあまりよくない。最速の3時間57分で走る「はやぶさ」7号から「函館ライナー」に乗り換えると、東京―函館間は4時間30分かかる。空路との差は50分程度になる。最遅の「はやぶさ」だと乗車時間は4時間27分、その「はやぶさ」25号に乗ると東京―函館間は5時間である。飛行機との差は1時間20分にもなる。

飛行機が嫌いだとか、車窓を楽しみたい人以外の大半の人は空路を利用してしまう。

東京―新函館北斗間で空路とまともに競争するためには、所要時間を3時間30分程度に短縮する必要がある。つまり3時間30分の壁を貫く方策が必要なのである。

現在、盛岡―新青森間の最高速度は２６０㌔である。これを宇都宮―盛岡間と同じ３２０㌔に引き上げることになっている。しかし、これによる所要時間の短縮は5分である。3時間57分が3時間52分になっても、空路との競争力はまだまだない。

青函トンネルとその前後の在来線共用区間を除く新青森―新函館北斗間も２６０㌔から３２０㌔に引き上げると、さらに4分短縮して3時間48分になる。そして在来線共用区間で２００㌔運転をする

盛岡近くの紫波町付近を走る最速達（「こまち」と併結しない）の「はやぶさ」

と5分短縮でき3時間43分になる。

　しかし、共用区間での２００キロ運転は、貨物列車とのすれ違い時に貨物列車が転覆する恐れがあるとして、現状の計画では２００キロ走行の新幹線電車が走るときには貨物列車を走らせず、すれ違わないようにする。ならば共用区間でも３２０キロ運転をしてもいい。こうすればさらに14分短縮の3時間29分になる。

　とはいえ、貨物列車を走らせることから、３時間29分で走る列車は１日に何本も設定できない。これでは空路に対してまだまだ力不足である。せめて2時間に１本程度の運転が必要である。

　もう一つの短縮手段としては、半径６０００m以上のカーブで３６０キロ運転をすることである。しかし、東北・北海道新幹線の両方合わせて、時速３６０キロで走れる距離は２２０キロ程度しかない。これによって短縮できるのは、３２

湯の里知内信号場を通過する「はやぶさ」

同じ場所を走るコンテナ貨物列車

0キロから360キロまでの加速時の短縮も含めると10分程度である。これで3時間18分にできるが、青函トンネル区間の制約で1日に3本程度しか走らせられない。

共用区間で160キロのままにして、一部区間で360キロ運転をしたとすると東京―新函館北斗間は3時間38分となり、なんとか3時間30分台にできる。しかし、途中の駅も停車する列車を多数設定しないといけないので、平均所要時間は3時間50分程度になる。

大宮―宇都宮間は現在275キロで走っている。同区間で320キロ運転をすると4分短縮する。一部区間で

360キロ出すとさらに1分短縮する。これで最速は3時間24分、全列車の平均所要時間は3時間45分程度になる。この所要時間が実現するのは新函館北斗—札幌間が開通したときであろう。このとき東京—札幌間の所要時間は4時間35分になる。もっと速くするにはいろいろな方法がある。これについてはパート3の北海道新幹線の項で説明しており、最短で3時間30分台は可能である。しかし、そのためには非常に費用と期間がかかる。

常識的な速度である320キロ運転での東京—札幌間の所要時間は、4時間35分である。だが最速列車は新函館北斗を通過する模様で、所要時間は5分短縮した4時間30分になる。

空路のほうは、羽田空港—新千歳空港間の所要時間が1時間30分、新千歳空港—札幌間は快速「エアポート」で39分だから、空路利用の東京—札幌間の所要時間は4時間10分程度なので、20分の差でしかないから、十分渡り合える。

さらに半径4000mのカーブ以外の区間で360キロ運転すれば、4時間15分台は将来的には可能である。これで所要時間の差はほとんどなくなる。

しかし、飛行機に乗っている時間は1時間半なのに対して、現状の新幹線の320キロ運転では4時間30分もの間、座席に押し込まれる。快適な座席であるグランクラスでも、こんな長い時間、座っているのは耐えられない。ひと月に何度も往復する出張族は敬遠してしまう。

出張族の新幹線利用はあきらめ、観光客やインバウンドの利用を促進する方向に切り替えるのがいい。そのためにはグランクラス車のほかに、ラウンジカーや食堂車、さらには展望車を連結した列車を走らせることである。

空路に対しては3時間半の壁が正解

東京―岡山間の「のぞみ」の所要時間は3時間18分または3時間22分である。空路は1時間20分前後で、岡山桃太郎空港と岡山駅とはバスで30分と、函館空港アクセスよりも10分ほど余計に時間がかかっている。

東京―岡山間の「のぞみ」の運転本数は1時間に3本、平均20分毎である。空路は1日8便程度しかない。東京―岡山間は圧倒的に新幹線利用が多い。待たずに乗れるからである。

東京―広島間も「のぞみ」の運転本数は1時間に3本だが、所要時間は3時間47分か3時間54分または3時間57分である。空路の所要時間は岡山発着と同じ1時間20分、広島空港―広島駅間はバスで50分である。

東京―岡山間で「のぞみ」は3時間30分以内の所要時間である。これは東京―新函館北斗間でスピードアップしたときの最速列車の3時間24分とほぼ同じだが、「はやぶさ」の運転本数は1日に3本程度である。「のぞみ」は1時間に3本走らせている。そのため新幹線の利用のほうが多いのである。

ところが東京―広島間も、本数は1時間に3本運転で変わらないが、所要時間は3時間47～57分かかる。空港連絡バスは広島空港のほうが岡山桃太郎空港とくらべて20分長くなっている。にもかかわらず、東京―広島間では空路を好む人が多くなっている。

乗車時間が3時間半を超えると、急激に空路利用が増えてくる。

相生—岡山間の吉井川橋梁を渡る「のぞみ」

東京—博多間では1時間2本となり、所要時間は4時間57分か5時間ちょうどである。同区間では圧倒的に空路が利用されている。しかし、「のぞみ」が1時間に2本運転されていることや、羽田空港からは遠いけれども新横浜駅には近い地域に住んでいる人々、あるいは横浜線と交差する各路線に住んでいる人々は、羽田空港に行くよりも新横浜のほうが便利だ、と新幹線利用をすることが多い。地理的要因でも新幹線の利用は影響される。

ということは、東京—札幌間でも、最速列車が1時間に2本運転されていれば、武蔵野線と交差する各線や東武野田線沿線などから大宮駅を経由して、札幌へは新幹線を選ぶということになる。

といっても、乗車時間3時間半が一つの壁になっている。乗車時間3時間半での対航空機シェアは60％程度と考えられる。

出張族が鉄道を利用したくなる所要時間は2時間半以内

昭和60年（1985）8月に羽田空港発伊丹空港行の日航ジャンボ機が群馬県御巣鷹山《おすたかやま》に墜落した。この飛行機には関西在住のビジネスマンが多数乗っていた。関西に本社がある大手電器メーカーの社員にも多数の犠牲者が出た。そのメーカーの幹部が「新幹線が東京―新大阪間を2時間半で結んでいれば飛行機に乗せなかった。せめて3時間を切る2時間50分台ならば新幹線に乗せた」と嘆いていたことは有名である。

たまにしか乗らない人は別にして、週一くらいの頻度で東京―大阪間を往復する出張族にとって、新幹線の3時間10分の所要時間は敬遠してしまう。出張族にとっては3時間を切る所要時間、できれば2時間半程度だと、大いに利用するといわれる。

国鉄の鉄道労働科学研究所の研究で、列車に座り続けた場合、3時間を経過すると体の各部位の痛みやこりを自覚することがわかり、鉄道の乗車時間は3時間以内にするのが理想であるとした。

それに呼応したわけではないが、昭和61年11月に東海道新幹線の最高速度を200キロから220キロに引き上げて、東京―新大阪間を14分短縮の2時間56分にした。山陽新幹線の新大阪―博多間も2時間59分となり、両区間とも3時間を切った。

そして平成4年（1992）、「のぞみ」の登場で東京―新大阪間は2時間30分と、理想の所要時間になり、平成15年（2003）には「のぞみ」が東海道・山陽新幹線の主流になった。といっても最速「のぞみ」が2時間30分であり、大半は2時間35分程度で走っていて中途半端だった。それでも東京—大阪間の対航空機シェアは、3時間10分運転時代の60％から85％程度に跳ね上がった。

現在は最高速度を２８５キロに引き上げ、半径２５００ｍのカーブでも車体を傾けて２７０キロで通過できるようになり、品川と新横浜にも停車して最速は2時間21分、大半は2時間27分または2時間30分になっている。運転本数も閑散時で1時間に4本、行楽期の8時台では12本が運転されている。待たずに乗れるということで東京—京都・大阪間の対航空機シェアは90％を超えている。

山陽新幹線では３００キロ運転をし、新大阪—博多間で「のぞみ」の最速列車は2時間21分と、2時間半を切っている。「のぞみ」と「みずほ」を合わせた運転本数も1時間に2本になった。これに1時間1本程度の「さくら」（最速の所要時間は2時間38分）が走るので、対航空機シェアは高くなっている。

在来線でも表定速度90キロを超えて2時間半以内で走ると空路と渡り合える。たとえば北陸本線特急「サンダーバード」の大阪—金沢間の最速所要時間は、現在2時間31分（過去においては2時間28分）である。このため伊丹—小松空港間の空路はなく、対空路シェアは１００％である。さらに富山空港でも伊丹空港への発着便はない。

同特急の大阪—金沢間の表定速度は１０４・３キロと、新幹線の「こだま」より少し遅い程度の速さである。2時間28分のときは１０８・４キロにもなっていた。特急「あずさ」も新宿—松本間の最速は2時間25分なので、羽田—松本空港間の空路は最初からない。

所要2時間を切ると対航空機シェアは100%になる

九州新幹線の博多―鹿児島中央間の所要時間は、「みずほ」が1時間16分、「さくら」は新鳥栖、久留米、熊本、川内《せんだい》停車で1時間26分、熊本以南の各駅に停車する「さくら」は1時間36～37分である。九州新幹線開通前に福岡空港―鹿児島空港間の空路は片道8便あったものが、今や1便しかない。その1便も近いうちになくなると予想される。

九州新幹線が新八代―鹿児島中央間だけ部分開業していたとき、新八代乗継で博多―鹿児島中央間の最速の所要時間は2時間19分だった。このとき空路は2便減っただけの6便の運航だった。

新幹線で2時間を切ると、同じ区間を結ぶ空路は撤退してしまう。

東海道新幹線が開通して東京―名古屋間が、東北新幹線が開通して東京―仙台間がなくなり、上越新幹線が開通して東京―新潟間もそうなってしまった。ただし成田空港と名古屋、仙台、新潟の各空港の間、あるいは羽田空港、成田空港と中部国際空港の間では、国際線連絡を目的とした空路は運航されている。

北陸新幹線金沢開業のあおりで、東京―新潟間を走る多くの「とき」は所要2時間を超えてしまっている。しかし、最速「とき」は下りが1時間36分、上りが1時間38分で、上下とも朝9時台や夕・夜間には2時間を切る「とき」が多くあり、出張族にとって空路の立ち入るスキはない。

「のぞみ」の東京―新大阪間は最速2時間21分で、もうこれ以上スピードアップはできない。だが、品川―新大阪間を1時間6分で結ぶリニア中央新幹線が今後開通する。こうなると羽田空港―関西空港間を除いて、並行空路は撤退することになる。所要時間2時間が空路撤退の境ということだが、これより30分遅い2時間半だと、対空路シェアは80％になる。

速達列車の「かがやき」が東京―金沢間を2時間30分（上野通過の最速は2時間27分）で結んでいるのもそうである。だが定期の「かがやき」は、東京発でみて10時24分の次は16時24分と6時間も運転されていない。ビジネス客相手のために昼間時には運転しないのだが、これでは80％のシェアはとれない。事実、羽田空港―小松空港間は、北陸新幹線の開通前は1日に11便あったが、北陸新幹線が開通しても10便と、1便減ったにすぎない。

小松空港は、金沢だけでなく福井方面との利用もあろうが、それにしてもさほど航空機利用は減っていない。これは、河川敷にある富山空港と羽田空港との間でもいえる。北陸新幹線の東京―富山間の所要時間は2時間14分と短いのに、空路のほうは6便が4便に減っただけである。

やはり最低でも1時間に1本、朝夕は1時間に2本の運転は必要である。

「かがやき」に使用するＥ７系・Ｗ７系の最高速度は２６０キロである。安中榛名―軽井沢間と長野―上越妙高間は急勾配区間があるため２００キロ程度しか出さないが、その他の区間では３２０キロ走行をしてもいい。「はやぶさ」に使われているＥ５系を導入して、上越妙高―金沢間で３２０キロ運転（上越妙高駅通過時点で３２０キロ）すると6分短縮して、東京―金沢間は上野通過で2時間21分、同様に東京―富山間は４分短縮して2時間３分になる。東京―富山間でも2時間を切れないが、それでも対航空機シェアは大きくなる。

対高速道路シェアは、600キロの距離が壁

新幹線の隣接一駅間相互の自由席特急料金は、九州新幹線新八代―川内《せんだい》間を除いて特定特急料金が設定されている。東海道・山陽新幹線の場合、一駅間の指定席特急料金（通常期）は2290円だが、自由席の特定特急料金は870円か990円と安い。九州新幹線は870円、東北・上越・北陸新幹線は880円、北海道新幹線は自由席がなく立席の特定特急料金になり、1330円または1520円である。

東名高速道路がなかったころ、東海道新幹線の一駅間利用が多く、これに対応して、気軽に乗ってもらえるように設定したのがこの特定特急料金である。各新幹線に並行して高速道路が整備されてしまうと、一駅間くらいの距離であれば高速道路を利用し、新幹線に乗る気にはならない。それを防ぐために格安の特急料金を設定してクルマ利用に対抗しているともいえる。

スペインで高速新線を導入するにあたって、高速道路を走るクルマ利用からバスや鉄道に切り替えるのはどのあたりかを同国の運輸局が調査した。それによると、高速道路で自家用車の連続運転時間が6時間を超えるとバスか鉄道に切り替える人が多い、という結果が出た。

時速100キロで6時間運転していれば600キロの距離である。600キロの距離が対高速道路との壁である。この距離を高速列車がノンストップ運転によって時速320キロで走れば、単純計算で1時間52分、加減速時間を考慮すると2時間5分程度である。時速260キロだと2時間30分である。

とはいえ都市部では急カーブがあったりしてスピードが出せない。スペインは在来線が広軌なので、都市部を含む全区間で標準軌の高速新線を建設しているが、フランスやドイツ、イタリアでは都市部は既存の路線に乗り入れ、郊外だけに高速新線を建設しているから、なおさら時間がかかる。

これを補うためには、高速新線での２６０キロ走行では2時間50分くらいかかってしまう。これが３２０キロなら2時間25分と2時間半以内に収まる。３２０キロは出さないと時間短縮効果が出ない。ということでヨーロッパ各国の高速新線は３２０キロ運転をしており、将来は３５０キロにスピードアップする。すでに中国の北京―上海間の高速新線では３５０キロ運転をしている。

新八代駅前に待機中の「B&Sみやざき」バス

鉄道と高速道路や空路とはライバル関係にあるが、逆に高速道路と連携して空路に対抗しているところがある。九州新幹線の博多―新八代間と高速バスの新八代―宮崎間である。博多―宮崎間を最速3時間3分で結び、「Ｂ＆Ｓみやざき」の愛称が付いている。空路は45分だが、搭乗待ち時間やアクセス交通機関を加えると2時間半ほどかかる。また、航空運賃はそれなりに高い。ＪＲ九州が発売している「Ｂ＆Ｓみやざき2枚きっぷ」は１万５１００円（1枚当たり７５５０円）と、空路よりもはるかに安い。さらに途中、人吉、えびの、小林の各インターチェンジと都城北高速バス停に停車するので、これらの都市に行くにも便利である。新鳥栖や久留米からは、わざわざ福岡空港に行くよりも「B&Sみやざき」を使ったほうが便利である。

今のところ、新幹線と高速バスの連携はここだけだが、まだ可能性がある区間はある。しまなみ海道（西瀬戸自動車道）を通る福山駅前—松山駅（終着は伊予鉄道の松山市駅）間の「キラキラエクスプレス」と連携するとどうだろう。中国バス、瀬戸内しまなみリーディング、本四バス開発、伊予鉄バスの4社が共同運行している「キラキラエクスプレス」の所要時間は2時間54分である。

新大阪—福山間は「のぞみ」で1時間2分、新神戸、岡山停車の「さくら」で1時間3分である。福山駅での乗換時間を7〜8分とすると、新大阪—松山間は4時間5分になる。しかし、「のぞみ」と予讃《よさん》線特急「しおかぜ」を岡山で乗り継ぐと3時間37分だから、バスとの連携は遅くて相手にならない。

ところが、「キラキラエクスプレス」の新尾道—松山駅間は2時間11分である。「のぞみ」が福山駅を通過して新尾道駅に停車すれば、新大阪—新尾道間は1時間3分になる。乗換時間を7分にすると新大阪—松山駅前間の所要時間は3時間27分と、わずかだが予讃線経由よりも速くなる。今後、今治小松自動車道としまなみ海道がつながると15分程度短縮するから、予讃線経由よりもかなり速くなる。

こうなるとJR四国の「しおかぜ」の乗客が減ることになるが、JR四国がそのまま傍観していたところで、「キラキラエクスプレス」は所要時間を短縮する。それよりも子会社のジェイアール四国バスが「キラキラエクスプレス」に参入し、「のぞみ」の一部が新尾道に停車することで、鉄道側もバス側も利益を得るほうがいいといえる。

パート
3

各線徹底分析

東海道新幹線

東海道新幹線は、東京―新大阪間の実キロ514・4キロ、営業キロは在来線の東海道本線に合わせた552・6キロである。

最高速度は時速285キロ、最速列車は「のぞみ」265号・64号で、東京―新大阪間の所要時間は2時間21分、表定速度は218・9キロである。

どの新幹線路線でも、というよりもどんな路線でも、いやどんな駅でも、一番混雑するのは朝の時間帯である。通勤路線では7、8時台の時間帯に通勤客が集中するが、新幹線では6～9時台の4時間に分散される。

出張客は訪問地へ9時ころには着きたいため、6時台には乗ろうとする。旅行客は朝あまり早いのは敬遠して7時台の乗車を好む。また出張客は、いったん出社してから出かけることもあり、9時台に乗るという場合もある。

昼間時は三々五々に利用され、帰宅や帰社で乗る時間は16～20時台と分散される。

これに合わせて新幹線各線でも、それぞれのやり方で、朝時間帯に列車本数を一番多くし、昼間時は1時間サイクルによる一定のパターンでダイヤが組まれ、夕・夜間は運転本数を昼間時よりも多く走らせている。

東海道新幹線では早朝深夜を除いて1時間当たり「のぞみ」12本、「ひかり」2本、「こだま」2本

箱根登山鉄道箱根板橋駅付近を走るN700A系

が走れる、いわゆる12－2－2ダイヤを組んでいる。
「ひかり」「こだま」の運転本数を減らすことはないが、「のぞみ」については乗客数に応じて時間帯別に適宜、運転本数を間引いている。さらに繁忙期、通常期、閑散期の期間別でも「のぞみ」の本数を増減させている。一番少ないときの「のぞみ」の運転本数は1時間当たり4本である。
東京駅でみると、毎時00分、09分、30分、51分発は必ず運転されている。それ以外は適宜設定されており、朝の下りや夕方の上りでは多数の列車が運転されるとともに、繁忙期だけに運転される不定期列車の「のぞみ」もある。不定期列車とは、年間通して走る定期列車に対して、日を決めて走らせる列車のことである。東海道新幹線の場合は、乗客が少ないときだけ走らせないという、ほぼ定期列車に近いものが多い。また、東海道新幹線で定期的に走っていても山陽新幹線に乗り入れるときと乗り入れないときがあって、これも不定期列車になっている。東海道新幹線だけをみると定期列車である。

「ひかり」「こだま」は、不定期「のぞみ」が運転されていなくても、走っていると仮定して、追い抜かれる駅で3分または5分程度停車している。状況によって、臨時の「のぞみ」が急に必要になっても走らせることができるようにしているのである。

「のぞみ」「ひかり」は、2分45秒間隔で束になって続行運転されるのが基本である。品川、新横浜、名古屋、京都はすべての列車が停車するが、運転間隔が2分45秒だと先行列車が停車している間に後続列車が追い付いてしまう。これら4駅は上下線とも島式ホーム1面2線になっており、これを利用して、先行列車が発車するころに後続列車を違う番線に入線させるという「交互発着」をして2分45秒間隔を維持している。たまに先行列車が乗降に手間取ると、後方列車が入線してホーム両側に並ぶこともある。

また、1時間に12本設定されている各「のぞみ」の各駅間で、微妙に所要時間が異なっている。8時台では定期、不定期を合わせて「のぞみ」は所定の12本が運転されている。各列車の各駅の停車時分だけでなく、通過時分も入れたのが148～149ページの表である。ただし、筆者の推定時刻である。斜体の数字は各駅間の所要時間、そして累計1として東京―名古屋間、累計2として名古屋―新大阪間、累計3として東京―新大阪間の所要時間を記した。また、山陽新幹線直通列車がわかるように、新神戸までの時刻を入れている。列車名の次の段の「◇印」は不定期列車を示している。「のぞみ」停車駅については着発時刻を縦段に表記し、「ひかり」「こだま」については、左が着時刻、右を発時刻にしている。

分単位で表記しているために、各列車で1分程度の誤差が出ることがある。名古屋の停車時間は1分30秒だが、たとえば5分00秒に到着して6分30秒に出発すると、秒単位を切り捨てるために5分着・6分発と表示され、停車時分は1分になる。5分45秒に到着、7分15秒に出発する場合は5分着・7分発と表記するので、この場合の停車時分は2分ということになる。しかし、実際は両方とも1分30秒の停車時分である。通過時分についても同様なことが起こる。

東京8時00分発の「のぞみ」207号と8時03分「ひかり」503号は、新富士まで2分45秒間隔で束になって進む。ただし表では3分間隔になっており、以後、表の時分で述べることにする。

両列車とも新横浜―小田原間の所要時間は13分かかっている。他の「のぞみ」の多くは11分か12分の所要時間だが、秒単位でいうと、おそらく11分30秒だろう。他の「のぞみ」と違って、東京発7時57分に「こだま」707号が設定されており、「のぞみ」207号とは3分差である。「こだま」が小田原に停まるためにブレーキをかけると、後追いをしている「のぞみ」と「ひかり」は追いついてしまってやはりブレーキをかけなくてはならない。

そこで新横浜を出ても285㌔まで上げずに、速度を落として「こだま」を追いかける。そして「こだま」が小田原の停車線に入って前方の進路が開くと、猛然とスピードを出す。

このように、東京駅を毎時00分発と30分発の「のぞみ」、03分発と33分発の「ひかり」は、新横浜―小田原間で速度を落として走っている（小田原停車の「ひかり」を除く）。

毎時03分に東京駅を発車する「ひかり」は静岡に停車するので、静岡駅手前でブレーキをかけ始め

3	ひかり 505	のぞみ 19	のぞみ 305	のぞみ 307	のぞみ 215	のぞみ 309	こだま 713	のぞみ 21	ひかり 637	のぞみ 217	のぞみ 139	のぞみ 313	のぞみ 85	のぞみ 315	
			◇	◇		◇				◇	◇	◇		◇	
00	903	909	912	918	921	924	927	930	933	939	942	948	951	954	発 東京
6	6	7	6	6	6	6	6	6	6	6	6	6	7	6	
06	909	916	918	924	927	930	933	936	939	945	948	954	958	1000	着 品川
07	910	917	919	925	928	931	934	937	940	946	949	955	959	1001	発 品川
10	10	11	11	11	10	11	10	10	10	11	10	11	10	11	
17	920	928	930	936	938	942	944	947	950	957	959	1006	1009	1012	着 新横浜
18	921	929	931	937	939	943	945	948	951	958	1000	1007	1010	1013	発 新横浜
13	13	11	12	11	12	11	15	13	15	11	12	11	11	11	
31	934	940	943	948	951	954	1000・1002	1001	1006・1007	1009	1012	1018	1021	1024	〃 小田原
6	6	6	6	6	6	6	8	6	7	7	7	5	5	5	
37	940	946	949	954	957	1000	1010	1007	1014	1016	1019	1023	1026	1029	〃 熱海
5	5	5	5	5	5	6	7	5	5	5	5	5	5	5	
42	945・946	951	954	959	1002	1006	1017・1022	1012	1019	1021	1024	1028	1031	1034	〃 三島
6	6	5	5	5	5	5	7	5	5	6	6	5	5	7	
48	952	956	959	1004	1007	1011	1029・1037	1017	1024	1027	1030	1033	1036	1041	〃 新富士
8	10	7	7	8	8	9	10	8	7	7	8	8	8	8	
56	1002・1007	1003	1006	1012	1015	1020	1047・1052	1025	1031	1034	1038	1041	1044	1049	〃 静岡
10	10	9	9	8	8	9	13	9	9	9	10	10	10	10	
06	1017	1012	1015	1020	1023	1029	1105・1108	1034	1040	1043	1048	1051	1054	1059	〃 掛川
7	9	7	7	7	7	8	10	7	7	7	7	7	7	7	
13	1026・1031	1019	1022	1027	1030	1037	1118・1123	1041	1047	1050	1055	1058	1101	1106	〃 浜松
8	11	9	9	8	8	9	11	8	9	9	9	9	11	9	
21	1042	1028	1031	1035	1038	1046	1134・1139	1049	1056	1059	1104	1107	1112	1115	〃 豊橋
9	10	8	8	9	9	9	12	11	8	8	8	8	9	9	
30	1052	1036	1039	1044	1047	1055	1151・1156	1100	1104	1107	1112	1115	1121	1124	〃 三河安城
9	9	9	9	10	9	9	10	9	10	9	10	10	10	9	
39	1101	1045	1048	1054	1056	1104	1206	1109	1114	1116	1122	1125	1131	1133	着 名古屋
39	1:58	1:36	1:36	1:36	1:35	1:40	2:39	1:39	1:41	1:37	1:40	1:37	1:40	1:39	累計1
41	1103	1047	1049	1055	1058	1105	…	1110	1119	1117	1123	1126	1132	1135	発 名古屋
8	7	8	9	7	7	9		7	9	7	7	7	7	7	
49	1110	1055	1058	1102	1105	1114	…	1117	1128・1135	1124	1130	1133	1139	1142	〃 岐阜羽島
10	10	10	10	10	10	10		12	12	11	11	11	10	10	
59	1120	1105	1108	1112	1115	1124	…	1129	1147・1153	1135	1141	1144	1149	1152	〃 米原
16	17	16	16	17	17	15		15	19	16	16	16	17	17	
15	1137	1121	1124	1129	1132	1139	…	1144	1212	1151	1157	1200	1206	1209	着 京都
16	1143	1123	1126	1131	1133	1141	…	1146	1213	1152	1159	1202	1207	1211	発 京都
14	14	13	13	14	15	13		14	14	14	13	13	14	13	
30	1157	1136	1139	1145	1148	1154	…	1200	1227	1206	1212	1215	1221	1224	着 新大阪
49	0:54	0:49	0:50	0:50	0:50	0:49		0:50	1:08	0:49	0:49	0:49	0:49	0:49	累計2
30	2:54	2:27	2:27	2:27	2:27	2:30		2:30	2:54	2:27	2:30	2:27	2:30	2:30	累計3
	1159	1138	…	…	…	…	…	1202	…	…	1214	…	1223	…	発 新大阪
	12	12						12			12		12		
·	1211	1150	…	…	…	…	…	1214	…	…	1226	…	1235	…	着 新神戸

8～9時台の通過時間も含む東海道新幹線時刻表（コロナ禍の減量ダイヤは除く）

	のぞみ 207	ひかり 503	のぞみ 15	のぞみ 129	のぞみ 295	のぞみ 131	のぞみ 297	こだま 709	のぞみ 17	ひかり 635	のぞみ 211	のぞみ 133	のぞみ 301	のぞみ 83	のぞみ 303	こだま 711
				◇	◇	◇	◇				◇	◇	◇		◇	
東京 発	800	803	809	812	818	821	824	827	830	833	839	842	848	851	854	85
	6	*6*	*7*	*6*	*6*	*6*	*6*	*6*	*6*	*6*	*6*	*6*	*6*	*7*	*6*	
品川 着	806	809	816	818	824	827	830	833	836	839	845	848	854	858	900	90
品川 発	807	810	817	819	825	828	831	834	837	840	846	849	855	859	901	90
	10	*10*	*11*	*11*	*11*	*10*	*11*	*10*	*10*	*10*	*11*	*10*	*11*	*10*	*11*	*1*
新横浜 着	817	820	828	830	836	838	842	844	847	850	857	859	906	909	912	91
新横浜 発	818	821	829	831	837	839	843	845	848	851	858	900	907	910	913	91
	13	*13*	*11*	*12*	*11*	*12*	*11*	*15*	*13*	*13*	*11*	*12*	*11*	*11*	*11*	*1*
小田原 〃	831	834	840	843	848	851	854	900・905	901	904	909	912	918	921	924	930・93
	6	*6*	*6*	*6*	*6*	*6*	*6*	*7*	*6*	*6*	*6*	*6*	*5*	*5*	*6*	
熱海 〃	837	840	846	849	854	857	900	912・913	907	910	915	918	923	926	930	942・94
	5	*5*	*5*	*5*	*5*	*5*	*5*	*7*	*5*	*5*	*6*	*6*	*5*	*5*	*5*	
三島 〃	842	845	851	854	859	902	905	920・925	912	915	921	924	928	931	935	950・95
	5	*5*	*5*	*5*	*5*	*5*	*5*	*7*	*5*	*5*	*5*	*5*	*5*	*5*	*5*	
新富士 〃	847	850	856	859	904	907	910	932・937	917	920	926	929	933	936	940	1002・10
	9	*12*	*7*	*7*	*8*	*8*	*10*	*10*	*8*	*8*	*8*	*8*	*8*	*9*	*8*	
静岡 〃	856	902・907	903	906	912	915	920	947・952	925	928	934	937	941	945	948	1018・10
	10	*10*	*9*	*9*	*8*	*8*	*9*	*12*	*9*	*9*	*8*	*10*	*9*	*9*	*10*	
掛川 〃	906	917	912	915	920	923	929	1004・1008	934	937	942	947	950	954	958	1034・10
	7	*9*	*7*	*7*	*7*	*7*	*8*	*10*	*7*	*7*	*8*	*8*	*8*	*9*	*8*	
浜松 〃	913	926・931	919	922	927	930	937	1018・1023	941	944	950	955	958	1003	1006	1046・10
	8	*10*	*9*	*9*	*8*	*8*	*9*	*11*	*8*	*9*	*9*	*9*	*9*	*9*	*9*	
豊橋 〃	921	941	928	931	935	938	946	1034・1039	949	953・954	959	1004	1007	1012	1015	1102・11
	9	*11*	*8*	*8*	*9*	*9*	*9*	*12*	*11*	*10*	*8*	*9*	*9*	*9*	*9*	
三河安城 〃	930	952	936	939	944	947	955	1051・1056	1000	1004	1007	1013	1016	1021	1024	1119・11
	9	*9*	*9*	*9*	*10*	*9*	*9*	*10*	*9*	*10*	*9*	*9*	*9*	*10*	*9*	
名古屋 着	939	1001	945	948	954	956	1004	1106	1009	1014	1016	1022	1025	1031	1033	11
累計1	1:39	1:58	1:36	1:36	1:36	1:35	1:40	2:39	1:39	1:41	1:37	1:40	1:37	1:40	1:39	2:
名古屋 発	941	1003	947	949	955	958	1005	…	1010	1019	1017	1023	1026	1032	1035	11
	8	*8*	*8*	*9*	*7*	*7*	*9*		*7*	*9*	*7*	*7*	*7*	*7*	*7*	
岐阜羽島 〃	949	1011	955	958	1002	1005	1014	…	1017	1028・1035	1024	1030	1033	1039	1042	1152・11
	10	*10*	*10*	*10*	*10*	*10*	*10*		*12*	*12*	*11*	*11*	*11*	*10*	*10*	
米原 〃	959	1021	1005	1008	1012	1015	1024	…	1029	1047・1053	1035	1041	1044	1049	1052	1210・12
	16	*16*	*16*	*16*	*17*	*17*	*15*		*15*	*19*	*16*	*16*	*16*	*17*	*17*	
京都 着	1015	1037	1021	1024	1029	1032	1039	…	1044	1112	1051	1057	1100	1106	1109	12
京都 発	1016	1043	1023	1026	1031	1033	1041	…	1046	1113	1052	1059	1102	1107	1111	12
	14	*14*	*13*	*13*	*14*	*15*	*13*		*14*	*14*	*14*	*13*	*13*	*14*	*13*	
新大阪 着	1030	1057	1036	1039	1045	1048	1054	…	1100	1127	1106	1112	1115	1121	1124	12
累計2	0:49	0:54	0:49	0:50	0:50	0:50	0:49		0:50	1:08	0:49	0:49	0:49	0:49	0:49	1:
累計3	2:30	2:54	2:27	2:27	2:27	2:27	2:30		2:30	2:54	2:27	2:30	2:27	2:30	2:30	3:
新大阪 発	…	1059	1038	1041	…	1050	…	…	1102	…	…	1114	…	1123	…	…
		12	*12*	*13*		*12*			*12*			*12*		*12*		
新神戸 着	…	1111	1050	1054	…	1102	…	…	1114	…	…	1126	…	1135	…	…

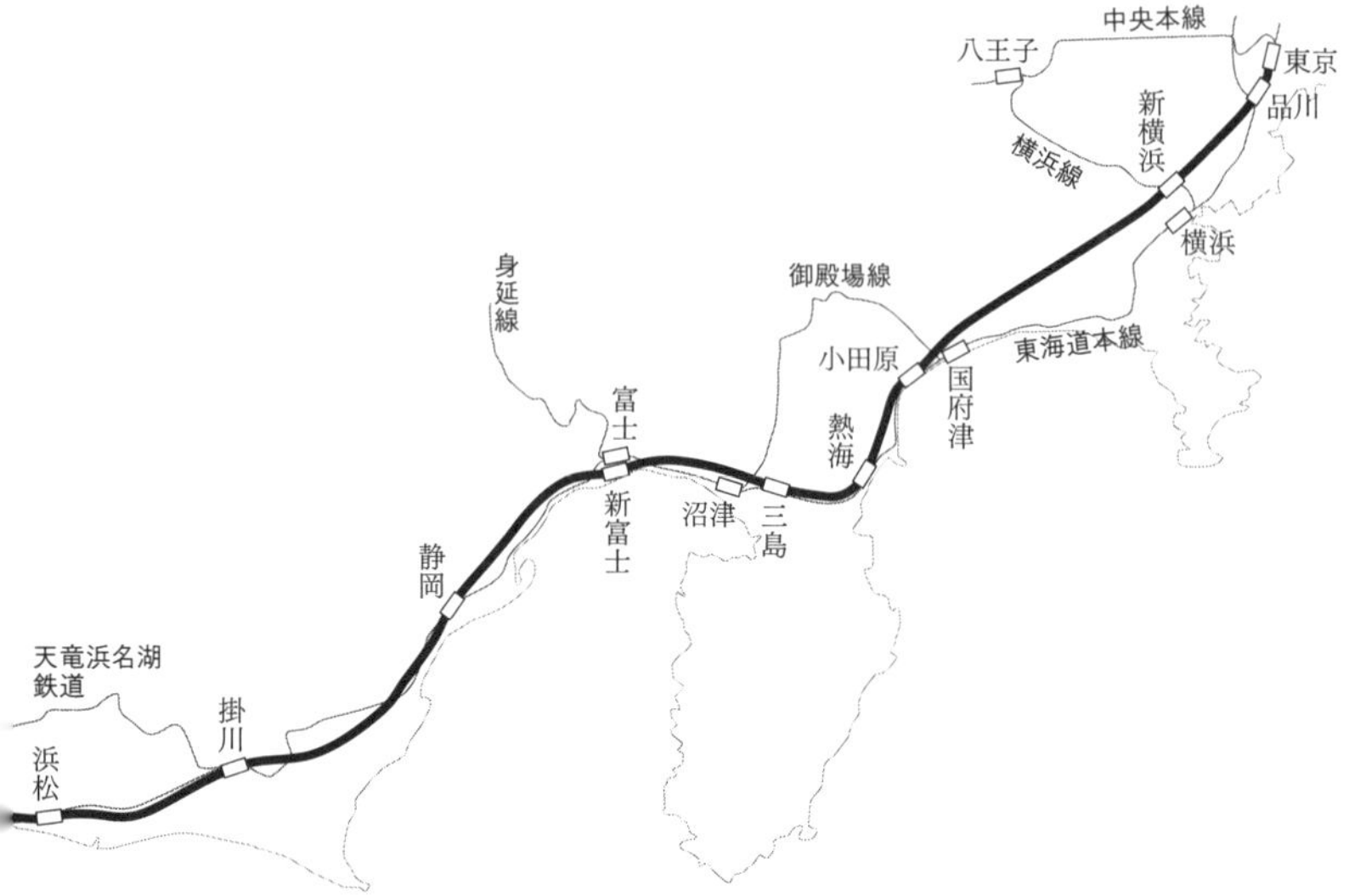

る。この時点で両列車の間隔は広がる。新富士—静岡間の所要時間は「のぞみ」207号が9分、「ひかり」503号が12分である。

東京発毎時03分の「ひかり」は各時間帯によって停車駅が異なるが、静岡と浜松には必ず停車する。新横浜—静岡間では熱海、三島のどちらかに停まるか無停車かの3通りがある。

このため小田原—静岡間の所要時間は28分に設定している。「のぞみ」は最速23分だから5分遅い。「ひかり」503号は熱海か三島のどちらかに停まれるが、どういうわけか両駅とも通過している。東京発9時03分の「ひかり」505号は三島に停車している。

東京発毎時00分の「のぞみ」は新富士から単独走行で進む。名古屋までに「こだま」を追い越すのは小田原と掛川の2駅だけ、そして名古屋でも「こだま」を追い越している。

追い越しのタイミングが悪く、速度を落とす

東海道新幹線

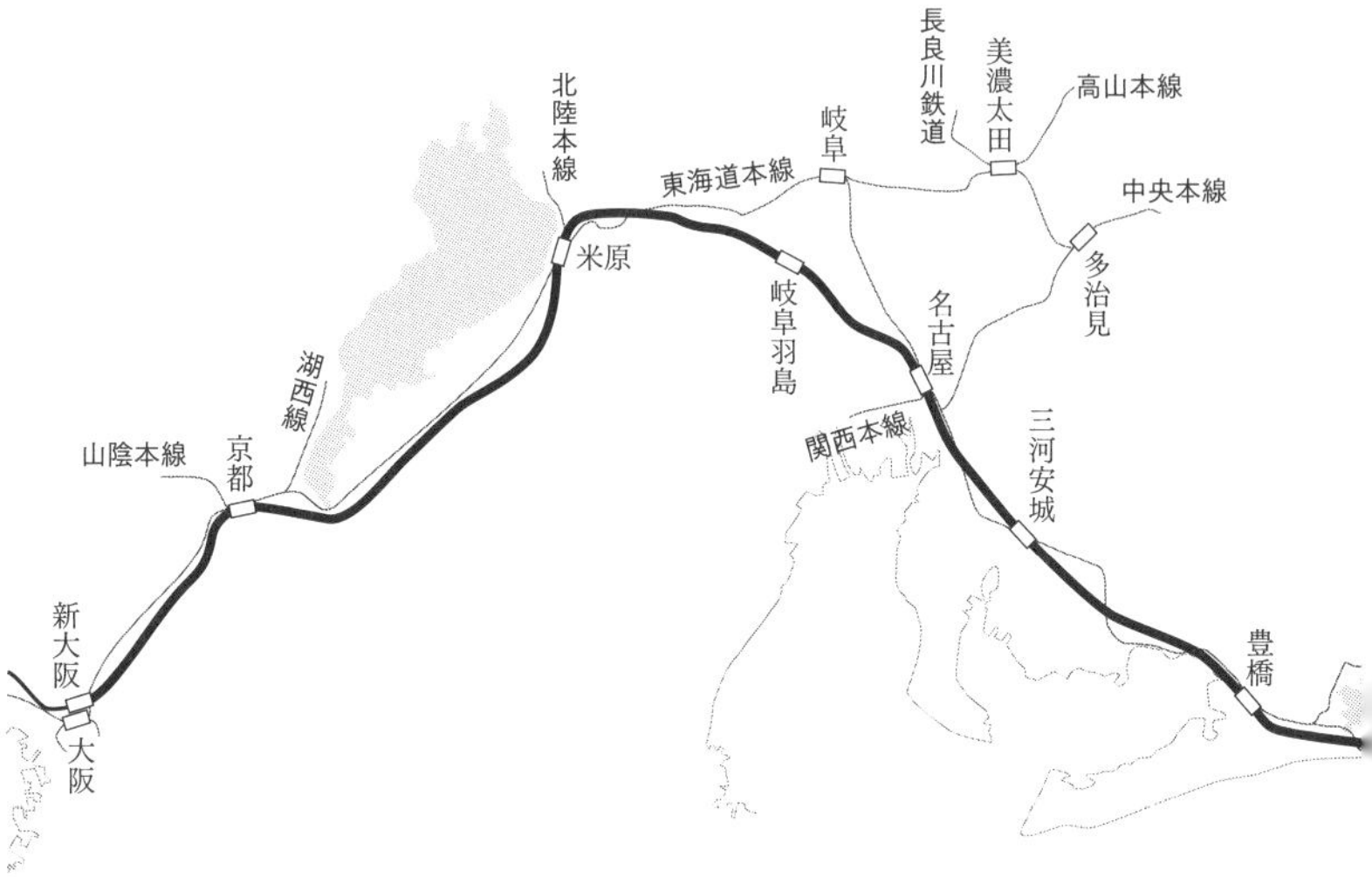

区間があって、東京―名古屋間の所要時間は１時間39分である。名古屋―新大阪間は「こだま」も「ひかり」も追い越さないから所要時間は49分になる。全区間では２時間30分である。

後続の東京毎時03分発の「ひかり」は静岡で２本、浜松で２本の「のぞみ」に抜かれる。待避時間は４分45秒である。秒単位を切り捨てて４分停車と案内されることがある。東京―名古屋間の所要時間は１時間58分である。名古屋―新大阪間では「のぞみ」と同じく京都だけに停車する。以前は「のぞみ」に抜かれなかったので、名古屋―新大阪間は「のぞみ」と同じ所要時間だった。名古屋―新大阪間を利用する場合、「ひかり」に乗れば指定席特急料金は３０６０円（通常期）で「のぞみ」の３２７０円にくらべて２１０円お得なのである。現在、この停車駅タイプの「ひかり」は京都停車中に後続の「のぞみ」に抜かれる。その結果、京都で６

分停車する。「のぞみ」よりも新大阪到着が3分遅くなることで料金の差別化を図ったといえる。しかし、名古屋—京都間では「ひかり」のほうがお得である。

実際は、差別化をするためだけではなく、この「ひかり」は京都から岡山まで各駅に停車するが、後続の「のぞみ」297号を利用して西明石、姫路、相生の4駅に行く場合、京都で同じホームで乗り換えができる。「ひかり」が新大阪まで抜かされずに行くと、同駅での「のぞみ」と「ひかり」との乗り換えは21番線から23番線へ階段を上り下りするコンコース経由で面倒である。

「のぞみ」295号は不定期列車だが、運転しない日のほうが少ない、ほぼ毎日運転である。

「のぞみ」15号と129号も、2分45秒間隔で束になって走っている。「こだま」を三島、浜松、岐阜羽島の3駅で、「ひかり」を静岡で追い抜いている。速度を落とす個所が少ないので、東京—新大阪間の所要時間は2時間27分になっている。

「のぞみ」295号から「ひかり」635号までは3分毎に発車している。そのうち「のぞみ」295号と131号は、新大阪まで束になって走る。新富士、豊橋、米原の3駅で「こだま」を、浜松で「ひかり」を追い抜いている。東京—新大阪間の所要時間は2時間27分である。

先行の「のぞみ」131号に新富士で追い越された「こだま」を、後続の「のぞみ」297号は静岡で追い抜くために新富士—静岡間で減速する。さらに、これも先行「のぞみ」131号が浜松で追い抜いた「ひかり」に豊橋手前で追いついて、「ひかり」503号が先行の2分45秒差の束になって京都まで進む。京都で「のぞみ」297号は「ひかり」503号を追い抜いている。

「のぞみ」297号は静岡手前で速度を落とすので、東京—名古屋間の所要時間は1時間40分と先行

「のぞみ」よりも5分遅い。このため東京―新大阪間の所要時間は2時間30分になる。

「のぞみ」17号は、東京駅8時27分発「こだま」709号の3分後の発車のため、新横浜―小田原間で速度を落として小田原で追い抜く。このほか掛川でも「こだま」を追い抜く。後続の「ひかり」635号と浜松まで束になって進むが、三河安城―名古屋間で後続の「ひかり」との時間差は4、5分しかない。このため東京―名古屋間の所要時間は1時間39分になり、東京―新大阪間の所要時間は2時間30分になる。

次の「ひかり」635号は名古屋までの間、豊橋に停車し、そして名古屋から各駅に停車する。この名古屋以遠各駅停車の「ひかり」は、豊橋か小田原のいずれかに停車する。豊橋停車の場合は浜松まで先行の「のぞみ」17号と束になって進む。豊橋停車後は後続の「のぞみ」と束になり、名古屋でこの「のぞみ」に追い抜かれる。

小田原停車の場合は先行の「こだま」を同駅で追い抜かず、三島で追い抜く。後続の「のぞみ」と束になって名古屋まで進む。そして名古屋でこの「のぞみ」に追い抜かれる。「ひかり」の東京―新大阪間の所要時間は2時間54分で、東京毎時03分発の「ひかり」と同じ所要時間にしている。

東京発8時39分発と42分発の「のぞみ」(211号と133号)も束になって進むが、三河安城で211号は先行の「ひかり」に追いついて、三河安城―名古屋間でこの「ひかり」と束になる。後続の133号は静岡あたりで速度を落として、さらに後続の301号と束になる。211号は浜松で「こだま」を追い抜き、133号は301号とともにその「こだま」を豊橋で追い抜く。

1時間後の「ひかり」637号は小田原に停車する。後続「のぞみ」217号は三島以西でこの

「ひかり」と束になり、２１７号は新富士まで速度を落として同駅で後続の１３９号と束になる。

「のぞみ」の東京—新大阪間の所要時間は、毎時39分発と48分発が2時間27分、42分発と51分発、54分発が2時間30分にして、速くしたり遅くしたりして区間ごとに束になるペアの列車を変えている。だから「のぞみ」の区間毎の所要時間は微妙に異なっている。そのために巡航速度の２７５キロだけでなく、２８５キロを出したりして時間を調整している。これによって1時間12本の「のぞみ」、それぞれ2本の「ひかり」と「こだま」、計16本を走らせることができる。こんなことをしているのは、世界中を見渡しても東海道新幹線しかない。

使用車両はＮ７００Ａ系（通称スモールＡ）、Ｎ７００Ａ（Ｎ７００系１０００番台、通称ラージＡ）系、Ｎ７００Ｓ系の3種である。Ｎ７００Ａ系はＮ７００系をＮ７００Ａ系に準じた仕様に改造した車両である。さらにＪＲ東海所属とＪＲ西日本所属がある。

ＪＲ東海所属とＪＲ西日本所属の違いは、背ずり背面のテーブルの高さやチャイム音である。ＪＲ東海は「Ambitious Japan」、ＪＲ西日本は「いい日旅立ち」のチャイムになっている。側面の案内表示器が幕式になっているのがＪＲ東海、ＬＥＤ式がＪＲ西日本である。

N700A系。側面に描かれているエンブレムのAが非常に大きい

京都駅を出発した最新のN700S系。ボンネットの正面中央を凸形に盛り上げて横揺れを軽減している

N700Sの側面に描かれているエンブレム。SはSupreme（最高位）のこと

Ｎ７００Ｓは正面形状を変更して、トンネル突入時に発生する微気圧波を抑えるとともに、最後尾になったとき左右動を風圧で抑えられるようにしている。さらに停電時に停車してもバッテリーによってある程度の距離を走ることができる。これによってカント量２００㎜（傾斜角度９度）のところで停止しても、カント量０の直線区間に移動して歩きやすくする。

さらに奇数号車のデッキには特大スーツケース置場を設置している。Ｎ７００Ａ系等の奇数

3号車　定員85人　　4号車　定員100人

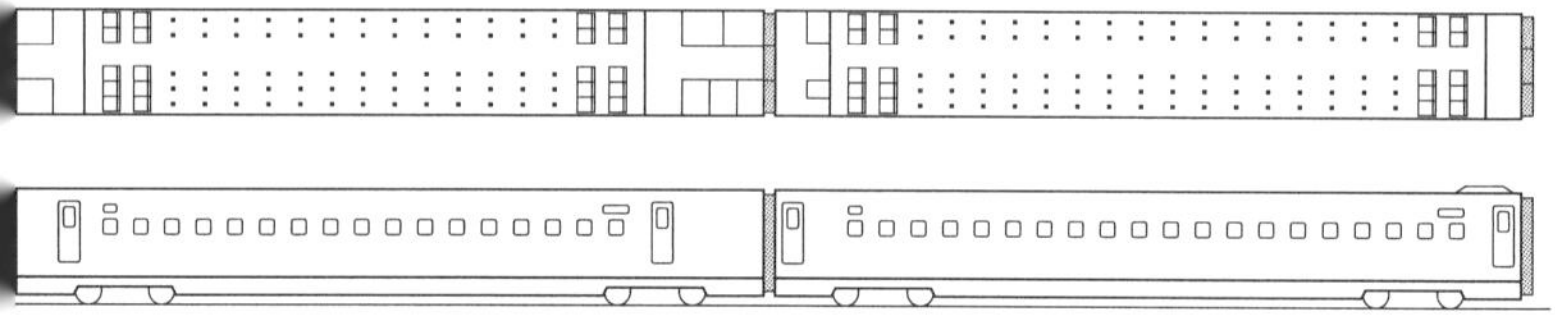

7号車　定員75人　　8号車　定員68人

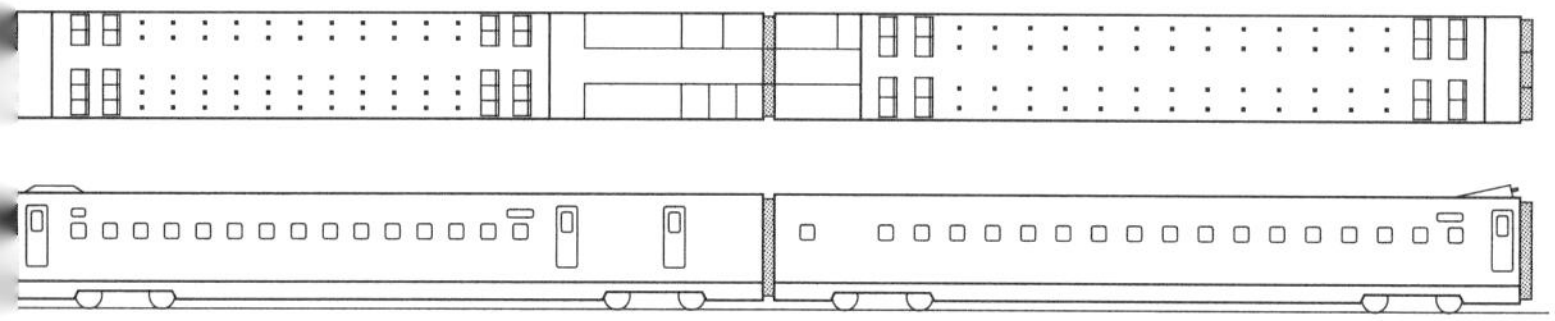

11号車　定員63人　　12号車　定員100人

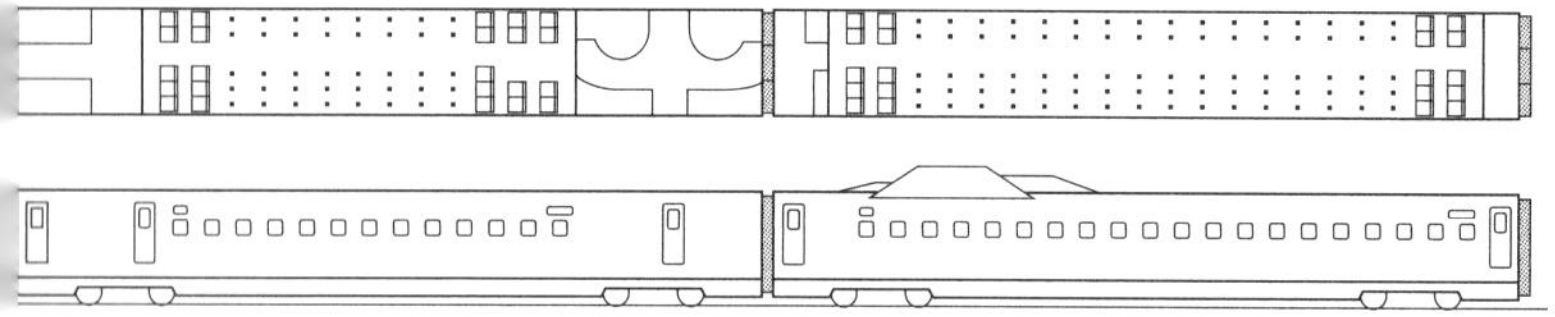

15号車　定員80人　　16号車　定員75人

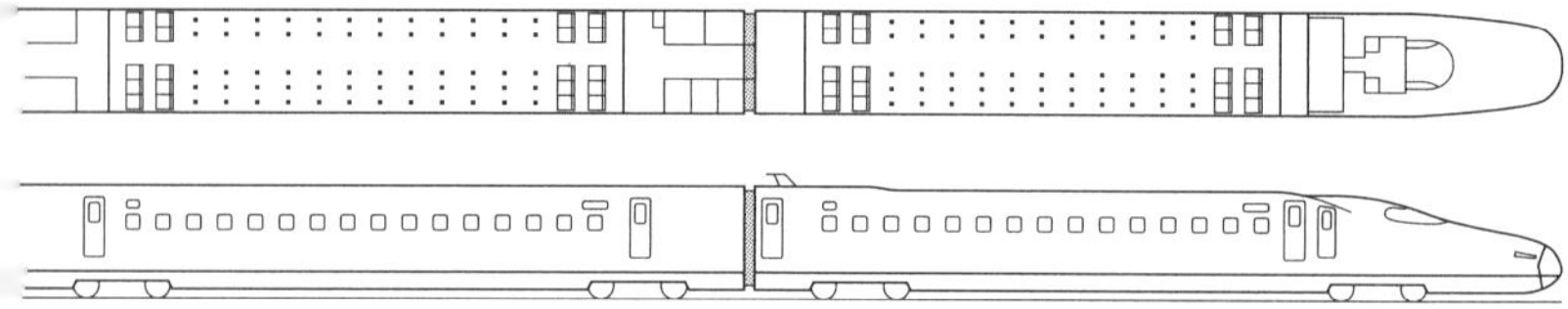

東海道・山陽新幹線　N700系　16両編成

1号車　定員65人　　2号車　定員100人

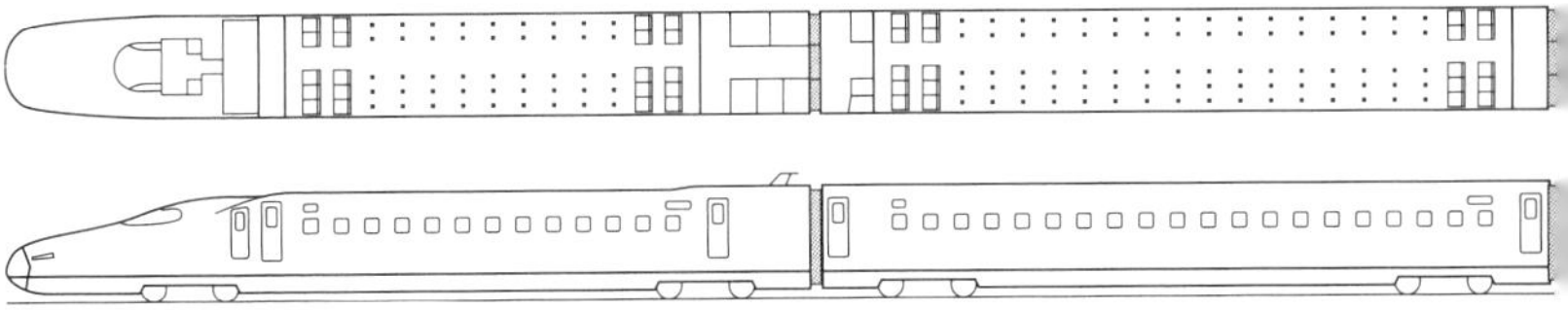

5号車　定員90人　　6号車　定員100人

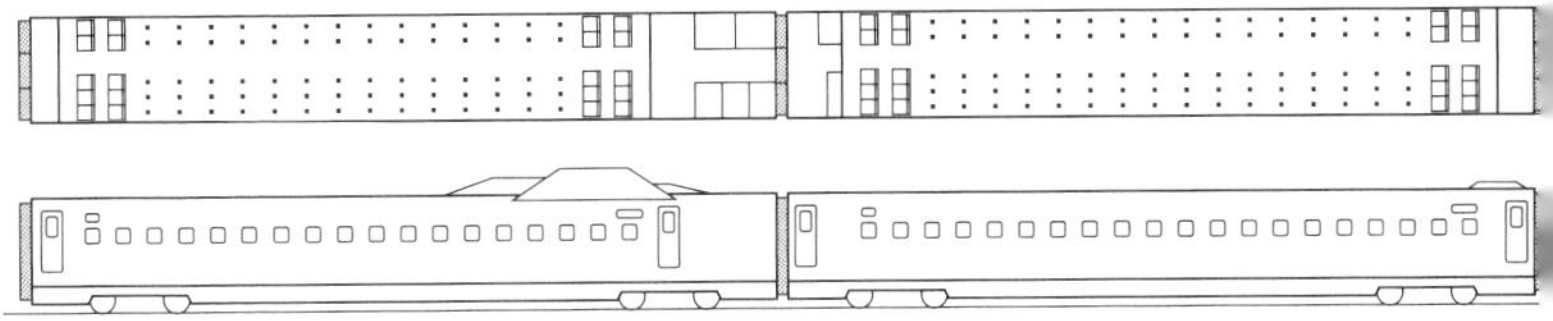

9号車　定員64人　　10号車　定員68人

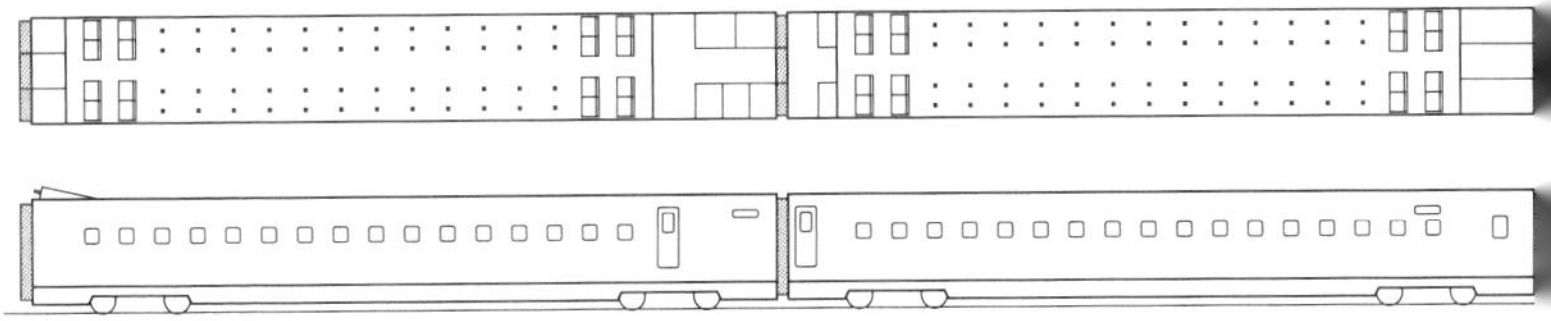

13号車　定員90人　　14号車　定員100人

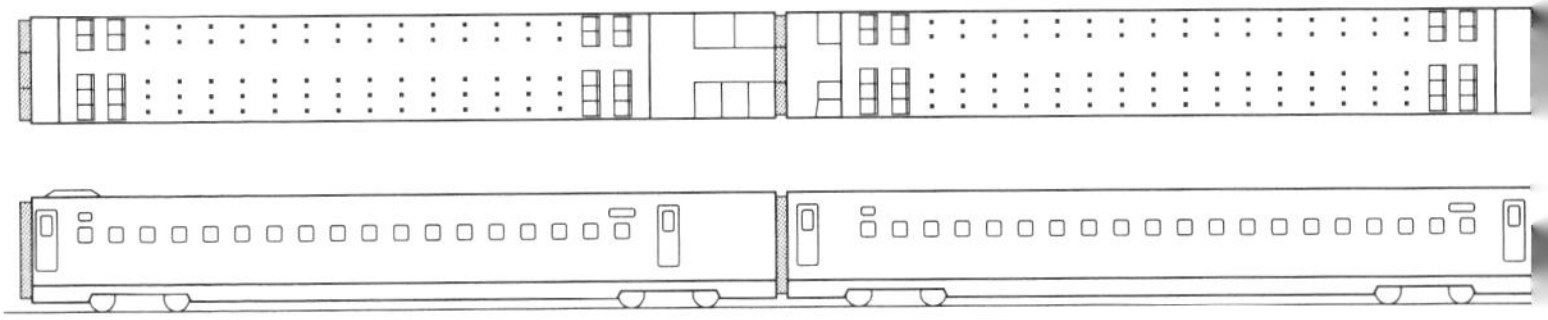

岐阜羽島駅でN700S使用の「ひかり」を、N700A使用の「のぞみ」が追い抜く。正面ボンネットの違いがわかる

号車にはトイレが2室あったのを1室にして、この置場のスペースを確保したものである。従来のN700系も順次設置していく。

いずれにしても、N700系列は大阪寄りが1号車になっている16両編成で、8〜10号車の3両がグリーン車で、車販準備室は7号車に、乗務員室は8号車と10号車、飲料の自販機は2、4、7、11、14号車にある。具合が悪くなった人が休んだり乳児への授乳ができたりする多目的室は11号車にある。

16両編成の総定員は1323人、うちグリーン車の定員は200人である。喫煙室は3、7、10、15号車にある。10号車の喫煙室はグリーン車客専用としているが、別にチェックしているわけではないので普通車客も利用している。グリーン車用喫煙室は窓が二つあり、3人用だが4人は入れる。3号車の喫煙室は2人しか入れないほど狭く、車窓が見えないほど小さい窓が一つしかない。7、10号車の喫煙室は3号車より大きめの窓だが、やはり一つしかない。3人用になっているがグリーン車客用にくらべて狭い。なお、喫煙室は負圧《ふあつ》になっているので、ボタンで開閉する扉を開けても通路に煙が出ていくことはない。

3両のグリーン車には専任のアテンダントが配属され、各駅を発車した後に不織布のおしぼりを配る。また、弁当ガラなどのごみを回収してもらえる。「こだま」にはアテンダントの乗務はない。「のぞみ」は1〜3号車、「ひかり」は1〜5号車、「こだま」は1〜6号車と13〜16号車が自由席だが、「こだま」の13、14号車は指定席になることがある。

N700系列の起動加速度は2・6㌔/時/秒（以下単位は省略）である。電車の特性として、スピードが上がると加速度は落ちていく。起動加速度とは、加速を始めたときの加速度である。

2・6の加速度は一般の長距離電車であってもやや高い加速度で、N700系列はおそらく時速150㌔程度まで2・6のまま加速していき、時速210㌔に達する時間は2分程度、距離にして3・5㌔程度と思われる。

新幹線最初の0系の起動加速度は1・0で、210㌔に達する時間は5分、距離にして11㌔もかかっていた。100系は1・5だが、100N系は1・0だった。しかし、この加速度は0系よりも長く維持していた。加速度1・0に設定していたのは230㌔運転をするためである。

最初の「のぞみ」用の300系の起動加速度は1・65に上げた。この加速度は時速160㌔あたりまで維持していた。300系はすでに廃車されている。700系も1・65だったが、平成18年に2・0に向上させている。現在は東海道新幹線を走る700系はない。

起動加速度が高いということは、各駅停車の「こだま」の駅間走行時間が短縮するということである。浜松―豊橋間の所要時間は0系では16分だったが、現在は11分と、5分も短縮している。米原―京都間は26分だったのが19分と7分短縮、小田原―熱海間は13分だったのが7分と6分短縮している。

熱海で追い越しができないことが「のぞみ」の増発に対してのネックだったが、「こだま」のスピードアップによって、さほど大きなネックにならなくなっている。他の区間でもあまり「のぞみ」の走行の邪魔になっていない。ちなみに待避なしで停車時間もないとした「こだま」の東京―新大阪間の所要時間は2時間56分である。各駅の停車時間1分として停車時間を加えると3時間10分で、最初にスピードアップした昭和40年当時の「ひかり」の所要時間と同じである。

現行「こだま」の東京―新大阪間の所要時間は3時間54分と、待避に44分も使っている。それだけ「のぞみ」「ひかり」の運転本数が多い。「のぞみ」などの走行の邪魔にならなくなったとはいえ、「のぞみ」の運転本数が1時間12本もあれば、「のぞみ」も速度を落としてダイヤを組まざるをえない。

リニア中央新幹線の品川―名古屋間が開通すると、東海道新幹線の東京―名古屋間の「のぞみ」の運転本数は減ることになる。始発時に走っている「のぞみ」1号の東京―名古屋間の所要時間は通常よりも3～5分短い1時間34分である。これが通常時間帯での同区間の所要時間になろう。そしてリニア中央新幹線が新大阪まで開通すると、現「のぞみ」1号の所要時間である2時間21分が通常時間帯での所要時間になろう。

車体傾斜角度を2・5度にアップすれば半径2500mのカーブで285㌔走行ができ、その他の区間で300㌔運転をすれば6分程度短縮して2時間15分、品川―新大阪間は2時間8分になる。リニア中央新幹線とは1時間ほど違うが、それなりに利用されるようになる。

山陽新幹線

山陽新幹線新大阪―博多間の実キロは553・7キロ、営業キロは山陽本線（新岩国―徳山間は岩徳《がんとく》線）に合わせた622・3キロである。

最高速度は300キロだが、700系レールスターは285キロである。新大阪―博多間の最速列車は「のぞみ」64号で、所要時間は2時間21分、表定速度は235・6キロである。

500系16両編成が登場したときの「のぞみ」の所要時間は2時間17分、表定速度242・5キロだった。停車駅は岡山、広島、小倉だったが、その後、新神戸にも停車したことと、余裕時間が6分強とあまりにも少なすぎたために増やしたことで、2時間21分になった。

しかも現在の「のぞみ」は姫路、福山、徳山、新山口のいずれかにも停車するようになり、新神戸、岡山、広島、小倉の4駅停車は、「のぞみ」64号と、「みずほ」の約半数（下り4本、上り5本）しかない。

基本的に「のぞみ」は新大阪発毎時02分が徳山または新山口にも停車する博多行、23分が姫路停車の広島行だが博多まで走ることもある。38分が福山停車の博多行である。

山陽新幹線で繁忙期や朝時間帯で増発する場合、東海道新幹線から直通の定期運転の「のぞみ」を増やすほかに、東京発の不定期「のぞみ」も直通させている。朝時間帯には「みずほ」と「さくら」の運転本数を増やすとともに、西明石や相生に停車する「ひかり」も走らせている。

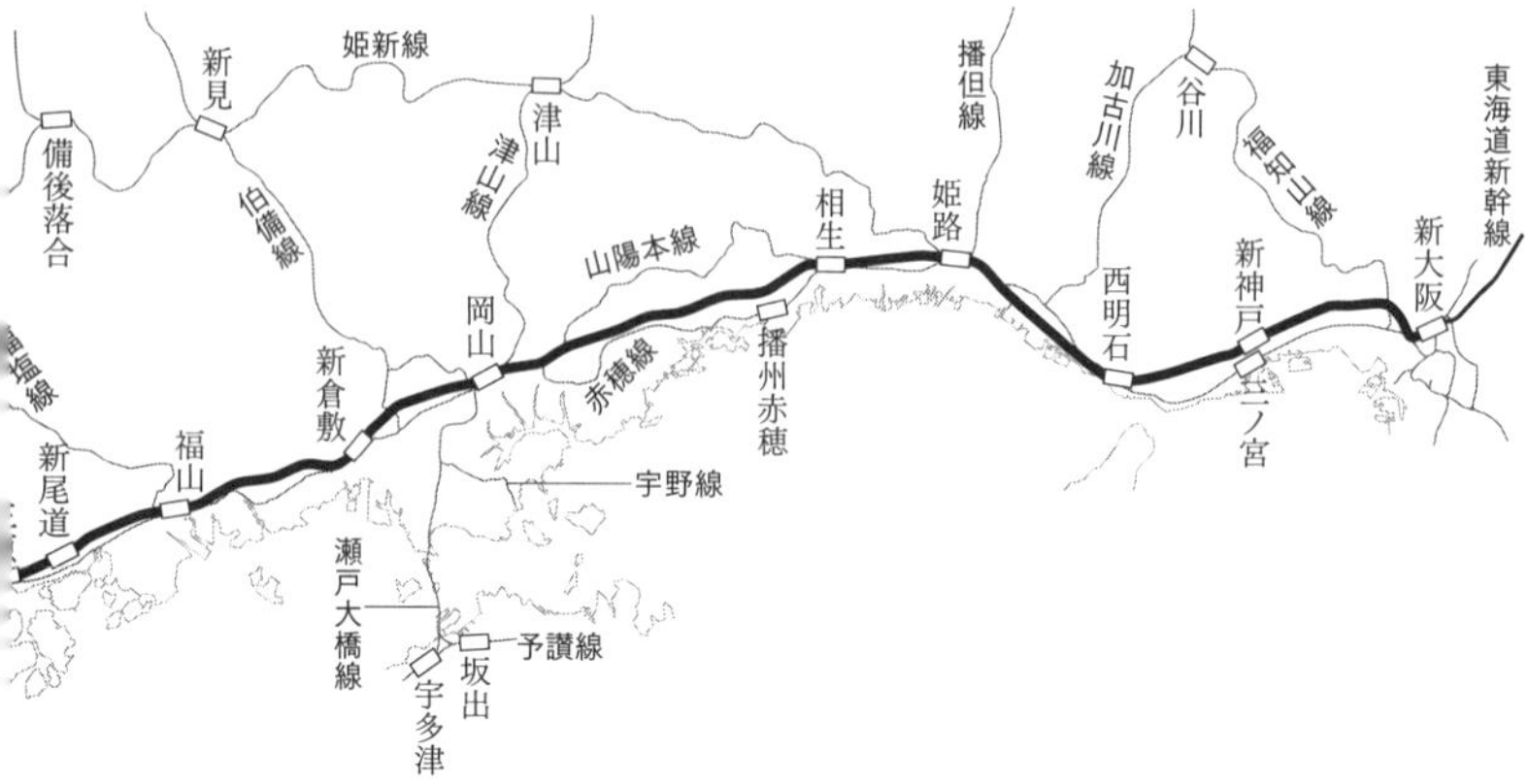

上りの早朝に、普段は停まらない西明石を始発駅とする「のぞみ」80号が設定され、姫路始発の「のぞみ」82号、それに福山、三原、新岩国の各駅を始発とする「こだま」も設定されている。また、通勤用に小倉発博多行の「こだま」も走る。

新大阪毎時06分発と18分発は九州新幹線に直通する「さくら」だが、06分発は速達列車の「みずほ」として走ることもある。「さくら」の停車駅は、新神戸、姫路（06分発は通過）、岡山、福山、広島に停車したのち、新山口・徳山のいずれか停車、そして小倉である。「みずほ」の停車駅は新神戸、岡山、広島、小倉が基本だが、一部は姫路、福山、新山口にも停車する。

06分発の「さくら」は西明石で、東京発の京都から各駅停車の「ひかり」を追い抜くから、京都以東から「ひかり」に乗って新神戸で「さくら」に乗り換えることができ、岡山以西へはその分速く行ける。とくに最大3割引の「ジパング倶楽部」利用者やインバウンドが利用する「ジャパン・レール・パス」は「のぞみ」や「みずほ」の利用

山陽新幹線

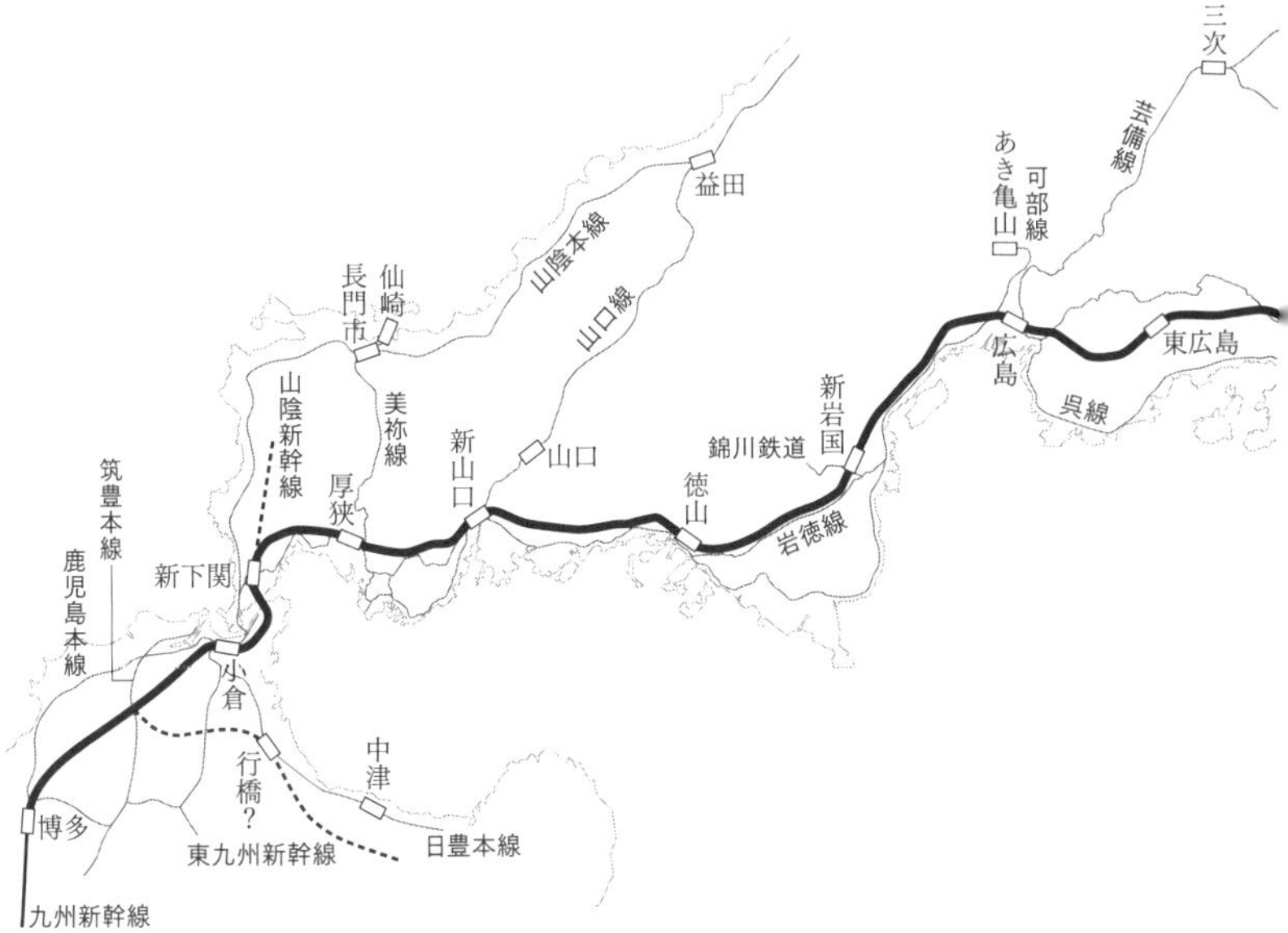

東広島駅に進入する500系「こだま」

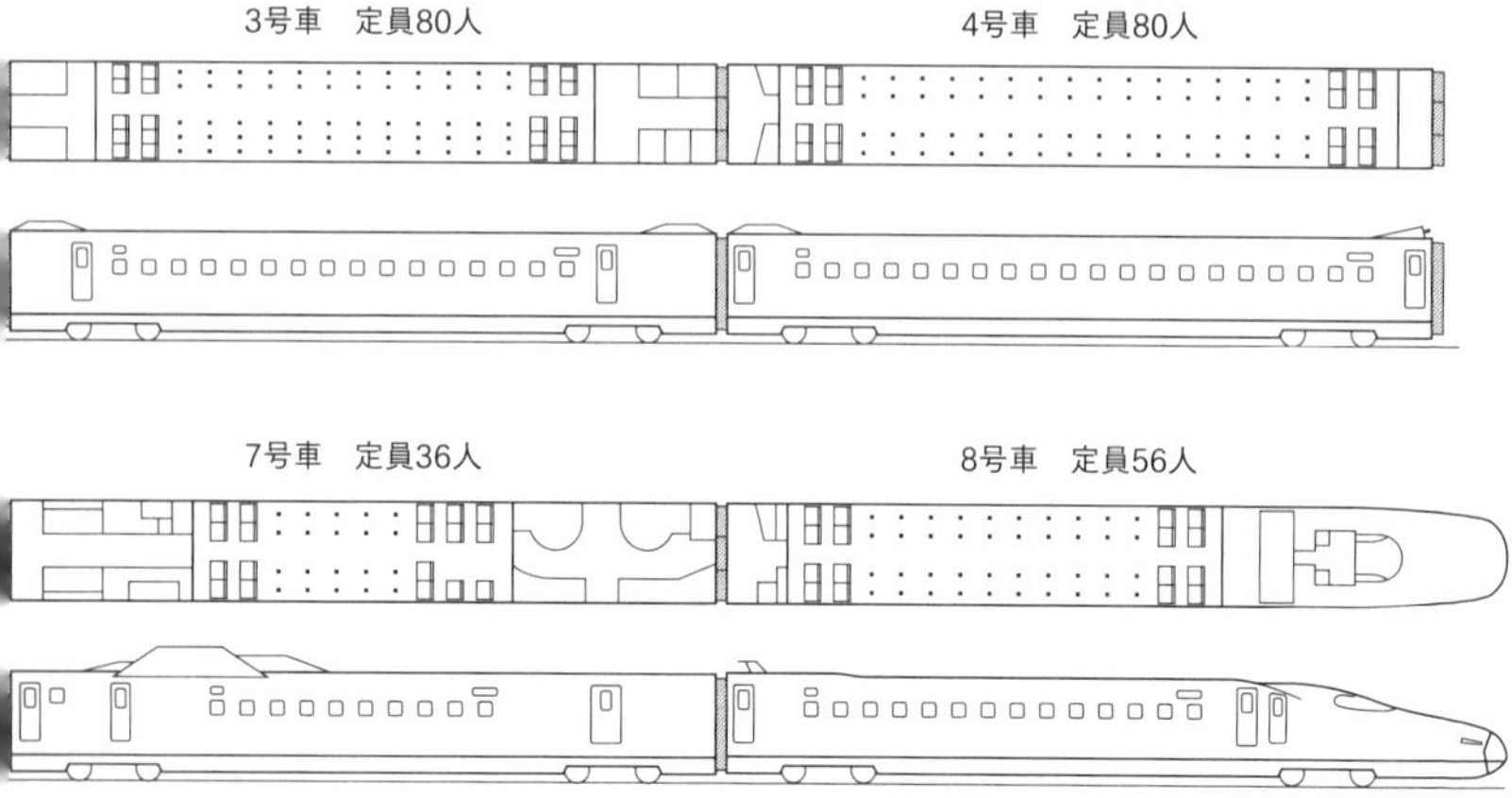

が制限される（利用する場合は運賃だけが最大3割引になる）ので重宝する。

「さくら」（新大阪06分発の「みずほ」も含む）は新倉敷で「こだま」を追い抜く。このため福山で7分待つと「こだま」に乗り換えることができる。新尾道、三原、東広島へ行くのに便利である。

同様に、新大阪06分発の「さくら」に乗り新山口で降りると、11分後に「こだま」がやってくる。厚狭、新下関に行く場合には便利である。なお、「さくら」５４９号は新山口を通過して新下関に停車する。

使用車両は、「のぞみ」用がＮ７００Ａ系とＮ７００Ａ系、Ｎ７００Ｓ系である。これらは東海道新幹線の項を参照していただきたい。

「みずほ」と「さくら」用、それに山陽新幹線内だけを走る「ひかり」と「こだま」の一部は、８両編成のＮ７００系を使用する。基本的に指定席車になる４～８号車は、横２&２列のゆったりした座席に

山陽・九州新幹線　N700系　8両編成

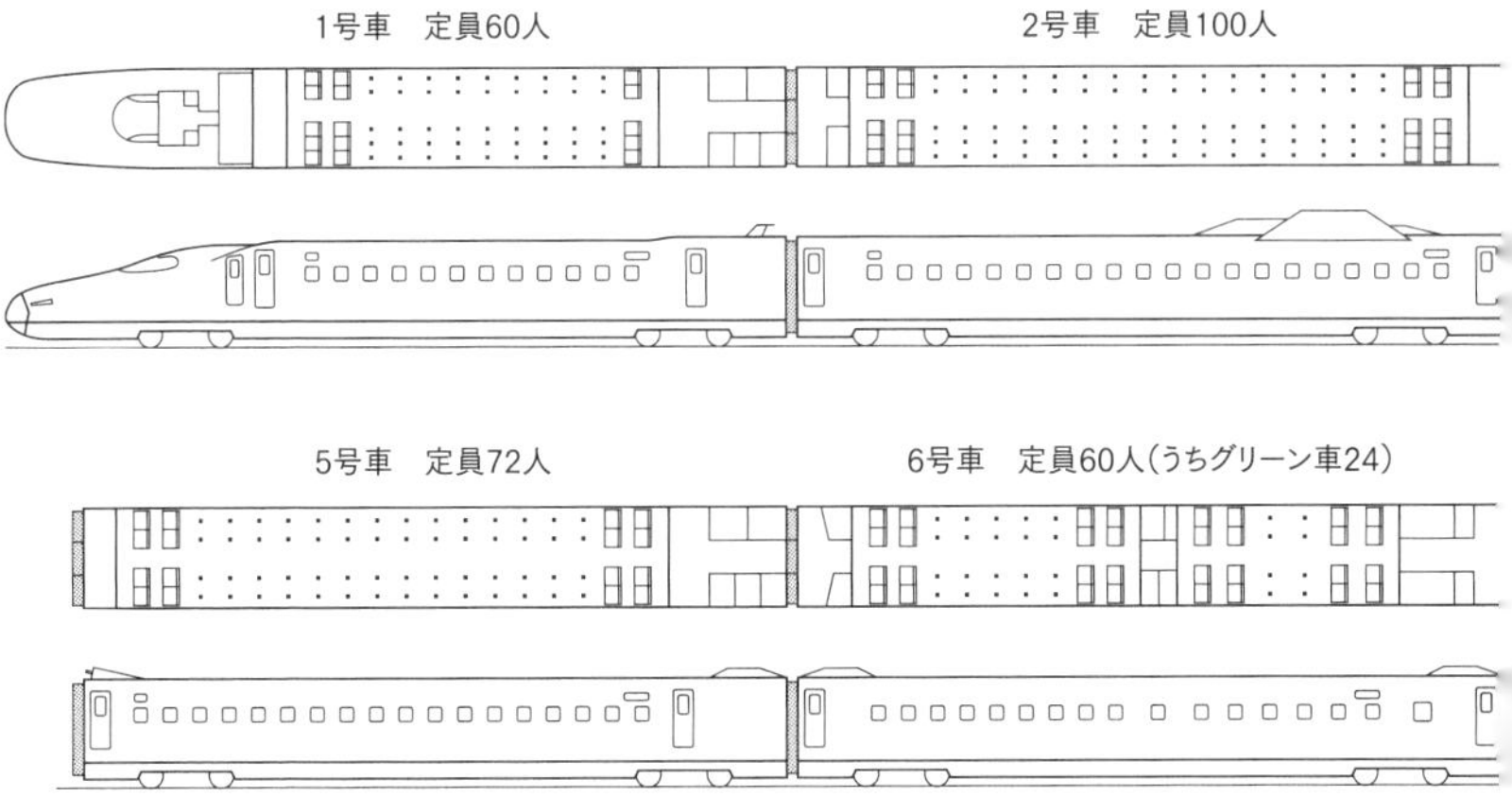

なっている。6号車の新大阪寄り半室はグリーン車である。1～3号車は通常の横2&3列になっており自由席車である。なお、「こだま」で走るときの7、8号車も自由席になる。

「のぞみ」用N700系列と異なるのは、九州新幹線には35‰の急勾配があるために全車両が電動車になっていること、半径2500mの急カーブがないために車体傾斜機能もないことである。車体傾斜機能が不要なために、500系や800系と同じ構造の台車にしており、博多と熊本での車両検査の合理化を行っている。

「こだま」用は、「ひかりレールスター」に使用している700系と、初の300キロ運転を開始した「のぞみ」500系を16両編成から8両編成に短くした2種の車両、これにN700系8両編成も間合いに使用している。

「ひかりレールスター」は、九州新幹線直通の「さくら」が設定されたために、下りの新大阪発20時27

新下関駅は山陰新幹線と接続駅になるために島式ホーム2面6線にできる構造になっている。左端の上り第2停車線は一部だけ路盤ができている

分博多着23時46分の593号と、上りの博多発6時18分新大阪着10時12分の592号、博多発6時00分岡山着8時33分の590号の1往復半しかない。593号の停車駅は姫路まで各駅、岡山、福山、三原—広島間各駅、徳山、新山口、新下関以遠各駅、592号は新下関まで各駅、新山口—三原間各駅、福山、岡山、姫路以東各駅といずれも停車駅は多い。590号に至っては新下関と厚狭だけ通過する。

500系と700系の4~6号車は横2&2列になっている。700系の新大阪寄り8号車には4人用半個室が4室あるが、「こだま」では利用できず、わずかに残る「ひかりレールスター」だけ使用できる。

今後、N700S系が増備される。N700S系の先頭形状はトンネル突入時の微気圧波を軽減している。また、明かり区間での走行音もN700A系よりも小さい。山陽新幹線内では

３２０キロ運転も可能である。

　その場合は新大阪―岡山間で1分45秒、岡山―広島間で1分45秒、広島―小倉間で2分、小倉―博多間で30秒の計6分の短縮になる。わずか6分の短縮にしかならないが、新大阪―博多間は2時間15分になる。2時間10分台で走るということは大きなイメージアップになる。

　さらに九州新幹線でも３２０キロ運転をすれば博多―鹿児島中央間は9分の短縮となり、山陽新幹線の短縮と合わせて15分短縮する。新大阪―鹿児島中央間の所要時間は3時間39分から3時間24分になる。これによって空路に対する競争力が増す。

　東北新幹線で考えられている最高速度３６０キロで走行すると、新大阪―博多間はさらに6分短縮して2時間9分になる。

N700系16両編成の3号車の喫煙室の窓は非常に小さい

九州新幹線

九州新幹線博多―鹿児島中央間の実キロは256・8キロ、営業キロは288・9キロだが、新八代―川内《せんだい》間は実キロ＝営業キロの91・5キロ、残りの博多―新八代間と川内―鹿児島中央間は鹿児島本線と同じ営業キロにしている。

八代―川内間の鹿児島本線はＪＲ九州から切り離して第三セクターの肥薩《ひさつ》おれんじ鉄道になったために、並行在来線としての取り扱いはなくなった。このため実キロを営業キロにしている。新八代―鹿児島中央間の運賃に関しては、九州新幹線が開通して安くなった。

博多駅―博多総合車両所間はＪＲ西日本の管理になっている。博多総合車両所はＪＲ西日本所属の車庫であり、博多総合車両所内に博多南線の博多南駅もあって、ＪＲ西日本の新幹線車両が行き来するからである。

博多―博多南間の所要時間は現在8分になっている。九州新幹線が全通したときまでは10分だった。開業時の同区間の運転速度が70キロだったのを260キロに引き上げて2分短縮している。

また、熊本のみ停車している「みずほ」も全通時の所要時間は1時間19分だったが、現在は1時間16分と3分短縮している。博多南線と同様に、博多―博多総合車両所付近間の最高速度を260キロに引き上げて2分短縮した。さらに、新八代駅の鹿児島中央寄りの線路を新八代折返時の線形を全通後もそのままにしてスルー線にしたことで、わずかな距離だが急カーブになっていて速度が制限されて

九州新幹線
鹿児島ルート・西九州ルート

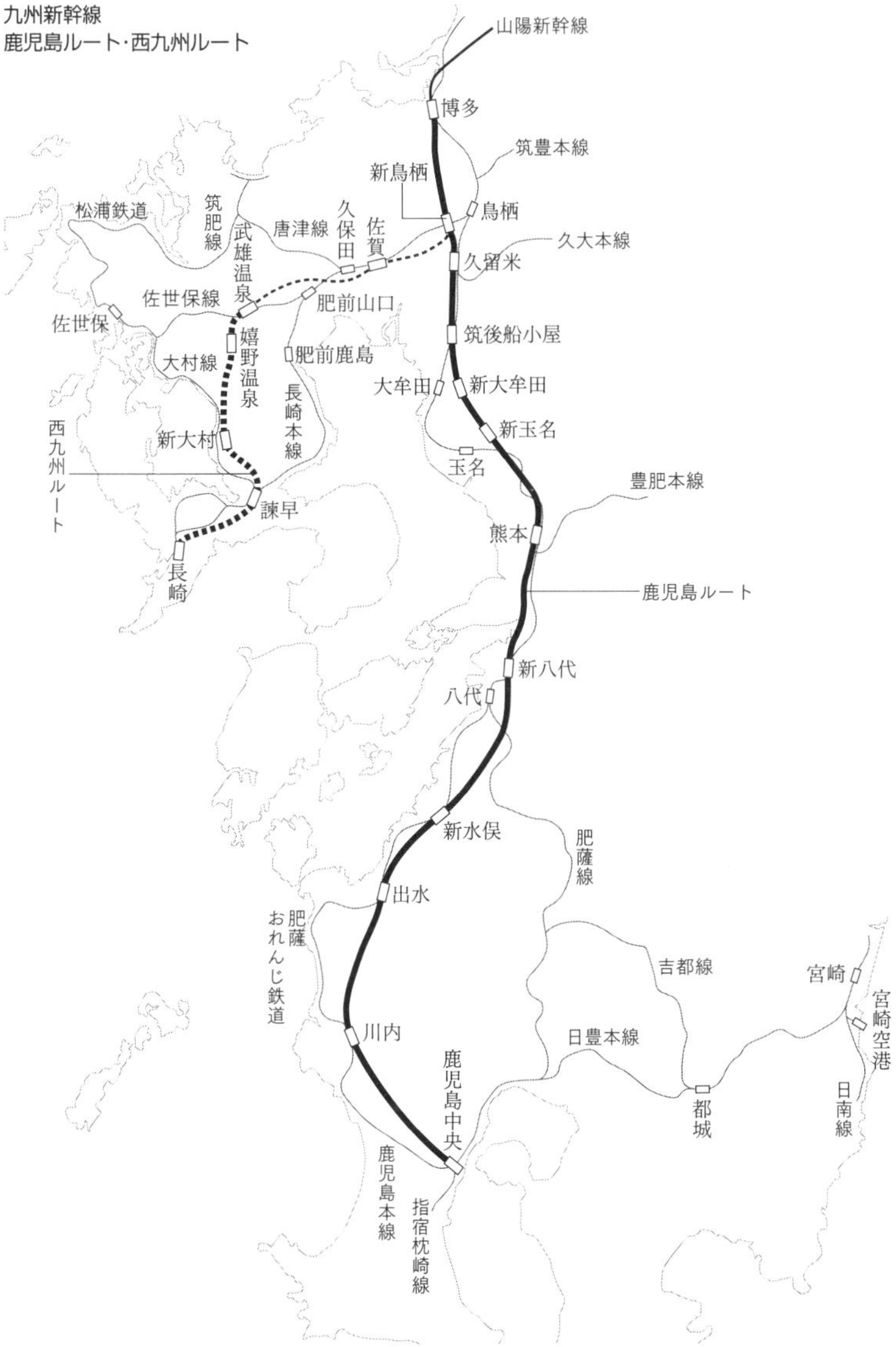
山陽新幹線
博多
筑豊本線
新鳥栖
鳥栖
久大本線
久留米
松浦鉄道
筑肥線
唐津線
久保田
佐賀
武雄温泉
佐世保線
佐世保
肥前山口
嬉野温泉
肥前鹿島
大村線
長崎本線
筑後船小屋
大牟田
新大牟田
新玉名
玉名
新大村
西九州ルート
諫早
長崎
豊肥本線
熊本
鹿児島ルート
新八代
八代
新水俣
肥薩線
出水
肥薩おれんじ鉄道
吉都線
宮崎
宮崎空港
川内
日豊本線
鹿児島中央
都城
日南線
鹿児島本線
指宿枕崎線

いた。それが、全通後に直線に敷きなおして1分短縮、合計3分短縮した。

整備新幹線として開業したために、中間各駅は、それまでの通過線と停車線がある相対式ホーム2面4線の駅と違って、相対式ホーム2面2線の単純な造りになっている。ただし新鳥栖《しんとす》と熊本、鹿児島中央の3駅は島式ホーム2面4線である。また筑後船小屋駅は下り線に、新水俣駅は上り線に待避線がある島式と片面ホームの2面3線になっている。両駅の前後に渡り線があって筑後船小屋駅は上り列車、新水俣駅は下り列車の待避もできる。

ホームの長さは8両編成分しかないが、新鳥栖、筑後船小屋、熊本の3駅はホームが終わっても副本線と本線はすぐには合流せず、ずいぶん距離をとってから合流している。その距離は8両編成分ほどあり、つまり16両編成の「のぞみ」が熊本まで乗り入れることを前提にしてホームを延伸できるようにしていると思われる。

新水俣駅の副本線も4両分ほど離れてから本線に合流している。鹿児島中央駅も頭端側はホームから2両分ほど線路がはみ出しており、博多側も2両分ほどホームの延伸が可能なようになっている。将来的には、12両編成または10両編成が発着できるホームにすると思われる。

最高速度は260㌔だが、半径4000mのカーブのカント量は200㎜にしている。このため遠心力0・08gになる速度は331㌔なので、巡航速度320㌔走行は十分可能である。

九州新幹線では博多から鹿児島中央への直通客よりも、途中駅の乗降が多いために、朝の下りは熊本以遠各駅に停車する「さくら」と各駅停車の熊本行「つばめ」を、間隔を短くして走らせている。上りは博多に向かって熊本発の「つばめ」を頻繁に走らせている。

鹿児島中央駅は新幹線駅の最南端

昼間時は1時間サイクルに、新鳥栖、久留米、熊本、川内停車の「さくら」と、熊本以南各駅停車の「さくら」、それに熊本以南各停の「さくら」に連絡する博多―熊本間の「つばめ」がそれぞれ1本走り、時おり「みずほ」が走る。夕・夜間は主要駅停車の「さくら」に代わって「みずほ」が運転され、「つばめ」は鹿児島中央発も走る。

最速「みずほ」の博多―鹿児島中央間の所要時間は1時間16分、表定速度は202・7キロである。最速「みずほ」の停車駅は熊本のみだが、久留米または川内にも停車する「みずほ」がある。これらの所要時間は1時間19分前後である。260キロ走行では、停車駅が1駅増えると3分遅くなる計算である。

「さくら」は各種パターンの停車駅がある。九州新幹線の各駅には最低1往復の「さくら」が停車することになっている。

停車駅が少ない「さくら」は新鳥栖、久留米、熊本、川内に停まり、博多—鹿児島中央間の所要時間は1時間26分である。最速「みずほ」にくらべると10分遅い。停車駅が1駅増えると3分遅くなる計算より、さらに1分遅くなっている。停車駅が多いことから余裕時間を1分増やしているということであろう。この停車駅パターンの「さくら」は、新大阪発毎時06分である。

次に多いのが、新鳥栖、久留米、熊本以遠各駅に停車の「さくら」である。所要時間は1時間36～37分である。停車がさらに3駅増えて10分遅くなっている。この停車駅パターンの「さくら」は、新大阪発毎時18分である。また新下関11時13分発の「さくら」もそうである。

この停車駅パターンに、筑後船小屋、新大牟田、新玉名のいずれかに停車する「さくら」が各1本設定されている。下りは夕・夜間に走る。上りは午前中に設定されている。

「つばめ」は各駅に停車する。大半は博多—熊本間の運転だが、上下列車とも、始発または終発時間帯に博多—鹿児島中央間を走る「つばめ」がある。

始発時間帯に川内発の下り「つばめ」３０１号がある。前日最終の鹿児島中央発３４２号は川内止まりで、隣接する川内車両センターで滞泊して、翌朝に３０１号で鹿児島中央に向かう。同車両センターは、熊本総合車両所ができたので電留線は1線だけ

3号車　定員72人

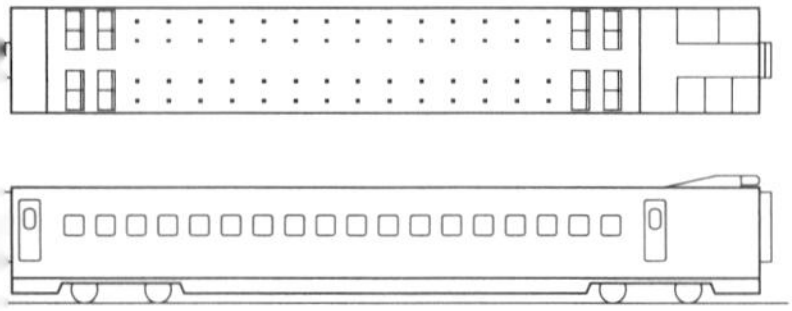

6号車　定員56人

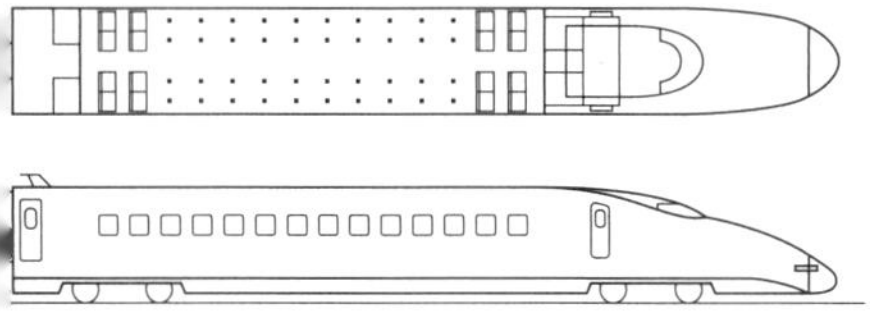

九州新幹線　800系　6両編成

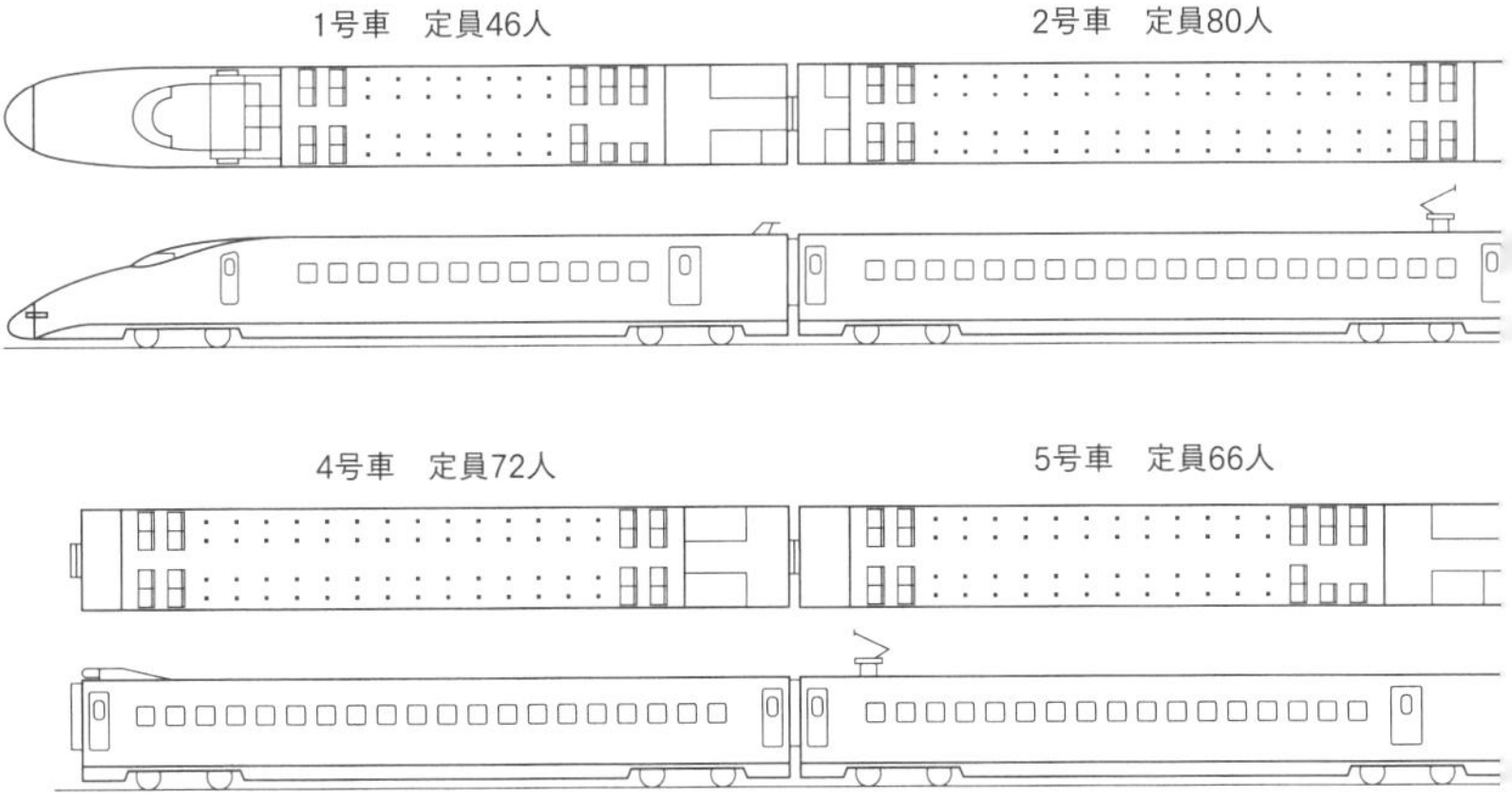

博多駅に停車中のN700系8両編成「さくら」

になっている。

以前は、筑後船小屋発6時00分の博多行「つばめ」300号もあった。最終の筑後船小屋行「つばめ」353号で筑後船小屋に到着すると、同駅で滞泊して翌日の「つばめ」になっていた。

熊本発6時01分は博多まで各駅に停車する「さくら」540号新大阪行で、山陽新幹線に入っても新下関まで各駅に停車する。また熊本発7時09分「つばめ」302号は小倉まで直通する。

熊本発7時34分発「つばめ」306号は、筑後船小屋で「みずほ」600号の通過待ちをする。鹿児島中央発7時32分の「つばめ」310号は、熊本停車中に「みずほ」に追い抜かれる。

山陽新幹線直通の「みずほ」「さくら」「つばめ」にはN700系8両編成が使用される。九州新幹線内だけ走る「さくら」「つばめ」はN700系のほかに、6両編成の800系が使用される。800系は九州新幹線が平成16年（2004）に部分開業したときに造られた車両で、700系をベースにしているが、260キロしか出さないのでデザイン優先の正面形状をしている。すべての車両のシートは横2&2席になっている。800系にはグリーン車はなく、1～3号車が自由席になっている。

今後は、N700Sによる320キロ運転が考えられる。最速「みずほ」の博多―熊本間の所要時間は現在は32分だが、320キロ運転だと28分と4分短縮する。熊本―鹿児島中央間は43分が38分と5分短縮し、博多―鹿児島中央間は1時間16分が1時間7分となる。最高速度を360キロに引き上げると、さらに5分短縮して1時間2分になる。

西九州新幹線

九州新幹線西九州ルートは博多─長崎間だが、建設中なのは武雄温泉─長崎間66・0キロで途中、嬉野《うれしの》温泉、新大村、諫早《いさはや》の3駅ができる。博多─新鳥栖《しんとす》間は九州新幹線鹿児島ルートと共用である。本書では鹿児島ルートを「九州新幹線」、西九州ルートを「西九州新幹線」として取り扱うことにする。

当初は軌間可変電車（フリーゲージトレイン）によって、九州新幹線博多─新鳥栖間、在来線の新鳥栖─武雄温泉間と、西九州新幹線武雄温泉─長崎間を行き来して、新大阪や博多から長崎への直通電車を運転しようとしていた。しかし、フリーゲージトレインは、第3次試作車の車軸に亀裂などが生じて、開発を断念した。そこで、博多─武雄温泉間に在来線特急を運転し、武雄温泉駅で同一ホームによる対面乗り換えにする方式に切り替えた。

新大阪方面や熊本・鹿児島方面とは、新鳥栖駅でこの在来線特急に乗り換えるか、博多駅で乗り換えるかである。

西九州新幹線武雄温泉─長崎間ができると、博多─長崎間は1時間20分で結ぶとしている。

現行特急「かもめ」用の振り子式885系電車を使えば、博多─武雄温泉間の所要時間は59分になる。ただしこれは、佐世保線の肥前山口─武雄温泉間を複線化するか、途中の3駅（大町、北方、高橋）について行き違い用ポイントによる速度制限をなくす「一線スルー」構造にして、最高速度130キロで走らせた場合である。西九州新幹線武雄温泉─長崎間ノンストップ運転の電車の所要時間は19

分である。武雄温泉での乗換時間を2分にすれば、博多—長崎間は1時間20分となる。ただし各駅停車では29分の所要時間だから、1時間30分になる。

現行特急「かもめ」の博多—長崎間の最速所要時間は1時50分だから、30分の短縮である。また、現行特急「みどり」の博多—武雄温泉間は1時間10分を59分にするから、在来線区間だけで11分短縮したことになる。とはいえこれはルートが異なるので、単純な比較はできない。現行の肥前山口—長崎間の所要時間は1時間6分、武雄温泉乗り換えの西九州新幹線経由の肥前山口—長崎間は33分だから、この区間でみると33分の短縮になる。

新幹線区間の武雄温泉—長崎間は19分しかかからない。あっという間に長崎に着いてしまうほど短い乗車時間である。

使用車両は、東海道・山陽新幹線のN700S系をアレンジした全電動車の6両編成である。列車愛称は現行特急と同じ「かもめ」とし、在来線区間を走る特急は「リレーかもめ」とした。九州新幹線で新八代以南が先行開業したとき、新幹線区間を走る列車を「つばめ」、在来線区間を走る特急を「リレーつばめ」とし、扱いとしては一つの列車としていたのと同じ手法をとる。

西九州新幹線の未開業区間、新鳥栖—武雄温泉間は佐賀県を貫通する。佐賀県としては、あまり恩恵を受けない西九州新幹線の建設に対して負担金を拠出することはできないとして、フル規格での建設に難色を示している。

そこでミニ新幹線方式で走らせることも考えられた。まず、山形新幹線のように全線標準軌に改軌する方法があるが、この場合は在来線車両も標準軌にする必要がある。

新鳥栖駅は長崎本線と直交している

しかし佐賀駅の西隣の鍋島駅は貨物取扱駅で、鳥栖—鍋島間に貨物列車が走っている。全国を走る貨車を標準軌車両にするわけにはいかない。また西九州新幹線開通時には、長崎本線の肥前鹿島まで、博多発の特急を新設することになっている。佐世保線武雄温泉以西でも博多発の特急「みどり」が残る。このため秋田新幹線方式の、複線のうち片方を標準軌、片方は狭軌とするのも無理がある。全線3線軌にするしかない。

しかしこの場合、ミニ新幹線電車にすることになるが、博多や新大阪からの直通電車は既存のホームドアに対応できるよう、車体の長さだけは25mにして乗降扉も合わせる必要がある。また、3線軌のポイントは非常に複雑になり、メンテナンスも大変である。

だから、やはり鳥栖—武雄温泉間を標準軌に改軌して、フル規格の新幹線電車を走らせるの

スペインの軌間可変高速列車S130系が奥の広軌から手前の標準軌に変換しているところ

がいい。この区間にはトンネルがないから、トンネルをどうするかの問題はない。各橋梁はフル規格に対応できるように改造する。城原川橋梁と嘉瀬川橋梁は、単線から複線にしたときに既存の橋梁と線増線の新橋梁を並べ、上下線の間隔を広くとった単線並列橋梁である。上下線間に新たな複線橋梁に架け替える。新幹線車両の幅である3380㎜の車体が停車できるようにホームの幅を108㎜削り、普通電車も車体幅を3380mにする。横2&2列の2人掛け転換クロスシートにしたとしても車内通路の幅は広く、通学ラッシュがあっても対応できる。

鍋島での貨物取り扱いは廃止し、鳥栖貨物ターミナルに集約させ、鍋島はオフ・レール・ステーション（ORS）にして、トラック便を鳥栖貨物ターミナルまでの間に走らせる。

狭軌で残る在来線とは、鳥栖、肥前山口（令和4年秋の西九州新幹線開業時に「江北《こうほく》」駅へ改称予定)、武雄温泉の各駅で乗り換える。

しかし、新幹線電車を優先するあまり、肥前鹿島への直通特急を存続させる約束は反故《ほご》になり、佐世保へは乗り換えが強いられるのは非難されることになろう。

このためには、佐世保方面の特急「みどり」と肥前鹿島折り返しの特急は軌間可変車両にして、博多発着にする。肥前山口—佐世保間運転の普通も軌間可変車両にする。近畿日本鉄道では最高速度130キロのフリーゲージトレインの開発を開始しており、標準軌の京都—橿原《かしはら》神宮前間と狭軌の橿原神宮前—吉野間で直通運転をすることを考えている。新幹線のような260キロの高速運転をせず、最高速度130キロ程度であれば、バネ下重量が重くても軌道に与えるダメージは小さい。鳥栖—肥前山口間の普通は標準軌車両、肥前山口—肥前鹿島以遠間は狭軌車両を走らせる。

鳥栖駅は2、3、5番線が標準軌、他は狭軌とする。これによって同一ホーム上で標準軌電車と狭軌電車の乗り換えができるようにするとともに、2番線と5番線の博多寄りに軌間変換装置を置く。

肥前山口駅は1、2、4番線を標準軌とし、4番線の肥前鹿島寄りに軌間変換装置を置く。武雄温泉駅では全発着線を標準軌にして、佐世保寄りに軌間変換装置を置く。ただし肥前山口—武雄温泉間が複線化された場合は片方を標準軌、片方を狭軌にして、普通列車は軌間可変車両を使わないようにしてもいい。鳥栖駅での鹿児島本線直通や肥前山口駅での長崎方面との直通は現在でもほとんどないからである。

フル規格新幹線電車が走る区間で、共に走る軌間可変の在来線特急は、幅200mm程度のステップを扉下に取り付ける。なお、電化方式は新幹線と同じ交流25kVにするのがいい。

東北新幹線

東北新幹線の東京―新青森間の実キロは674・9㌔、営業キロは713・7㌔である。整備新幹線として建設した盛岡―新青森間は、並行する東北本線が第三セクター鉄道になったために、実キロ＝営業キロの178・4㌔である。なお、東京―盛岡間の実キロは496・5㌔、営業キロは東北本線に合わせた535・3㌔になっている。

最高速度は区間によって異なる。東京―大宮間は時速130㌔、大宮―宇都宮間は275㌔、宇都宮―盛岡間は320㌔、盛岡―新青森間は260㌔である。このうち上野―大宮間は令和3年3月から130㌔になった。それまでは110㌔だったが、130㌔に引き上げたために、東京―大宮間の所要時間は26分だったのが25分と1分短縮した。

各駅のホームの長さは盛岡以南が16両編成対応だが、フル規格新幹線電車10両とミニ新幹線電車7両を連結した17両編成にも対応している。いわて沼宮内《ぬまくない》以北は、フル規格新幹線電車10両編成対応の長さになっている。

福島駅で山形新幹線が分岐している。山形新幹線は正式には新幹線ではなく、奥羽本線福島―新庄間を標準軌に改軌した在来線であり、山形新幹線は愛称である。最高速度も130㌔と遅い。

福島駅では下り第2停車線の14番線で山形新幹線の上下の「つばさ」が発着する。仙台発着の「やまびこ」と福島で分割併合するので、下りの「つばさ」は2分、上りも2分、下りの「やまびこ」は

4分、上りは6分停車する。下りはその間に「こまち・はやぶさ」が通過していくダイヤに基本的になっている。福島から分岐した山形新幹線連絡線は、600mほど単線で進み、地上に降りて在来線福島駅からの単線の奥羽本線と合流して、ようやく複線になる。

「つばさ」と併結する上り「やまびこ」は、新幹線下り本線を2度横断しなければならない。このため運転本数に制約があり、増発がしにくい。そこで上り「つばさ・やまびこ」が上り第2停車線の11番線で発着、併結作業ができるように、上り線専用の連絡線を設置することになっている。

なお、上り第2停車線は東北新幹線開業時にはなかったものの、設置できるようにあらかじめ準備されていた。福島駅は奥羽新幹線ができたとき、その分岐駅とするためである。そして山形新幹線が開通したときに予備の発着線として上り第2停車線を増設した。

盛岡駅では秋田新幹線が分岐する。秋田新幹線も愛称であり、正式には田沢湖線盛岡—大曲《おおまがり》間と奥羽本線大曲—秋田間を標準軌に改軌した在来線である。

盛岡は全列車停車を前提にしているので、島式ホーム2面4線で通過線がない。こちらは両外側が副本線で「こまち・はやぶさ」が発着する。上り列車は本線横断をするものの、上下列車は分離しての発着、分割併合をするから、あまりダイヤ上のネックにはならない。

しかし、「こまち」と併結する「はやぶさ」は下りが4分、上りが6分停車している。「こまち」は2分である。「はやぶさ」を新青森側、「こまち」を東京側に連結すれば、「はやぶさ」の停車時間が上下とも2分になるが、東北新幹線が盛岡までしかなかったときに秋田新幹線が開業したので、山形新幹線の「つばさ」にならって今の新青森・秋田寄りに「こまち」を併結した。

このため最速「はやぶさ」は、「こまち」と併結しないＥ５系単独の10両編成で東京—新函館北斗間を走る。
その最速列車は下り「はやぶさ」７号と13号、上りの44号で、東京—新青森間の所要時間は２時間58分、表定速度２２７・５キロである。きちっと３時間を切っているので、空路に対する競争力は大きい。ただし１日に１往復半と運転頻度は少ない。「はやぶさ」の最遅は３時間43分とずいぶん差がある。空路と対抗するにはもう少し最速列車を増やす必要がある。なお大宮—盛岡間での「はやぶさ」

東北新幹線・山形新幹線・秋田新幹線

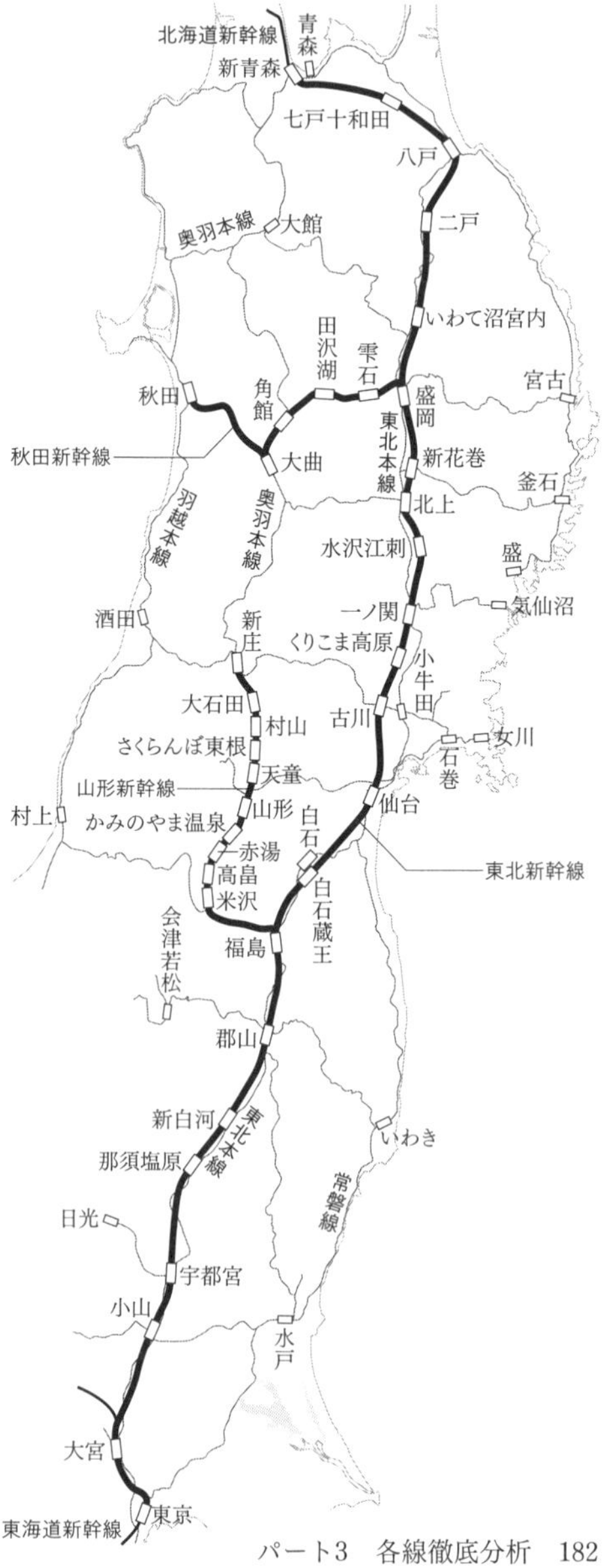

7、13、44号の所要時間は1時間47分、表定速度260・9キロにもなる。

　東北新幹線の朝の下りは「はやぶさ」と「やまびこ」の運転本数を増やしている。「はやぶさ」には3種類の停車パターンがある。

　一つは、盛岡以遠では停車駅が異なるが、盛岡以南では上野、大宮、仙台に停車し、多くは秋田新幹線「こまち」を併結する17両編成で走る。

　もう一つは仙台以北で各駅に停車する盛岡行である。

　そして、先述の「こまち」を併結しないで盛岡駅の停車時間を1分30秒停車ですませ、上野駅通過で大宮、仙台、盛岡、新青森停車の最速「はやぶさ」である。

　上りは東京方面への通勤客が多いために、17両編成の「なすの」「やまびこ」を頻繁運転している。仙台から東京方面の出張客のために仙台始発の速達「はやぶさ」が走る。しかも上野を通過するために仙台―東京間の所要時間は1時間30分、表定速度は216・9キロである。

　昼間時は1時間サイクルに、東京―新青森・新函館北斗間

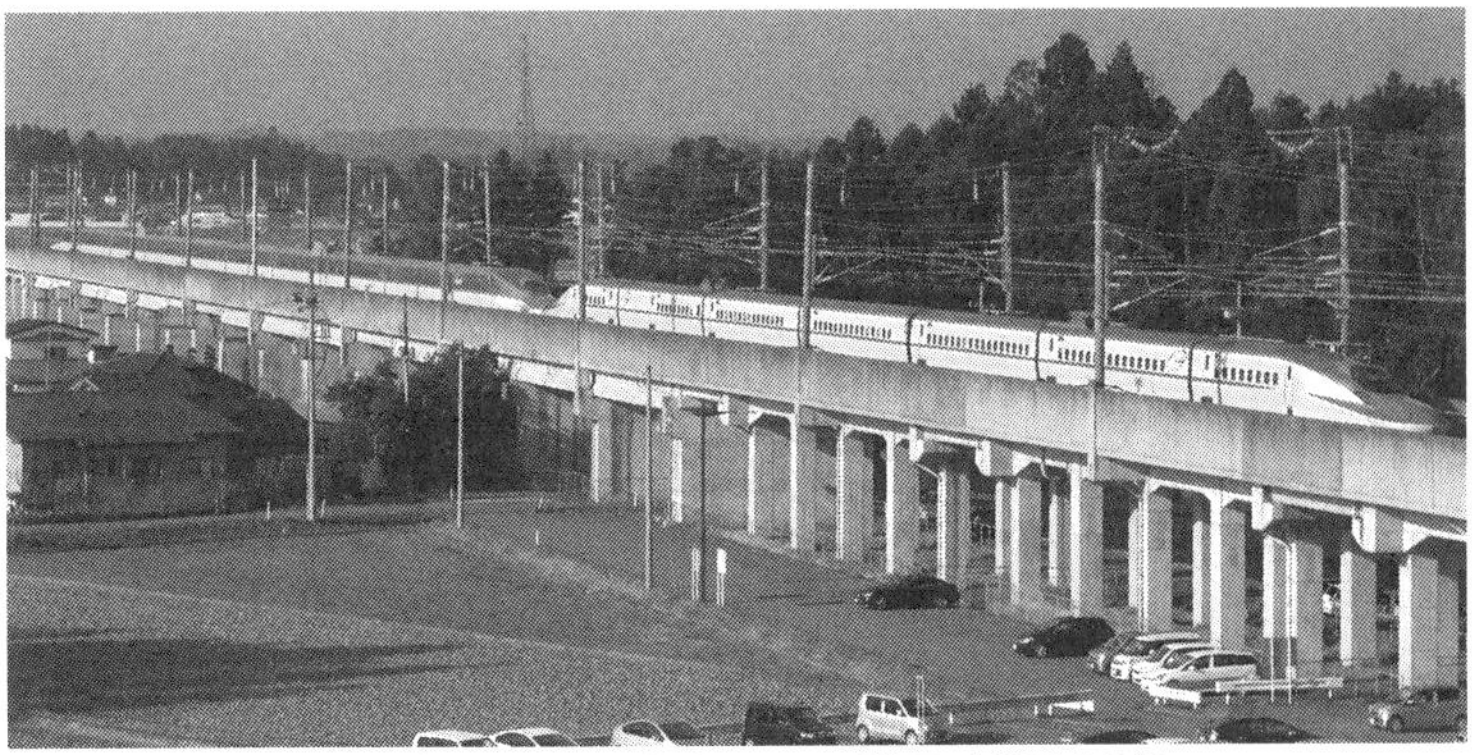

くりこま高原駅付近を走る「こまち・はやぶさ」E6・E5系秋田・新函館北斗行

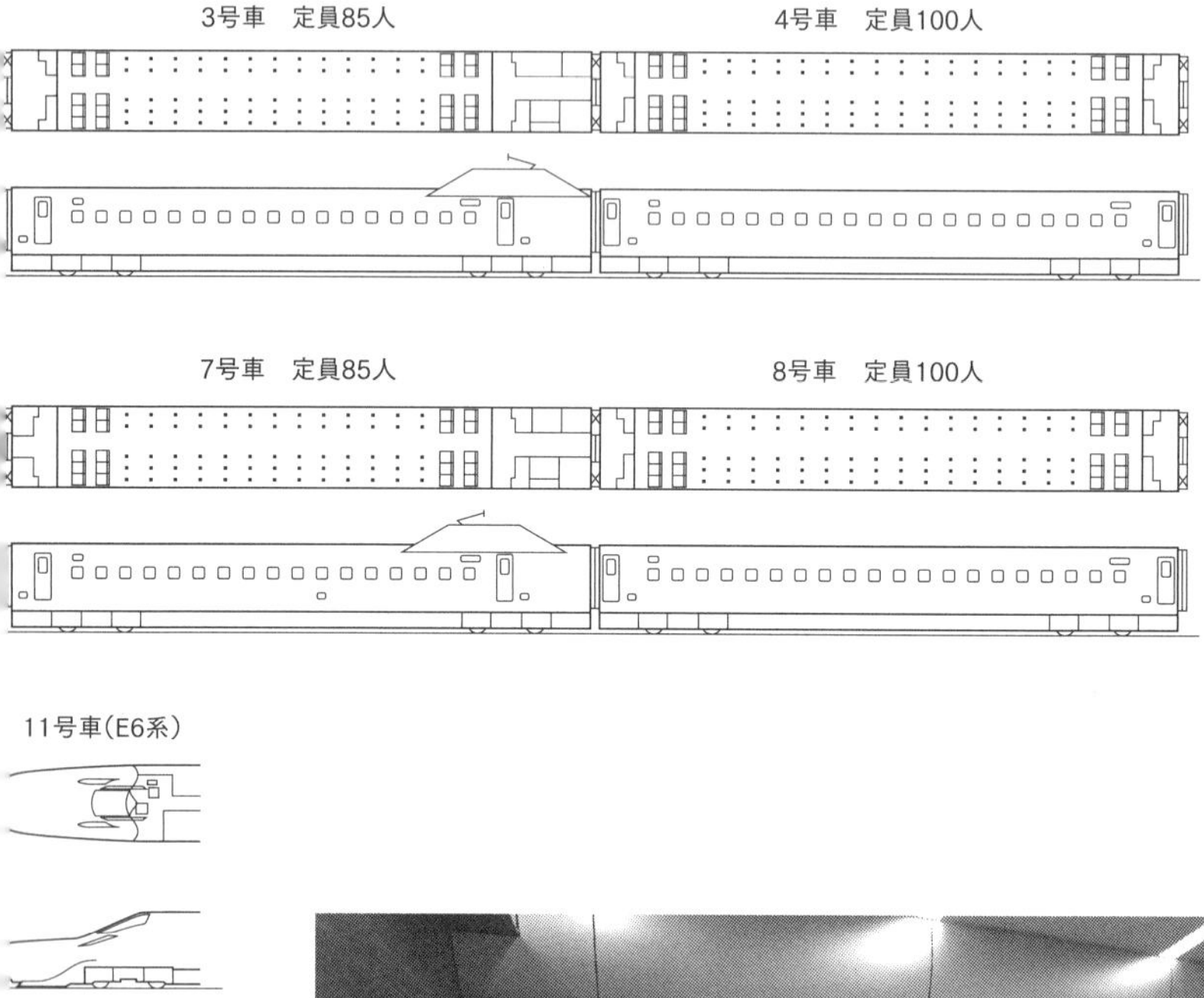

運転で「こまち」併結の「はやぶさ」、東京—仙台間運転で「つばさ」を分割併合する上

E5系グランクラスの座席

東北新幹線　E5系　10両編成

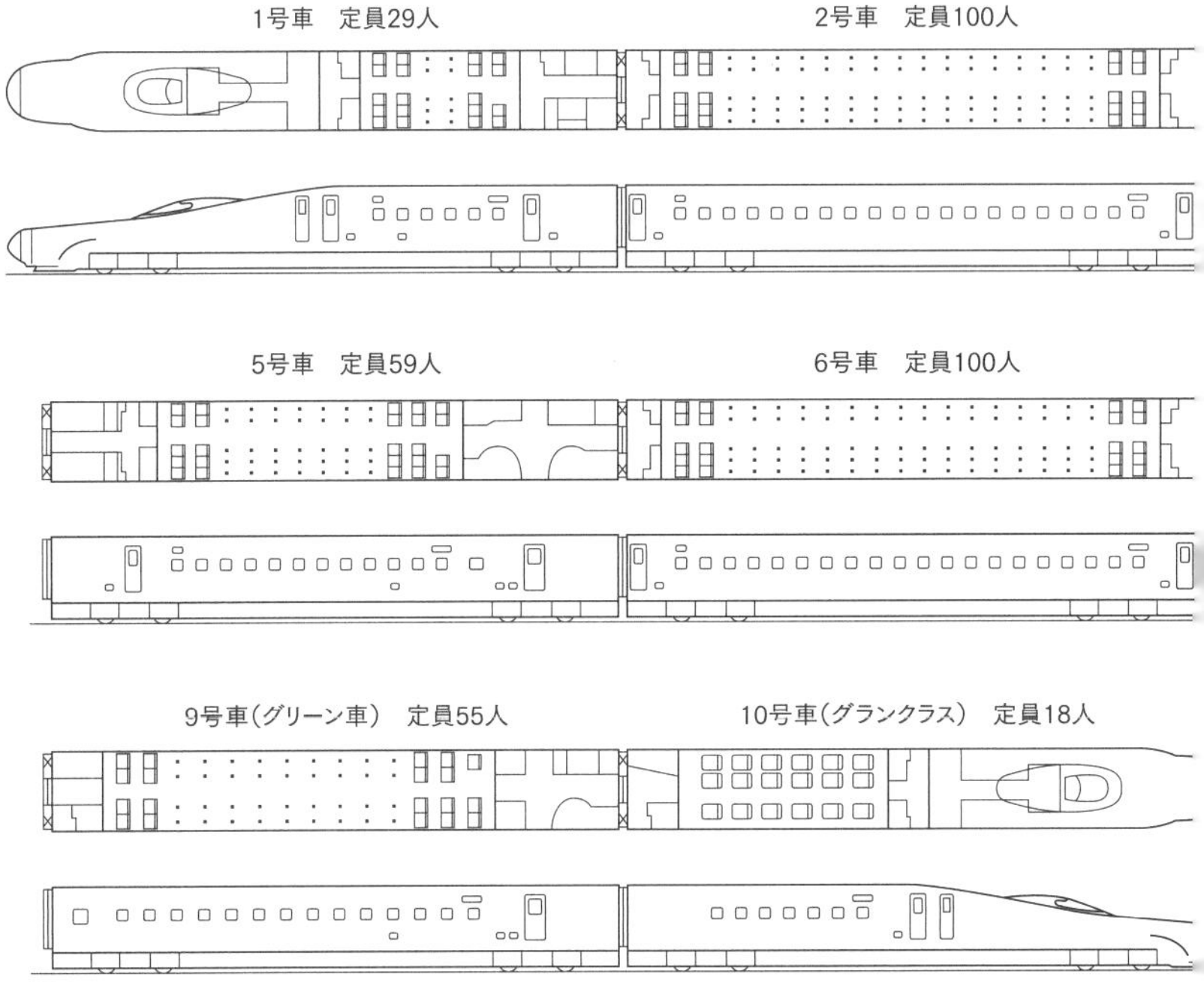

野、大宮、宇都宮、郡山、福島、白石蔵王停車の「やまびこ」、東京—盛岡間で上野、大宮、宇都宮、郡山、福島、仙台以遠各駅停車の「やまびこ」が各1本、これに「やまびこ」あるいは「なすの」の1本が加わる。東京—仙台間運転は白石蔵王を通過するので「やまびこ」、東京—郡山または那須塩原間運転は各駅停車なので「なすの」にしている。

　繁忙期あるいは繁忙時には盛岡折り返しの「やまびこ」と新青森折り返しの「はやぶさ」が加わる。

　東京発でみると毎時00分発が「やまびこ・つばさ」盛岡・新

東北新幹線　E6系　7両編成

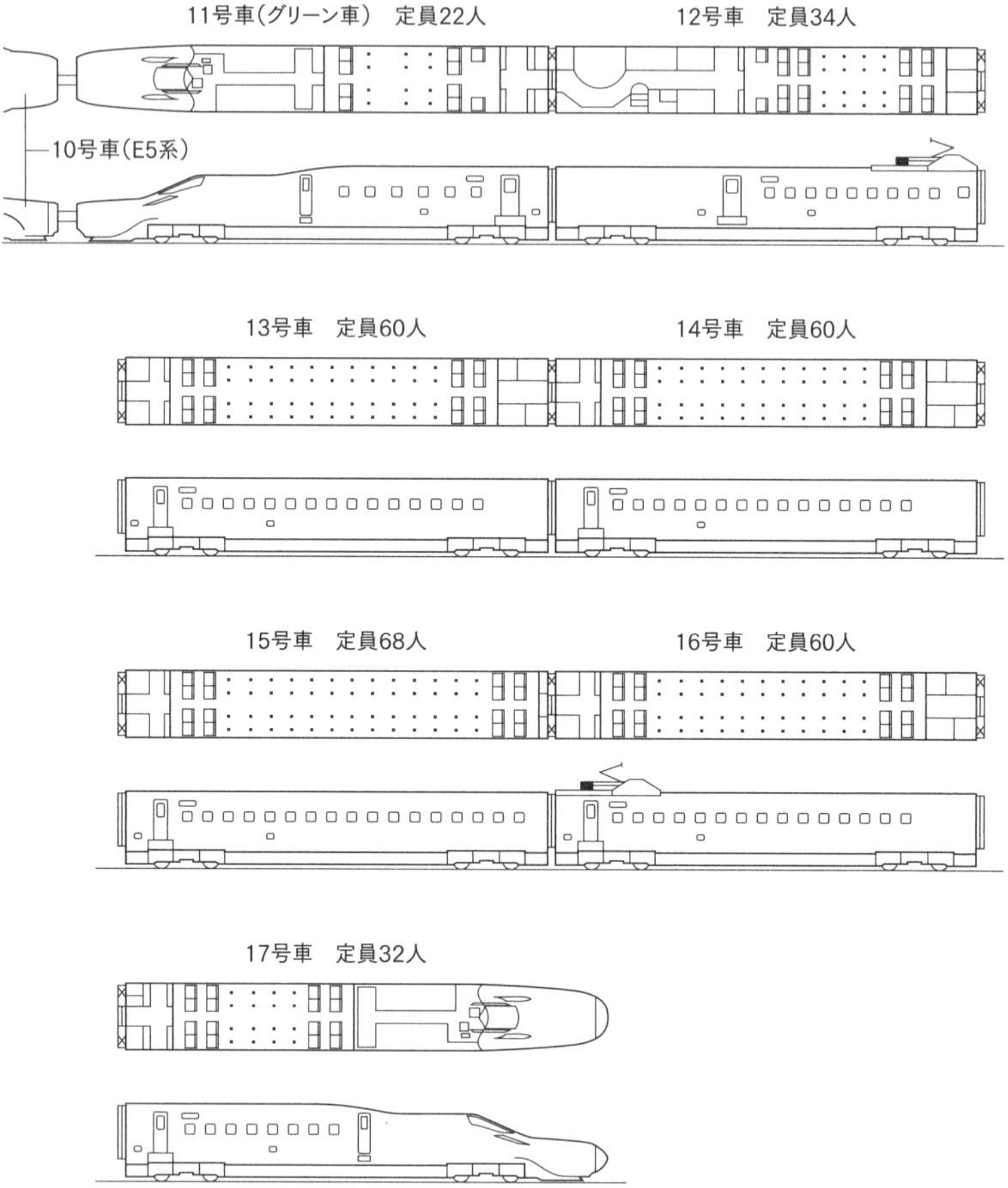

新青森駅に停車中のE5系電車

庄（山形）行、08分発が不定期「やまびこ」盛岡行、12分発が「なすの」郡山行または「やまびこ」仙台行、20分発が「はやぶさ・こまち」新函館北斗（新青森）・秋田行、36分発が「やまびこ」盛岡行、44分発が不定期「はやぶさ」新青森行だが、「こまち」を併結することもある。

夕・夜間下りは、東京毎時20分発の「はやぶさ・こまち」はずっとそのまま走らせているが、仙台以北各駅停車は上野、大宮の2駅だけ停車する「はやぶさ」に代わり、東京―仙台間運転の上野、大宮、宇都宮、郡山、福島停車の「やまびこ」と、それに「なすの」とは別に白石蔵王だけ通過の東京―仙台間の「やまびこ」が加わる。

E5系10両の総定員は731人、うちグリーン席55人、グランクラス席18人である。E6系（こまち）7両の総定員は336人、うちグリーン席22人である。E5系+E6系の総定員は1

八甲田山をバックに走るE2系電車

０６７人となっている。収容力があるので、朝の「なすの」に使用されている。

一番収容力があるのはＥ２系＋Ｅ３系（つばさ）の17両編成である。Ｅ２系10両の総定員は８１４人、うちグリーン席51人、Ｅ３系は３９４人、うちグリーン席は23人で、Ｅ２系＋Ｅ３系の17両編成の総定員は１２０８人になる。朝上りの「なすの」のうち２６０号、２６２号、２６６号に使用されている。

Ｅ５系、Ｅ６系の最高速度は３２０キロ、Ｅ２系、Ｅ３系の最高速度は２７５キロである。

今後、３６０キロ運転をする。

北海道新幹線

北海道新幹線の開業区間である新青森―新函館北斗間は、実キロと営業キロが同じ148・8㌔である。在来線との共用区間、すなわち3線軌区間の延長は82㌔で、現行の最高速度は160㌔である。単独区間は整備新幹線の260㌔になっている。

新青森駅はJR東日本とJR北海道の共同使用駅で、新青森起点673m地点にはJR東日本の青森車両基地があるため、ここまではJR東日本の管轄ということになる。

この地点から18㌔ほどは津軽平野を通る明かり区間である。この先は津軽山地を通るため阿弥陀、続いて6190mの津軽蓬田、第1、第2の外黒山、館下、館沢の6本のトンネルを抜け、津軽線を越える。その先、右手から海峡線が近寄ってきて合流、ここから3線軌になって進む。

奥津軽いまべつ駅の前後で、狭軌の上下線は新幹線を中央に挟む形で分かれる。標準軌線だけになって奥津軽いまべつ駅に滑り込む。下り線は副本線があって島式ホームになっている。前後に渡り線があるために上り列車も副本線に進入できる。狭軌線は駅の外側に上下それぞれ着発線があって新幹線電車を待避することができる。

狭軌線が合流してきて再び3線軌になって進む。青函《せいかん》トンネル内には列車火災時などの避難脱出用の竜飛《たっぴ》定点《ていてん》と吉岡定点がある。

北海道に上陸して明かり区間に入ると、湯《ゆ》の里知内《さとしりうち》信号場がある。新幹線開業前は知内という旅客

北海道新幹線

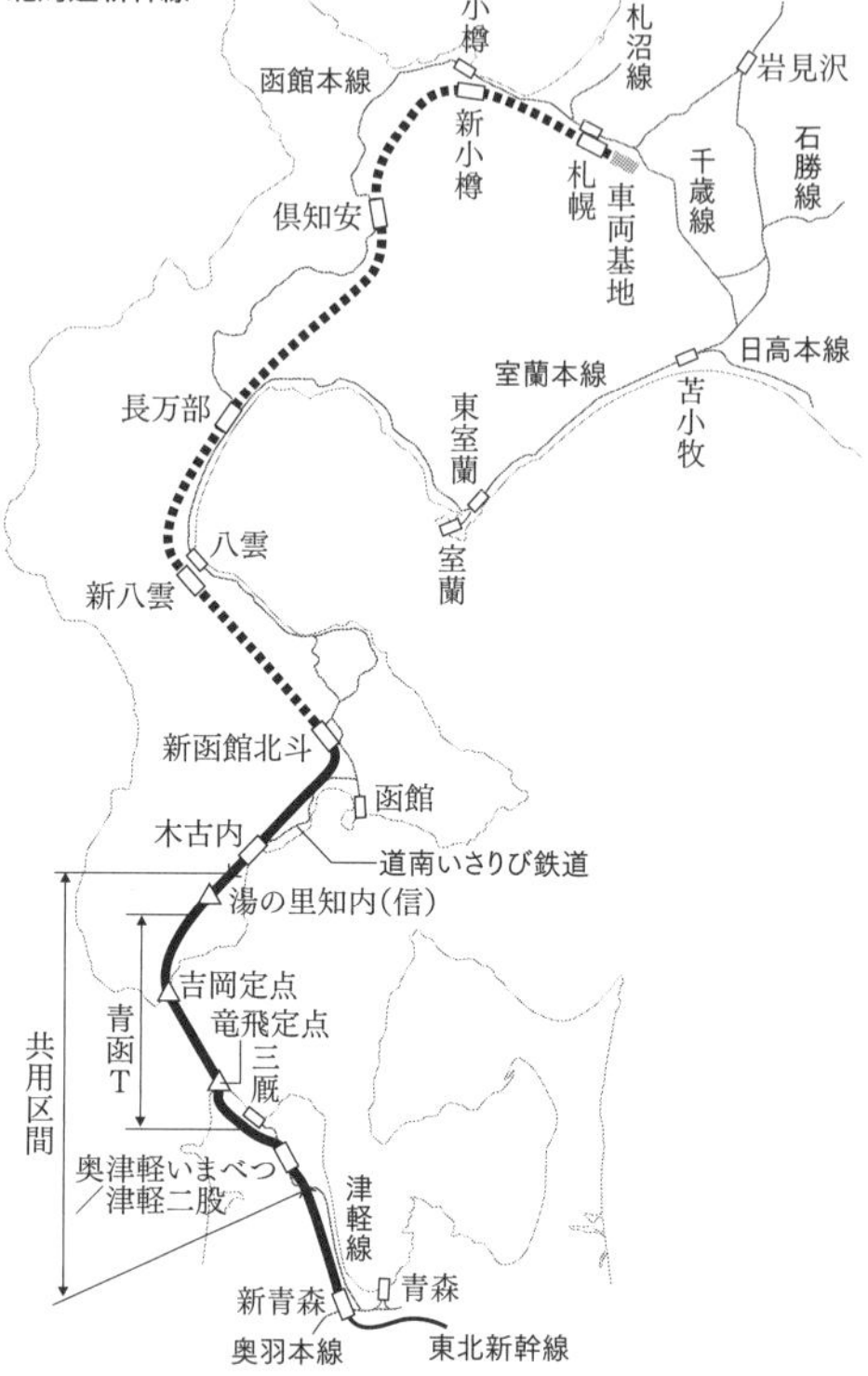

駅だったが、信号場に格下げされた。上下線とも狭軌の着発線が2線ずつある。また、消火設備が置かれ、やはり列車火災時の避難脱出ができるようにしている。

狭軌線が分かれ、その先に木古内《きこない》駅がある。同駅は上り線側が副本線がある島式ホームで、下り線側は片面ホームになっている。

終点新函館北斗駅は島式ホーム2面4線で造られているが、現在は2面2線で使われている。11番線は在来線ホームと同一面になって、平面移動で在来線ホームに行ける。しかし、11番線は出発専用なので、函館や札幌方面の列車からの乗り換えは便利でも、到着ホームの12番線からは階段やエスカレーターを使って2階コンコースを経ることになる。しかも到着電車から一度に降車客が階段やエスカレーターに殺到する。エスカレーターは2基あるが、1基は降り専用になっているから使えない。札幌駅まで延びたときは、上下ホームとも両側に副本線が設置される。

青森側海峡線合流地点。ここから標準軌・狭軌3線軌になる

青森側青函トンネル入口に入るH5系。北海道をかたどっているエンブレムで
JR北海道所属の新幹線電車ということがわかる

東北新幹線と直通する「はやぶさ」「はやて」が走る。ただし早朝の下り初発の「はやて」は新青森を始発駅、上り最終の「はやて」は新青森を終着にしている。

北海道新幹線内ノンストップが5往復、木古内停車が1往復、各駅停車が7往復の13往復である。本数があまりにも少ないが、新函館北斗は函館中心部からずいぶん離れていて不便なので、新幹線もあまり利用されないというのが現実である。

現在、新函館北斗—札幌間211・5㌔が建設中で、令和12年（2030）度末に開業予定である。途中の駅は新八雲、長万部《おしゃまんべ》、倶知安《くっちゃん》、新小樽である。

新八雲駅は函館本線八雲駅の西側5㌔離れた春日地区に、相対式ホーム2面2線の単独駅として設置される。長万部駅の新幹線ホームは、西側の貨物ヤード跡地に島式ホーム2面4線で設置される。このため待避駅の機能を持つことになる。

倶知安駅は、現在の函館本線のホームの位置に高架で相対式ホーム2面2線を設置する。このため函館本線のホームは新幹線ホームの西側に移設する。

新小樽駅は函館本線南小樽駅の山側5㌔、後志《しりべし》自動車道（札樽道《さっそん》）の南側に、相対式ホーム2面2線で設置される単独駅である。

そして新幹線札幌駅は、在来線札幌駅の南側を通り抜けた創成川《そうせいがわ》通り付近に駅中心が置かれる。在来線の南側に高架の乗降分離の相対式ホーム2面2線で、新幹線ホームの東京寄り端が西2丁目通りの東側直上になる。在来線とは、3階に設置される乗換跨線橋で結ばれる。そして函館本線の苗穂《なえぼ》駅に隣接して車両基地が置かれる。

整備新幹線としては初めて、開業時から320キロ運転をする。独立行政法人鉄道建設・運輸施設整備支援機構（鉄道・運輸機構）は260キロの規格で建設するが、JR北海道が出費して、各トンネルの微気圧波の緩和を主体に追加施工する。新函館北斗―札幌間は260キロ運転では56分と計算される。320キロ運転をすると46分となる。東京―札幌間は、狭軌共用区間での最高速度の設定をどうするかという問題があるが、共用区間で260キロ運転をするとし、盛岡―新青森間も320キロ運転になることから、東京―札幌間は4時間35分となる。

しかし、これでも時間がかかりすぎる。なんとか3時間30分台にしたいところである。

まずは大宮―札幌間で巡航速度を360キロに引き上げたい。このためには東京―盛岡間のカント量を155mmから200mmに引き上げる必要がある。さらに、車体を2度傾斜させると4000mのカーブの通過速度は357キロになる。車体傾斜角度を2・3度にすると通過速度は361キロになり、巡航速度360キロは可能になる。

東京―札幌間の速達列車は新函館北斗駅を通過してもいいし、実際に通過する列車は考えられている。新函館北斗駅の前後には急カーブがない。停車駅を大宮、仙台、盛岡、新青森にした場合の東京―札幌間は3時間43分になる。

それでも3時間30分台にはならない。そこで直線区間と半径7000m以上のカーブで380キロを出す。これによって3時間30分台にすることはなんとかできる。

現在の「はやぶさ」は、盛岡以遠で各駅に停車したり、乗客が少ない駅だけ通過したり、はたまた最速達列車として新青森だけ停まったり、これに八戸を加えたりというように、多様な停車駅パター

3線軌区間で電気・軌道総合検測車「イーストアイ」とすれ違う下り「はやぶさ」

ンになっている。

札幌延伸時には盛岡以北で新青森だけ停車する最速達タイプと、八戸、新青森、新函館北斗、長万部に停車する準速達タイプの2種を2時間交互、つまりこの二つのタイプで合わせて1時間毎に走らせる。これに盛岡―札幌間運転の各駅停車タイプを1時間毎に走らせると便利でわかりやすい。乗客が少ないことから各駅停車タイプは4両あるいは6両という短い編成で十分対応できよう。

ただしスラブ軌道のカント量の嵩《かさ》上げは簡単にはできない。スラブごと軌道を敷きなおす必要がある。そのためには1～2日ほど運休することになる。区間ごとに運休させ、運休区間では在来線に代行列車を走らせるしかない。

荒療治にはなるが巡航速度360キロ、最高速度380キロが実現すれば、世界一の高速新線になり、海外への輸出に他国にくらべて強い競争力が得られる。しかも半径4000mで360キロが出せるのなら、他国が行っている半径5500mでの360キロにくらべて建設費用が安くなる強みがある。

山形新幹線

山形新幹線は福島―新庄間148・6キロの路線で、標準軌になってはいるが在来線であり、新幹線規格ではない。正式な路線名は奥羽本線で、最高速度は130キロ、普通電車も走り、踏切もある。

福島駅の高架の新幹線ホームの11番線から単線の奥羽線取付線が接続しており、地上にある在来線ホームからも単線の奥羽本線が延び、これら2線は1キロほど先で合流して複線になる。

複線は板谷峠を越えた関根まで続く。この先は単線になるが赤湯―北赤湯信号場間と羽前中山―山形間は複線である。

標準軌化する前の山形―羽前千歳間も複線だったが、現在は旧上り線が標準軌、旧下り線が狭軌の単線並列になっている。狭軌線のほうは仙山《せんざん》線電車と左沢《あてらざわ》線列車が走る。羽前千歳駅の手前で標準軌線と狭軌線は交差して、同駅を出ると狭軌線の仙山線が右に分かれていく。芦沢―舟形間も複線である。

山形駅は通常の新幹線と同様に「つばさ」専用のホームがあって、他線のホームとの間に中間改札口がある。他の駅には中間改札口はない。新庄駅は頭端式ホーム2面2線で、頭端側の向こうに在来線の頭端式ホームがある対面式になっている。また、2番線の向かいに陸羽東線のホームがあり、出発信号機の手前に「抑止すったが？」という新庄弁の注意看板がある。

山形新幹線の「つばさ」は、東北新幹線の福島駅で、併結していた仙台行の「やまびこ」から分離し奥羽本線を走るが、東北新幹線上を単独で走る「つばさ」もある。

「つばさ」の停車駅は米沢、高畠（新庄発着の一部は通過）、赤湯、かみのやま温泉、山形、天童、さくらんぼ東根、村山、大石田だが、最速達列車の福島—山形間では米沢のみ停車する。また、福島—山形間と福島—新庄間は2時間毎の交互に運転されるのが基本である。このため山形—新庄間は2時間間隔になる。しかし、ときおり1時間毎になる。

東北新幹線での「つばさ」の停車駅は上野、大宮、宇都宮、郡山が標準だが、最速「つばさ」は大宮だけにしか停まらない。通常の「つばさ」の所要時間は東京—新庄間で3時間30分台、東京—山形間は2時間40分台だが、最速の東京—新庄間は3時間11分、東京—山形間は2時間26分である。

山形新幹線区間で単線が多いので、増発や不定期列車の運転は簡単にできない。また増発が多くなってしまうと、行き違い待ちのために定期列車も遅くなったりしてしまう。

新庄から大曲までも標準軌化して秋田新幹線に接続する要望がある。こうすれば東北新幹線の福島以北が運転支障によって不通になっても、秋田新幹線電車は山形新幹線経由で走らせることができる迂回線として機能するが、今のところ具体化していない。

E3系を使用している。「つばさ」用として造られたものと「こまち」に使用していたのを転用したものがある。いずれにしても車体幅2945㎜、車体長は先頭車が22・825m、中間車が20mである。最高速度は新幹線区間で275㌔、在来線区間で130㌔である。

JRの多くの電車は、新幹線も含めて先頭車はモーターを装備していないが、E3系の先頭車は電動車になっている。鉄道の信号保安装置は通常、左右のレールに電流を流し、それを列車の車輪

山形新幹線　E3系　7両編成

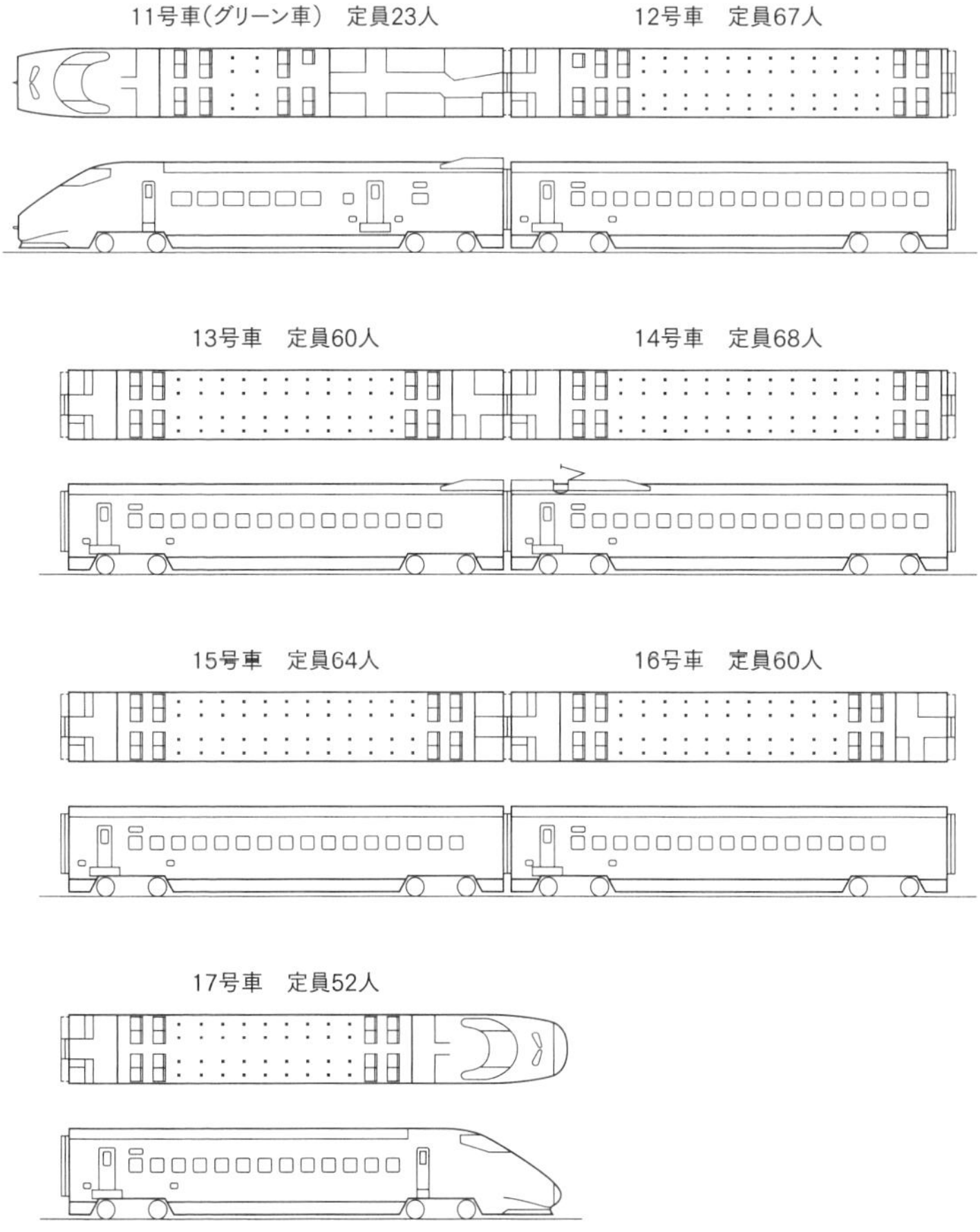

福島駅を通過する「こまち・はやぶさ」（左）と福島駅を発車した「つばさ」山形行

芦沢駅を通過するE3系「つばさ」新庄行

で短絡（ショート）させることで列車の位置を検知している。これによって信号機や踏切を動作させているが、山形新幹線では積雪によって短絡できない不安がある。先頭車がモーター付であれば重いので、すぐに短絡して位置を検知できる。また軌道の雪を排除するためにも先頭車が重いほうがいい。最近の雪国を走る新潟地区の在来線で、二つある台車の一つにモーターを装備させた「0・5M方式」で先頭車を重くしているのもこのことからである。

それでもすぐに短絡できない不安があるので、各行き違い駅や信号場では一旦停止後、最低でも10秒ほどたってから発車する「時素式」になっている。

今後、「つばさ」用の7両編成のE3系電車が老朽化すると、320キロ運転のE6系7両編成に置き換わることになろう。このとき東北新幹線区間で3〜5分程度所要時間が短縮する。奥羽本線区間で車体を傾斜させてカーブ通過速度を向上すれば5分程度は短縮する。

福島―米沢間約40キロの峠越えに標準軌新線のトンネルを掘削してスピードアップする構想がある。国鉄時代に奥羽新幹線の建設のため、福島から信夫山トンネルの間に複々線にできる用地を確保している。それを使うと信夫山トンネルの先で用地を取得しなければならない。そこで、庭坂駅あたりからトンネルに入って関根駅に抜けるルートがいいだろう。これによって25分程度短縮する。新幹線区間で320キロ運転をすると東京―山形間は最速で1時間50分台、新庄までだと2時間39分になる。これだけ速くなれば、新庄―大曲間を標準軌化しても利用されよう。

秋田新幹線

秋田新幹線は盛岡―秋田間127・3キロの路線で、山形新幹線と同様に、在来線の田沢湖線と奥羽本線の一部を標準軌化したものである。

走っている列車は「こまち」である。標準軌の普通列車と並走するのは田沢湖線区間である。奥羽本線区間では、複線のうち旧上り線を標準軌化し、旧下り線は狭軌のままにして在来線列車が走る。ただし旧下り線のうち神宮寺駅の大曲《おおまがり》寄りから刈和野《かりわの》駅の秋田寄りの間は、標準軌併用の3線軌となっている。

駅での行き違いだけでは、行き違い待ちによって所要時間が延びる。3線軌区間があると、走りながらすれ違いができて時間の無駄がなくなるからである。ただし行き違いをしないときは旧上り線を走ることもある。

盛岡駅の新幹線ホームの両外側、11番線（上り）と14番線（下り）で「こまち・はやぶさ」併結列車は発着する。取付線が新幹線下り本線につながっているので、上り「こまち」は一度下り本線を通ってから渡り線で11番線に入線する。

地上の8、9番線が標準軌の田沢湖線の発着線である。福島の奥羽本線と違って盛岡市内は高架になっているので、田沢湖線のほうが高架になって取付線と合流する。田沢湖線は単線だが田沢湖駅までは春木場駅を除いて行き違いができる。赤渕―田沢湖間は16・7キロもあり、しかも急カーブ急勾配が連続している。新幹線区間を320㌔で走る「こまち」も、同区間では喘ぎながらというと言いすぎだが、そんな感じでゆっくり走る。

ただしサミット付近にある長さ3915mの仙岩トンネル内だけは直線なので、時速120キロで飛ばしている。仙岩トンネルの盛岡寄りに行き違い用の大地沢《おおちざわ》信号場、田沢湖寄りに志度内《しどない》信号場がある。田沢湖駅の先も急勾配、急カーブが続くが、刺巻《さしまき》駅を過ぎると勾配もカーブも少なくなって快調に走るようになる。

大曲駅に到着して奥羽本線に入るが、このときスイッチバックをする。たまに田沢湖線普通列車も「こまち」用の11番線（東京行）、12番線（秋田行）に入線することがある。このときは中間改札を開放する。通常、田沢湖線普通電車は3番線で発着する。神宮寺駅手前から刈和野駅の先まで3線軌区間を通る。羽後境駅、和田駅の標準軌線に行き違い設備が設置されている。

秋田駅は東側の11、12番線が「こまち」の発着線で、山形新幹線の新庄駅と同様に、終端側対面に狭軌在来線の奥羽本線7、8番発着線がある。同じホームだが、境目に中間改札が置かれている。中間改札は大曲にもある。

その他の「こまち」停車駅では中間改札はない。「こまち」の停車駅は雫石《しずくいし》（一部）、田沢湖、角館、大曲だが、速達「こまち」は大曲駅だけに停車する。東北新幹線内の停車駅は上野、大宮、仙台だが、上りの速達「こまち」は上野駅を通過する。最速「こまち」の東京―秋田間の所要時間は3時間37分、通常の「こまち」は3時間50分前後である。秋田新幹線区間での行き違いの回数で所要時間が異なっている。

旧上り線が標準軌になっている奥羽本線の羽後境駅で、回送の701系5000番台（標準軌）と行き違うこともある

使用車両はE6系である。車体が在来線サイズなので、新幹線区間でのトンネル走行時の微気圧波や空気抵抗がフル規格よりも軽減されるため、フロントノーズはE5系にくらべて短い。先頭車はE3系と同じく電動車である。E5系と同様に、新幹線の半径4000mのカーブ区間で空気バネを応用して車体を1・5度傾斜する。在来線のカーブ区間では車体を傾斜しない。

秋田新幹線でも、盛岡―田沢湖間の峠越えにフル規格の標準軌新線のトンネルを掘削する構想がある。大釜手前―田沢湖間に標準軌新線を建設するとすれば20分程度短縮し、最速達タイプで東京―秋田間は3時間16分になる。しかし、3時間は切れない。東北新幹線区間で360キロ運転をしても12分の短縮なのでやはり3時間を切れない。ヨーロッパの高速新線や近鉄の伊勢中川駅にあるような、大曲駅をパスする短絡線を建設すれば5分程度短縮する。これで2時間59分と3時間を切れるが大変な費用がかかる。在来線の急カーブ区間で車体を傾斜させると5分程度は短縮できるから、こちらを実現したほうがいい。また秋田駅から能代《のしろ》駅までの延伸の要望がある。

上越新幹線

上越新幹線の大宮—新潟間の実キロは269・5キロ、営業キロは303・6キロである。しかし、大宮—熊谷間では実キロが36・6キロに対して営業キロが34・4キロと、実キロのほうが長い。埼玉新都市交通ニューシャトルの沼南《しょうなん》駅まで東北新幹線と並行するという遠回りをしているからである。また熊谷—高崎間も、高崎線にくらべてやや迂回しているので実キロのほうが0・4キロ長い。

東北新幹線の東京—大宮間に直通して、全列車が東京または上野に発着する。また、北陸新幹線電車が高崎以南で乗り入れてくる。

上越新幹線の東京のターミナルは新宿駅である。そして山手線と赤羽線（埼京線池袋—赤羽間）の地下を通ってから、赤羽で高架になって東北新幹線と並行して大宮に達する計画だった。しかし、新幹線を通すだけでは沿線の建設反対運動が激しくなる。そこで上越新幹線の用地に埼京線を建設した。それだけではなく、埼京線と東北新幹線の両側に環境緑道を設置している。

このため上越新幹線の新宿への延伸は絶たれたが、環境緑道の一部を上越新幹線新宿延伸用地にするという話を国の鉄道当局から筆者は聞いた。しかし、これは沿線に住む反対運動に関わった人々からすると承知できない話ではある。埼京線と東北新幹線の上に上越新幹線の線路を通すとか、いや地下に通すとか、はたまた現在、湘南新宿ラインが走っている東北貨物線を転用するとかの、いろいろな話がある。しかし、すべての話は定かではない。

埼京線を標準軌化して新幹線電車とともに走らせるという案もある。新幹線と同じ大きさの通勤電車であれば、新幹線電車を走らせるために埼京線電車の運転本数を減らしたとしても、同じ輸送力を持たせることができるとしている。しかし、埼京線が首都圏でも有数の混雑電車になってしまったので、この案も無理がある。

新宿と代々木の間、湘南新宿ラインなどが走る山手貨物線あたりの地下に、島式ホーム2面4線の上越新幹線新宿駅ホームが設置され、その南側に引上線も置かれることになっていた。

現在の東北新幹線の東京駅は島式ホーム2面4線だが、東北新幹線電車のほかに上越新幹線電車と北陸新幹線電車も折り返している。繁忙期には東京駅の折り返しができなくなり、上野で折り返しがあったり、東京に到着しても同駅で折り返し整備をせず、上野に戻って整備をしたりしている。

これ以上本数が増えると上越新幹線の新宿延伸ということになるが、すぐには開通しないことから大宮で折り返す電車を設定することになる。大宮であまり使われていない15、16番線はこのような折り返し電車のためにあるといっていい。

ただし、本来、国鉄が考えていたのは、東海道新幹線電車の一部を大宮まで直通させて16番線に停車してここで折り返すか、そのまま進んで北側に置かれる予定の車両基地に留置し、折り返しをするとしていた。

しかし、分割民営化で東海道新幹線はJR東海、東北新幹線はJR東日本の所属になり、直通はおろか、線路をつなげることもしなくなってしまった。

ともあれ、いずれは北側の各新幹線電車の大宮折り返しが設定されるだろう。

上越新幹線

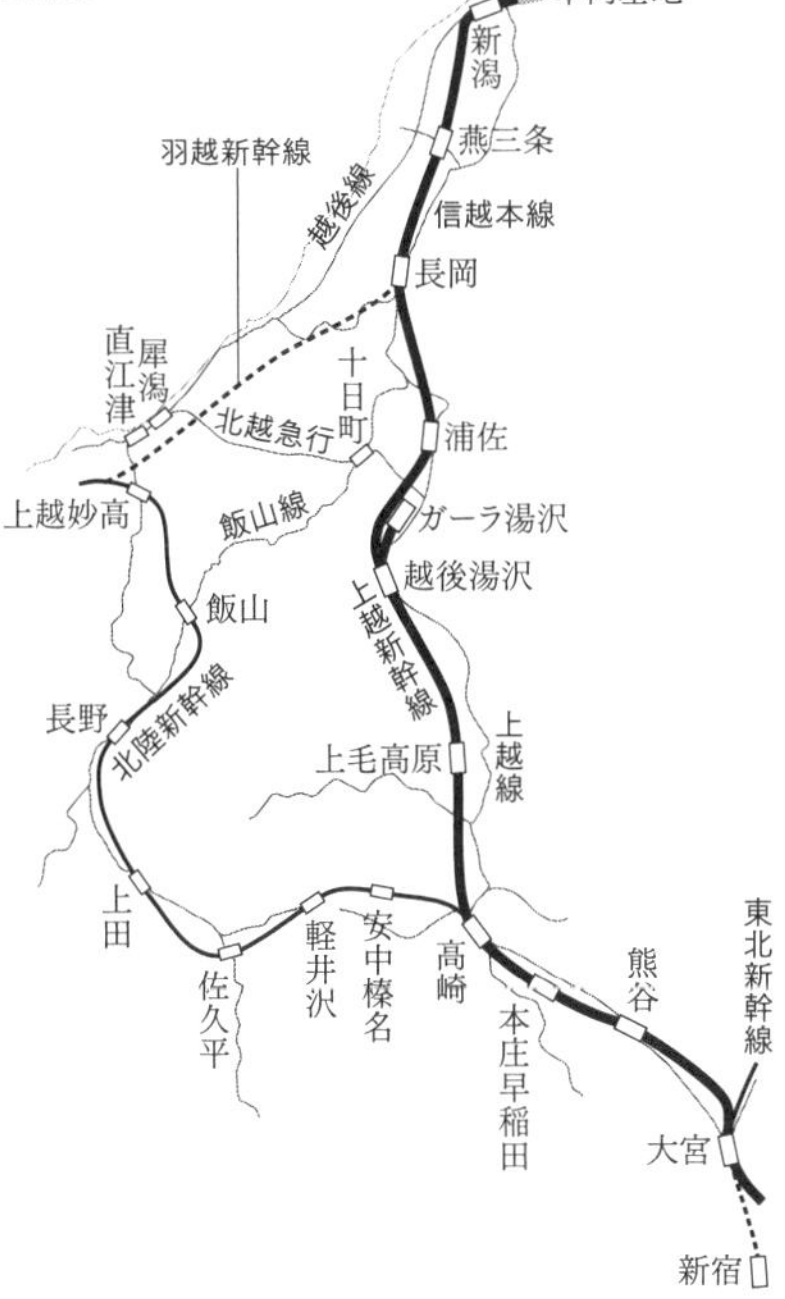

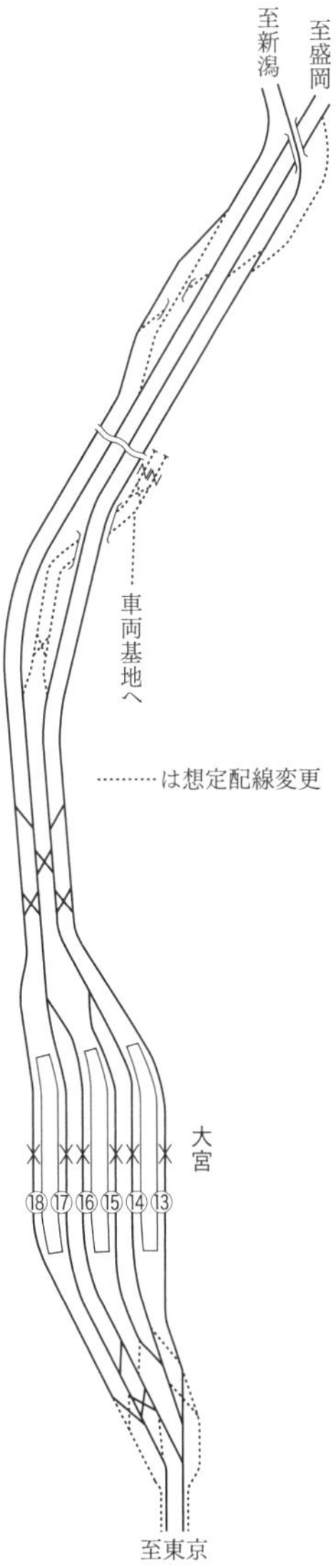

国鉄の計画では大宮駅の北側には、東海道新幹線電車の多くを大宮駅まで直通させて15・16番線で発着するとともに、大宮駅を通り越して引上線でも折り返す。そして現在の鉄道博物館のところに車両基地を設置する。交差支障を避ける立体交差設備はもっと北側に置く。とくに上り線は東北新幹線と上越新幹線が分岐したところに置く。新幹線と並行しているニューシャトルの路盤は新幹線線路に転用する。そのために新たにニューシャトルの路盤を設置する。

南側では予定していた上越新幹線と東北新幹線との方向別複々線の一方の複線分は埼京線に使用することにしたため別途、新たに上越新幹線の用地を確保することにした。その方法として現在、使われていない東北新幹線に並行して左右に置かれている環境緑道の一部を流用するとか、東北新幹線と二重高架にする、あるいは東北貨物線を転用するなどといわれているが、定かではない。一番、実現しやすいのは二重高架だろうが、それに耐えられる橋脚にはなっていないようである。そうすると環境緑道の地下というのが現実的であろう。

大宮駅の先でしばらくの間、上越新幹線と東北新幹線は方向別複々線で並行する。西側から上越新幹線下り、東北新幹線下り、東北新幹線上り、上越新幹線上りの順になっている。大宮を出たすぐ先で東北新幹線の上下線間が開いている。この場所から車両基地への入出庫線が地上に降りていく予定なので上下線の間を開けているのである。鉄道博物館の入口広場から高架線を見上げると、引上線が降りてくる構造がわかる。降りてきた入出庫線は新幹線をくぐって東側に出て、ここでスイッチバックして現在の鉄道博物館のところに車両基地が置かれる予定だった。

両側を走っているニューシャトルの今羽《こんぱ》駅あたりから原市《はらいち》駅手前の間で、上越新幹線の下り線が西側に広がって東北新幹線の下り線との間が開くようになる。この開いた空間に、一段高い高架線を設置する予定であった。

どういうことかというと、大宮で上越新幹線の線路を走る新宿発の東北新幹線電車と東京発の上越新幹線電車が同時に発車するとどうしても交差してぶつかってしまう。これを交差支障というが、これを防ぐために、線路をもう1線設置して立体交差させると、ぶつかることなく走ることができる。上り線のほうは上越新幹線が東北新幹線を乗り越すことから、ここに線路を設置すれば、上越新幹線上り線路から東北新幹線上り線路へ転線する電車と、東北新幹線上り線路から上越新幹線上り線路に転線する電車同士がぶつからずに走行できる。この6線立体構造を設置するために、上越新幹線と東北新幹線がずいぶん長い距離で並走している。そのため上越新幹線が迂回しているのである。

さて、第2停車線があるのは熊谷駅の上り線、高崎駅の上下線、越後湯沢駅の上下線、燕三条駅の上り線である。高崎駅の上下線に第2停車線があるのは北陸新幹線との分岐駅だからである。

長岡駅の上下両線の相対式ホームは、島式ホームにできるよう準備されている。東側の上り線路盤下のコンコース部分は、写真でわかるように張り出しをして広げることになっている

越後湯沢駅では折返電車が多数設定されることから電留線が設置された。その電留線が遠く離れていることから、島式ホーム2面6線とした。

その電留線にホームを設置してガーラ湯沢駅を開設、駅に隣接してロープウェイも設置、ロープウェイで登ったところにガーラ湯沢スキー場が開設された。新幹線電車が走るものの、在来線扱いである。その在来線は上越線の支線としている。

長岡駅は停車線と通過線がある相対式ホーム2面4線だが、上下ホームとも島式にする構造になっている。将来は富山方面からの羽越新幹線が合流する予定なので、そのときには島式ホーム2面6線にする予定なのである。

新潟駅は終点のために島式ホーム2面と片面ホーム1面の4線になっている。片面ホームは高架になった在来線の5番線と同一面になって

新潟駅では新幹線の11番線に片面ホームを新設して右側の在来線ホームへ階段を上り下りせずに乗り換えができるようになった。ただし途中に中間改札機が設置されている

いて、平面移動ができる。ただし途中に中間改札口がある。

新潟駅から車両基地への入出庫線が延びている。羽越新幹線がこの線路を使用することになっている。新潟車両センターの手前にシーサス(両渡り)ポイントがあり、複線はその先で両側に広がっていく。その間に羽越新幹線の線路が設置されて、車両基地の地下を抜けていくとされている。

上越新幹線電車は東京―新潟間運転の「とき」と、東京―高崎・越後湯沢(・ガーラ湯沢)間という区間運転の「たにがわ」がある。基本的には「とき」が速達タイプ、「たにがわ」が各駅停車タイプなのだが、各駅停車の「とき」や、熊谷や本庄早稲田などを通過する「たにがわ」もある。

開業時は速達タイプが「あさひ」、各駅停車タイプが「とき」としていたが、平成9年に近距離運転の各駅停車タイプを「たにがわ」にして、「とき」はなくなった。しかし、本物の朱鷺《とき》よりも先に絶滅させたと、いろいろと揶揄されたことで、平成14年にあまりピンとこない「あさひ」を廃止して、「とき」を復活させたのである。なお、「あさひ」の愛称は朝日連峰が由来である。

最高速度は２４０キロだが、２００系で越後湯沢―浦佐間の下り坂を利用して２７５キロを出していた。ただし２７５キロはＡＴＣ頭打ち速度なので、２７５キロはまず出さず、２７３キロ止まりが多かった。なお、現在の新幹線はデジタルＡＴＣなので、２７５キロ運転というと、正味の２７５キロを出している。

最速達の「とき」３１１号の停車駅は大宮だけ、東京―新潟間の所要時間は1時間36分、表定速度は１６８・４キロである。上りの「とき」３１２号も大宮にしか停まらないが、下りの３１１号よりも2分遅い。これら上下の最速列車は9時台に運転されている。

大宮―新潟間が開通したときの「あさひ」の停車駅はＡ、Ｂ、Ｃの3パターンに分かれていた。Ａは高崎、長岡の2駅のみ停車で4往復、所要時間は1時間45分、Ｂは高崎、越後湯沢、長岡、燕三条停車の5往復、所要時間は1時間55分、Ｃは高崎、上毛高原、長岡、燕三条停車の1往復、所要時間は1時間55分だった。各駅停車の「とき」の所要時間は2時間10分で10往復だった。

現在、各駅停車の「とき」の大宮―新潟間の所要時間は1時間53分だが、上毛高原で最速「とき」に抜かれるので、停車時間から待避時間を引いた4分、それに本庄早稲田の停車分を考慮すると1時間46分と24分速くなっている。使用車両はＥ７系なので２００系の加速度１・０よりも高くなり、２４０キロ運転をしているからである。

熊谷駅を出たE4系「Maxたにがわ」(旧塗装時代)

浦佐や熊谷への停車要望があり、結局、多数の停車パターンがある。一番停車本数が少ない駅は本庄早稲田、次に上毛高原である。

今後、275キロ運転をして東京—新潟間は10分程度速くなる。最速は1時間26分、表定速度188・0キロに向上する。

使用車両はE4系オール2階電車8両編成、E2系10両編成、E7系12両編成である。E4系の総定員は817人、うちグリーン席は54人である。グリーン席は7号車と8号車の階上に置かれており、階下は普通席になっている。2編成を連結した16両編成で走ることもあり、その定員は1634人で新幹線で一番多い。

275キロ走行ができないために令和3年10月に定期運用を終える。令和5年春にはE2系も廃車され、上越新幹線はE7系に統一される。なお、E2系は東北新幹線の項を、E7系は北陸新幹線の項を参照していただきたい。

北陸新幹線

北陸新幹線は高崎―金沢間３４５・５キロの路線である。整備新幹線として造られたため、実キロと営業キロは同じである。高崎で上越新幹線、大宮で東北新幹線に乗り入れている。

金沢―敦賀間１２５・２キロが建設中で、令和5年（２０２３）度末に開通する予定である。また、敦賀―新大阪間は新小浜駅（現小浜線東小浜駅付近）、京都駅、片町線松井山手駅付近を通ることが決定した。

高崎―上越妙高間がＪＲ東日本、上越妙高―金沢間がＪＲ西日本にそれぞれ所属しているが、運転上は長野駅を境にして、両社が管理している。高崎―金沢間の駅のうち軽井沢、長野、上越妙高、富山、金沢の5駅が島式ホーム2面4線になっている。

軽井沢駅と長野駅のホーム幅は広いが、その他の2面4線の駅のホーム幅は狭い。そのうえホームドアが設置されているので、より狭くなっている。

軽井沢駅は両端に、長野駅は高崎寄りにそれぞれシーサスポイントがある。上越妙高駅は高崎寄りに逆方向の渡り線、金沢寄りにシーサスポイントがある。富山駅は高崎寄りに逆方向の渡り線、金沢寄りにシーサスポイントがある。金沢駅は両端にシーサスポイントがある。

そのほかの駅は相対式ホーム2面2線である。このうち糸魚川《いといがわ》駅と佐久平駅に逆方向の渡り線がある。

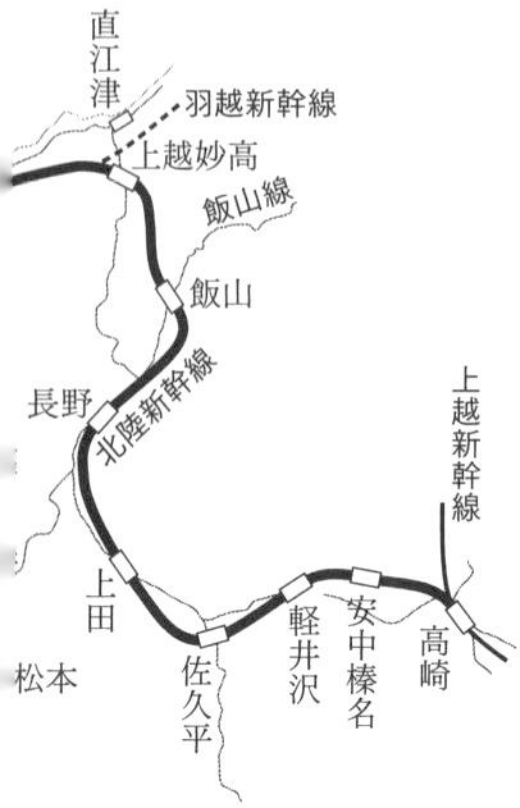

高崎駅の北側にある上越新幹線との分岐地点。北陸新幹線上り線は上越新幹線を乗り越している

高崎付近では、上り線は上越新幹線との合流点から別々の線路を通っているが、下り線は北陸新幹線用の用地を一部確保できなかったので、分岐点まで上越新幹線の線路と共用している。そして分岐点では38番という緩いポイントを採用して160キロで通過している。上り線は速度制限はないが、高崎駅手前で上越新幹線の通過線に入る渡りポイントでは70キロ制限を受ける。

建設中の金沢―敦賀間の駅のうち、敦賀駅は島式ホーム2面4線、加賀温泉駅と越前たけふ駅（仮称南越駅）は、上下線とも通過線がある相対式ホーム2面4線になっている。加賀温泉駅の敦賀寄りには順方向の渡り線がある。整備新幹線のなかでも運転本数が多いことから、待避追い越しが頻繁に行われることを想定している。

列車名は速達タイプが「かがやき」、上越妙高まで主要駅停車で以西が各駅に停車するのは「はくたか」、東京―長野間運転が「あさま」、富山―金沢間運転が「つるぎ」となっている。

最速達タイプは東京10時24分発の「かがやき」509号

と、金沢発17時56分の「かがやき」514号の1往復である。停車駅は大宮、長野、富山で、所要時間は2時間27分、表定速度は185・3キロである。

新高岡―金沢間の「新幹線の見える丘公園」から見た「はくたか」金沢行

北陸新幹線上越妙高以北の島式ホームは幅が狭い

他の「かがやき」は、上野にも停車するだけの差なので所要時間は2時間29分になるはずだが、最大5分程度遅くなる「かがやき」もある。運転間隔も1時間毎になっていないどころか、昼間時は不定期列車になり、定期列車は東京発でみて10時24分の次は16時24分である。16時24分発から19時24分発までは１時間毎に走っている。

「はくたか」の停車駅は上野、大宮、高崎、軽井沢、佐久平、上田、長野以遠各駅が基本だが、高崎や佐久平、飯山を通過する「はくたか」もある。

なかには上野、大宮、高崎、長野以遠各駅停車の「はくたか」５６１号があり、ちょうど１時間後の「はくたか」５６３号は長野までこの停車駅だが、次の飯山を通過する。５６１号に先行する「あさま」６０９号は安中榛名を除いてすべて停車する。

５６３号に先行する「あさま」６１１号は長野まで全駅に停車するので、長野到着は６０９号より５分遅い。後続の５６３号も４分遅くなるので、飯山を通過して上越妙高には５６１号のちょうど１時間後の到着になる。

こういった具合で、各列車の所要時間は微妙に異なっている。朝の上りの「はくたか」と夕夜間の下りの「はくたか」は長野で「かがやき」を待避する。新高岡や黒部《くろべ》宇《う》奈《な》月温泉《づきおんせん》―飯山間の各駅から「かがやき」に乗り換えることができる。しかし、朝下り、夕夜間上りの「はくたか」はまったく待避しないか、あっても上越妙高で通過待避をする。上越妙高待避は定期「かがやき」は１本のみで、他は不定期「かがやき」である。

長野駅では４線ある発着線の副本線１線は「あさま」の折り返し用に使うので、残りの副本線１線だけを待避用に使っているためである。「あさま」の折り返し整備を長野車両基地で行えば、上下の「はくたか」はすべて長野で待避できる。

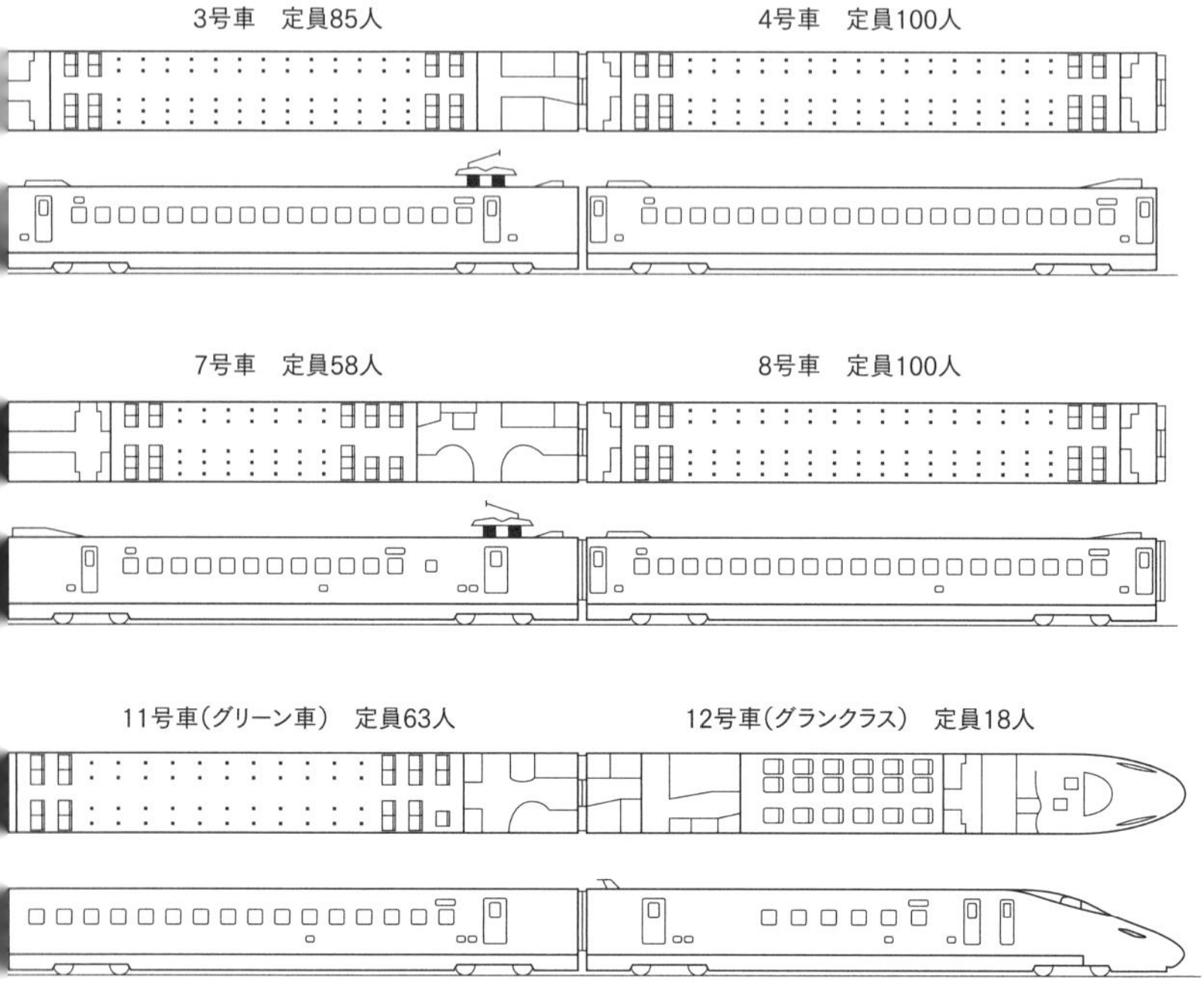

「あさま」も停車駅パターンは多い。各駅停車のほかに本庄早稲田だけ、もしくは安中榛名だけ通過するもの、熊谷、本庄早稲田、安中榛名通過、これに上田も通過するなど多数がある。

使用車両はE7系（JR東日本所属）またはW7系（JR西日本所属。以下W7系を使用していてもE7系と総称する）12両編成である。金沢寄り12号車がグランクラスになっている。

E5系グランクラスと同じく定員18人だが、E7系は260キロしか出さないのでフロントノーズが短く、その分を客室に使用できるので、E5系にはなかった後部に乗降用扉、それにト

北陸新幹線　E7系・W7系　12両編成

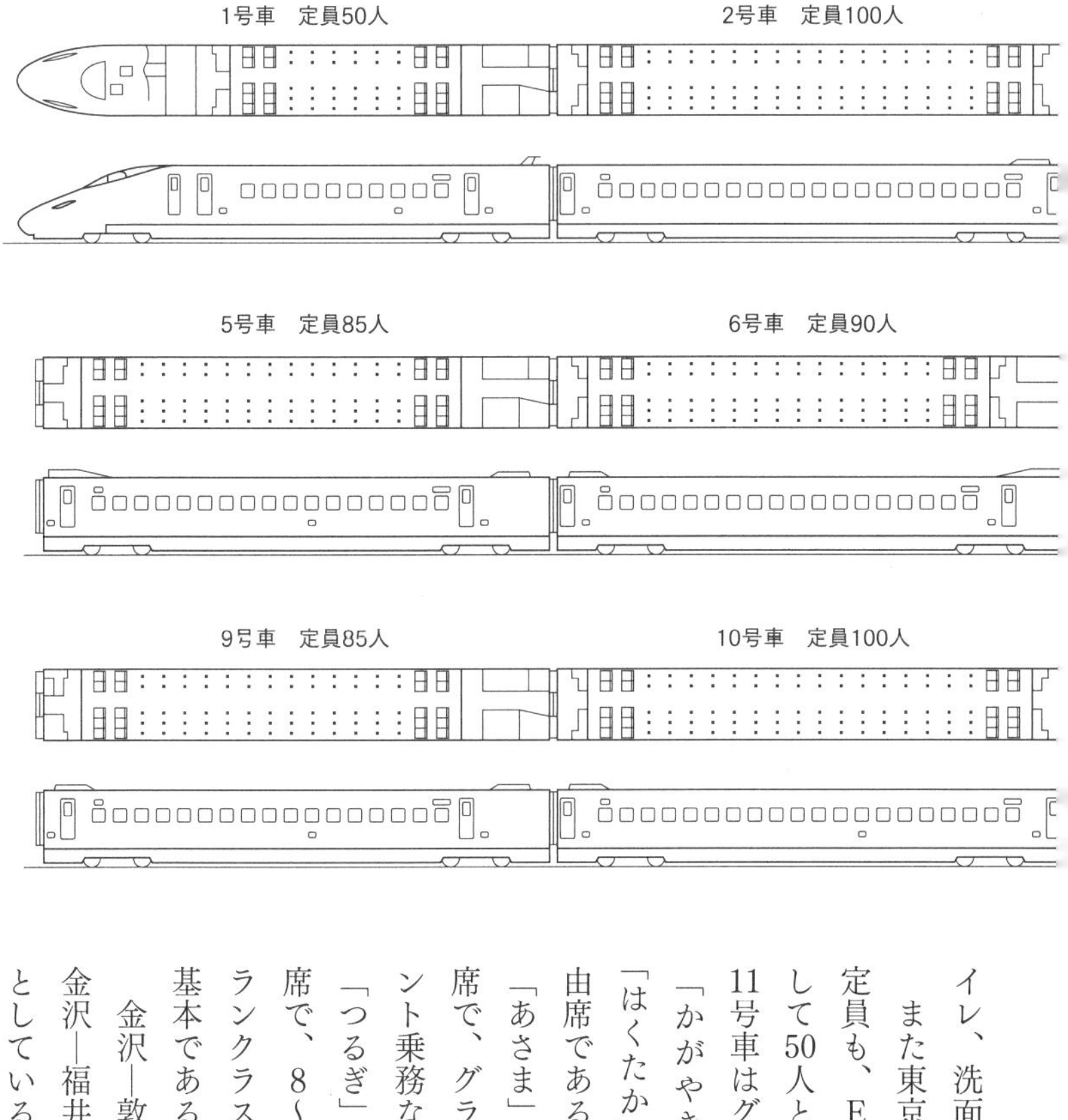

イレ、洗面所を設置している。

　また東京寄り先頭車1号車の定員も、E5系が29人なのに対して50人と大幅に増えている。11号車はグリーン車である。

「かがやき」は全車指定席、「はくたか」は1〜4号車が自由席である。

「あさま」は1〜5号車が自由席で、グランクラスはアテンダント乗務なしのB料金である。

「つるぎ」は1〜4号車が自由席で、8〜10号車と12号車のグランクラスは乗車できないのが基本である。

　金沢―敦賀間が開通すると、金沢―福井間の所要時間は24分としている。福井―敦賀間は16

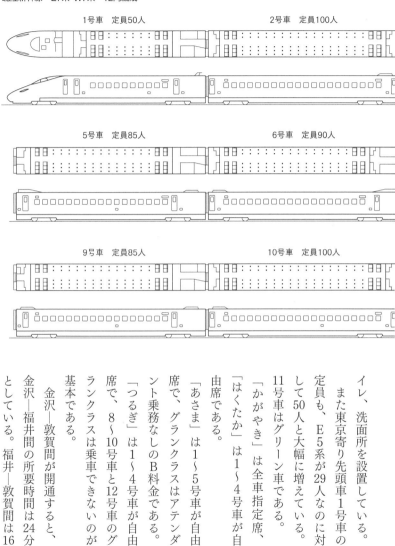

新高岡駅に進入する「つるぎ」金沢行。後方で高架が高くなっているのは庄川を渡るためである

分、金沢―敦賀間は41分である。これで東京―福井間は2時間52分、東京―敦賀間は3時間9分になる。しかし、これは停車駅を小松、福井とした場合のことである。在来線特急「サンダーバード」は小松を通過する列車もある。停車駅を福井だけにすると、金沢―敦賀間は38分になる。

新幹線敦賀駅は3階にホームがある。1階には在来線特急が発着する。

公表では、新幹線が開業すると大阪―金沢間は2時間4分としている。しかし、現在の「サンダーバード」の大阪―敦賀間の最速所要時間の1時間20分と新幹線の金沢―敦賀間の所要時間41分を足すと2時間1分になる。

乗換時間を3分としている。だが、これではお年寄りなどは乗り換えができない。小松駅通過の38分とすると乗換時間は倍の6分になり、十分乗り換えが可能になる。また、「サンダーバード」は現在スピードダウンしている。かつての大阪―敦賀間の所要時間は1時間28分と3分速かった。このスピードで走れば、乗換時間は9分になる。

ところで、東海道新幹線「ひかり」の東京―米原間の所要時間は2時間14分だが、後発の「のぞみ」に乗り名古屋で「ひかり」に乗り換えると2時間8分になる。米原では9分乗り換えで特急「しらさぎ」が接続しており、米原―敦賀間の所要時間は28分である。東京―敦賀間の所要時間は2時間45分である。

一方、北陸新幹線が敦賀まで開通すると東京―敦賀間の所要時間は、上野、小松の両駅にも停車する「かがやき」の最速で3時間11分となる。敦賀駅に行くのなら米原経由のほうが速い。福井だと米原経由は敦賀での乗換時間を6分として東京―福井間は3時間7分になる。北陸新幹線経由の東京―福井間は2時間54分と逆転する。

ということは、米原経由と北陸新幹線経由の〝分水嶺〟は福井―敦賀間にある越前たけふ駅ということになる。しかし、米原経由は2回（「のぞみ」利用で名古屋乗り換えにすると3回）乗り換えなくてはならない。

北陸新幹線経由は当然乗り換えなしである。米原経由を便利にするには、「のぞみ」の米原停車だろう。これだと14分速くなる。分水嶺は、北陸新幹線経由は金沢で各駅停車タイプに乗り換えることになるから、加賀温泉駅あたりになろう。

その各駅停車タイプは「つるぎ」ということになる。また「かがやき」は小松通過とし、「はくたか」は金沢―敦賀間では小松、加賀温泉、芦原温泉、福井停車とし、越前たけふは通過となろう。

金沢―敦賀間延長時には、「つるぎ」はグランクラスなしの6両編成にするのが望ましいだろう。また、上越妙高―敦賀間は平坦線なので、Ｅ5系を使用して320キロ運転をしてもいい。長野―富山間は4分、富山―金沢間は2分短縮する。

東京―金沢間は最速で2時間21分になる。金沢―福井間は、小松を通過したとすると20分になる。また、福井―敦賀間は14分になる。東京―福井間は2時間43分、東京―敦賀間は2時間57分と、3時間を切る所要時間になる。さらに上田付近や上越妙高手前でも320キロ運転をすれば2分程度は速くなる。

大阪―敦賀間の「サンダーバード」と接続する敦賀―富山間の新幹線電車も設定される。その列車愛称は「白鳥」がふさわしいだろう。

今後、敦賀から新大阪まで延伸されれば、320キロ運転を視野に入れる必要がある。リニア中央新幹線とは勝負にはならないが、大宮や高崎から新大阪に向かう場合は、北陸新幹線経由は乗り換えがないために利用しやすい。

それでも4時間近くかかる。このためには、乗ることも旅の楽しみの一つということで、食堂車や展望ラウンジ、個室などの設備があってもいい。

また、新大阪駅は地下駅とし、山陽新幹線と直通できるようにするという。しかし、四国新幹線が建設されるのなら四国新幹線との直通のほうがいい。山陽新幹線との直通は既設設備を改造するために大変な工事になるが、四国新幹線となら、新たな工事なのでむしろ比較的楽である。

パート4

リニア中央新幹線

リニア中央新幹線と政治

中央新幹線は品川―新大阪間438キロの路線だが、着工しているのは品川―名古屋間285・6キロであり、名古屋―新大阪間のルートは公表していない。

いうまでもなく超電導磁気浮上同期式リニアモーター駆動方式の新幹線である。中央新幹線の基本計画決定は昭和48年（1973）11月で、起点東京都、終点大阪市、経由地は甲府市付近、名古屋市付近、奈良市付近とした。

整備計画の決定は平成23年（2011）5月、品川―名古屋間の工事実施計画認可は平成26年10月、建設主体と営業主体はともにJR東海となっている。

品川―名古屋間の総事業費は約5兆5235億円で、JR東海はすべて自己資金で賄うとした。鉄道建設・運輸施設整備支援機構（鉄道・運輸機構）から、財政投融資にもとづく金利の変動なしで低金利での3兆円の融資を受けることになった。国からの融資を受けるとはいえ、国の支配下での建設、営業ではなく、JR東海としての経営であり、経営と建設の自由を確保している。

JR東海があくまで自主性にこだわったのは、借り入れではなく国が主体の資金として建設されると、政治家の介入による駅の設置やルート変更などが要求されて不必要に建設費が膨らむ恐れがあることと、他の整備新幹

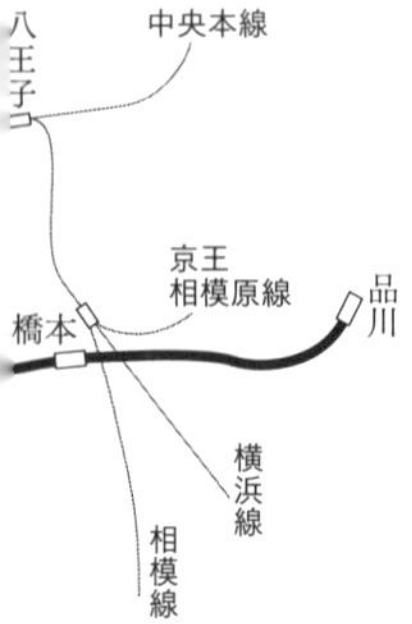

中央新幹線全体ルート図（品川—名古屋間）

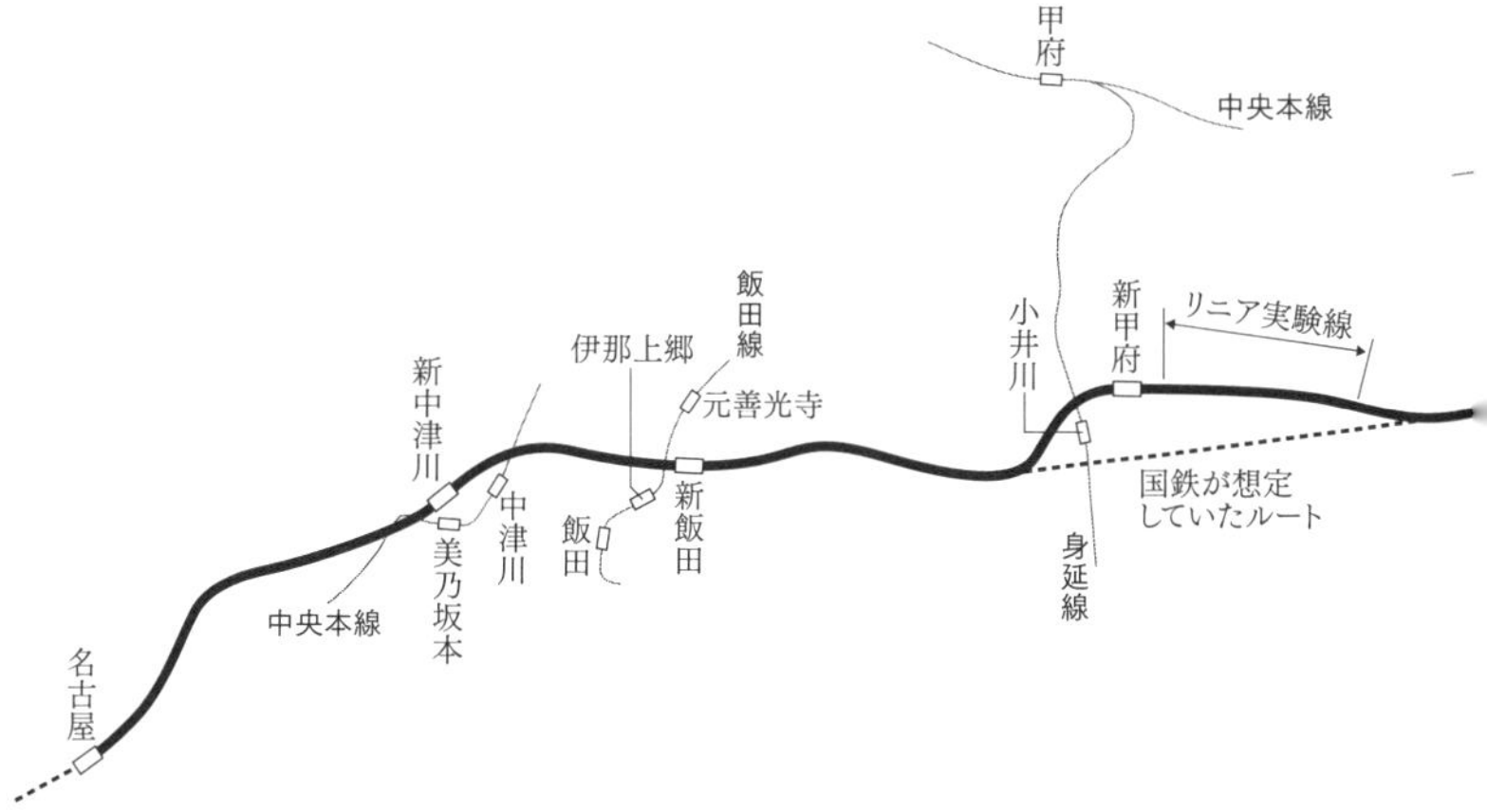

線のように開通後に使用料を払うことになるが、とくに東京—大阪間を結ぶ中央新幹線では東海道新幹線と同様に使用料（買取料）が莫大になる。これを嫌ったためである。

　中央新幹線は昭和40年代にすでに構想されていた。しかし、それは中央本線に沿った甲府駅、塩尻駅、中津川駅を経由するものだった。そして南アルプス、鈴鹿《すずか》山地越えをする第2東海道新幹線をリニアで開通させる計画であった。しかも第2東海道新幹線の途中駅は名古屋だけとしていた。

　東京—名古屋間にさらに2本の新幹線を造ることは無理と判断されて、中央新幹線だけが基本計画に取り上げられた。しかも経由地は甲府市付近、名古屋市付近、奈良市付近とし、諏訪地区あるいは塩尻地区を通ることは明言されなかった。

　基本計画に取り上げられていたころのルートは、新宿駅から西に進んで富士五湖の下を通り抜け、南アルプスの南側を貫通、中津川に至るものだった。その予定で南

甲府盆地を走る7両編成のL0系試験電車。手前の2両が令和2年夏に投入された改良型試験車

アルプスの南側に建設資材輸送用のスーパー林道が建設された。

その後、山梨県出身の政治家、金丸信《かねまるしん》氏によって、将来は本線になるリニア実験線を山梨県内に造るようにもっていった。当時、山梨県と北海道が実験線を誘致していたが、これによって、より甲府駅に近い位置に山梨県のリニア駅を設置できるという利益誘導を行ったのである。

決定した中央新幹線の山梨県駅（仮称）の前後のルートをみると、山梨県に入った上野原から始まるリニア実験線は、北上しながら西に向かっている。山梨県駅を出ると、大きく南に迂回するS字カーブを描いて西進していく。上野原地区から北上を始めた実験線ルートを、当初に計画していたルートに戻しているのである。

中央新幹線は国のプロジェクトではない

いまだに勘違いされているのは、中央新幹線が国家プロジェクトで建設されていると思われていることである。

中央新幹線は、国鉄から分割民営化されたJR東海のプロジェクトなのである。総事業費は10兆円以上にもなることから、いくらJR東海でもその金額は出せないから国にも出費してもらうことをJR東海は希望しているという人があるが、JR東海は国からの出費は断り続けている。財政投融資によって国からのお金が出るようになったが、あくまで借金であり、国からの直接投資ではない。

そもそも他の整備新幹線の建設スキームとはまったく違う、JR東海の独自調達による資金で建設している。確かに国からは財政投融資による借金があるとしても、それを利用して市中からの資金も集めている。そしてこの財投を受けたのは、東京―名古屋間開通後の経営リスクを軽減させることにより、名古屋―新大阪間の開業を当初予定の2045年（令和27）から8年前倒しの2037年にすることを目指すためである。

JR東海が国からの建設資金をあくまで拒否しているのは、確実にドル箱路線になるリニア中央新幹線を、他の整備新幹線と同様に国が3分の2、沿線自治体が3分の1を出資して建設し、開通後に国が資金回収、つまり新幹線貸付料を取るのでは、その貸付料が他の整備新幹線にくらべて1桁以上多くなると危惧しているのである。

というのは、東海道新幹線の国からのリース料がＪＲ東海の経営を圧迫していた。東海道新幹線が自前の路線であれば、今の運賃・料金の３分の２でも黒字になる。２分の１でも利益を上げられる。それが国に吸い上げられて、他の整備新幹線の建設資金になっていたからである。そこで買取料は５兆９５６億円と、山陽新幹線や東北・上越新幹線よりも割高だったが、平成３年に譲受した。

ＪＲ東海としては、リニアも自前で建設すればたとえ借金の返済があったとしても利益が出る、と考えているのは当然のことである。

コロナ禍で普及したリモート会議や少子化による人口減を考えると、そんなにうまくいくものではないという説もあるが、東京―大阪間は戦前の弾丸列車時代以来、輸送需要が他の区間にくらべて膨大に大きく、少々のことで需要が減ることはない。それにリモート会議はさほど有効でないし、リモート会議自体に対して辟易《へきえき》している人は多い。

ただし国家プロジェクトではないために、静岡県から大井川等の流量が減るからトンネル工事は許可しないと反対されたことに対して、補償や工事変更に関しての要求は資金的に応じられないという事態になってしまっている。

整備新幹線と同様のスキームであれば通過自治体からの資金拠出があり、自治体も協力する。また国も国家予算から補償金の拠出などができる。しかし、それができないために交渉が長引いている。そこが民間プロジェクトの弱点である。

事あるごとに出没するリニア中央新幹線不要論

リニア中央新幹線の山梨実験線が完成する何年も前から「リニア中央新幹線は不要」という論調がいろいろなところから出され続けている。

一番多いのは、東海道新幹線があるのに、莫大な費用をかけて東京―大阪間にもう一つ新幹線を造る必要はないというものである。

コロナ禍でリモート会議が進み東京―大阪間の往来が減ったことから、今後はもっとリモート会議が増えて、出張で新幹線を利用するビジネスマンは減る。各企業としても出張経費が節約できるというリモート会議のうまみを経験した今、それを推進することになるからもっと拍車がかかって新幹線利用者は減る。将来の人口減も加わって、リニア中央新幹線が開通しても建設コストが回収できるほど利用されない。だから建設を中止すべきである、という論調であり、海外のリニア中央新幹線の疑問視論も同様である。

これに対してJR東海は、やがて東海道新幹線は輸送力不足に陥る、そのためには必要と答えていた。また、海側を走る東海道新幹線は、大地震が起こると津波によって甚大な被害を受ける。東海道新幹線と離れた山間部を通る中央新幹線があれば、東京―大阪間の輸送は切れ目なく継続できるとした。さらに、リニアは時速500㌔で走行するので時間短縮効果によって乗客増が望める、ということも付け加えている。

501km/h走行を示す車内電光掲示板

さらに現東海道新幹線のダイヤは他に類をみないほどの過密になっており、いつまでもこのような過密ダイヤを続けるわけにはいかない。リニアを開通させて、もっとゆったりしたダイヤで運行する必要があるのである。

それに、本当に乗客が減るのだろうか。コロナの第2波が収まりつつあった令和2年10月の東海道新幹線は、通常時期までには達しなかったものの、ビジネスマンの利用が戻ってきた。

リモート会議などでは解決できない議案は、やはり対面会議で結論を出さざるをえない。というよりパソコンの画面を見続けることに対してうんざりしたビジネスマンが多かった。対面会議では、終わった後や始まる前の私的な会話から新たな事案が出てくることもよくある話である。

また、令和2年11月21日の3連休初日では、「Go Toトラベルキャンペーン」によるものもあったが、多数の観光客が新幹線を利用していた。東海道新幹線の午前8時台は「のぞみ」が12本、「ひかり」2本、「こだま」2本と、目いっぱいのダイヤで運転された。しかも乗車率は80～100%とほぼ満杯だった。

リモートでの生活にも人々は飽き飽きし、やはり実際に会ったり、観光を体験したいのである。

新型コロナの感染はやがては収束する。リニア反対論者は、収束後もリモートワークが普及すると新幹線利用客は元に戻らないとしている。ＪＲのなかでもそう考えている人は多い。だが、令和2年の10、11月の状況からすると、コロナ禍が完全終息すると元に戻るとみたほうがいい。

リニア中央新幹線は東京―新大阪間を1時間6分で結ぶ。今までの新幹線対航空機の状況からすると、乗車時間が2時間を切ると空路は撤退している。

羽田空港―伊丹空港間は片道30便ほどが飛んでいる。1機につき座席数は270〜405人、平均320人として片道9600人、これが空路からリニア中央新幹線に乗り換えてくる数である。これに東海道新幹線からの移行客が加わる。

新大阪駅で乗り換えることになるが、羽田空港から神戸、岡山、広島の各空港利用客も、半数程度はリニア中央新幹線と山陽新幹線利用になろう。さらに岩国、山口宇部、福岡の各空港利用客も、リニア中央新幹線と山陽新幹線利用にそれなりに切り替える。リニア中央新幹線への利用に切り替えることにより、羽田空港から国際線を含む他の地域への発着枠が増える。

逆に言うと、リニア中央新幹線は開業した時点で満員になり、輸送力不足に陥ることになる可能性が高い。このことについては後で詳述する（234ページ）。

東海道新幹線では「のぞみ」が1時間に12本運転できるといってもこれが限界であり、もっと余裕があるダイヤにするのが望ましいし、東海道新幹線自体も大規模な若返りが必要である。そして若返り後の東海道新幹線には東海道ベルト地帯の輸送という役目があるが、この輸送の主役は「ひかり」と「こだま」になるものの、両列車とも今は1時間に2本しか運転していない。中央新幹線の沿線は東海道ベルト地帯の輸送量とくらべると1桁以上少ない。二つの新幹線は必要なのである。

リニアは技術的にも欠陥があるという主張は誤っている

超電導磁石は、超低温状態がなくなると一気に磁力を失ってしまう。これをクエンチ現象という。国鉄の宮崎実験線の時代から、クエンチ現象をどう防ぐか悩まされてきた。山梨実験線でも過去にクエンチ現象は起こったものの、現在はほとんど起こらなくなっている。

とはいえクエンチ現象を完全に防ぐことができているわけではない。そこでクエンチ現象が一つの超電導磁石で起こっても走行に支障がないようにするために、1台車の片側に4個の超電導磁石を装着させた。

リニア中央新幹線の営業列車は16両編成で、先頭部を除く台車は、連結部の間に置く「連接方式」をとっている。台車の数は先頭部を入れると17台、超電導モーターは68個にもなる。1個がクエンチ現象で磁力を失っても走行には問題はない。

68個も超電導磁石があると、故障の度合いが大きくなると思われるかもしれないが、現新幹線「のぞみ」16両編成のモーターの数は56個あるが、ほとんど故障したことはない。超電導磁石の故障率は皆無に近いようにしようとリニア実験線で走り込み試験を繰り返しており、近年ではクエンチ現象をほぼ封じ込めている。

リニアは低速時にゴムタイヤ走行をすることから、スキッドなどによって火災の心配があるという論調もある。しかし、ゴムタイヤはウレタン充填で、自ら燃え続けることがない極難燃性の素材を使用している。ゴムタイヤからの火災の恐れはない。

列車内の電源による火災の心配というのもない。近年の鉄道車両は極難燃性の素材を使用していて、火災による重大事故は起こっていない。平成30年に沿線住宅火災によって小田急の車両の屋根が燃えたことがあったが、火元の住宅から遠ざかるとすぐに消えている。また、東海道新幹線「のぞみ」の車内でガソリンをまいて自殺した事件も、火元のガソリンがなくなると火災はすぐに収まった。

左がA線、右がB線。A線の列車は550km/h 、B線は450km/hを出して、相対速度1000km/hでのすれ違い試験が行われた

リニア試験車両が車両基地で点検中に電線類がショートしてボヤ騒ぎがあったが、これは基地内での試験中の火災であり、営業車が火災を起こす心配は通常鉄道と同じレベルのものである。

地震による軌道のゆがみが問題だという人もいるが、浮上高さが１００mmもあり、側壁と車体との間隔も同様に１００mmになっている。少々の軌道のゆがみで車体が路盤や側壁に当たることはない。

側壁コイルと車両の超電導磁石が収納されている台車との間は40mmになっている。駆動力を得るためには間隔を狭めなければならないからこれは仕方がない。といっても台車側はアクティブサスペンションによって車体と締結されており、地震の揺れにも間隔を保つようにしている。

側壁は頑丈に造ってあり、一部区間で活断層を通過するが、そんなところではより頑丈にする。トンネルや地下線内では、地震の揺れは地上よりも小さい。高架橋区間は耐震構造で建設される。大きな揺れがあっても耐えられるように造られる。そもそもリニアには脱線という言葉はない。

車内電源の供給についても問題視されている。これまではガスタービンエンジンによって発電機を回していた。将来的には軌道上に誘導電源装置を並べ、非接触で車内に電源を供給することになっている。要は、スマートフォンに配線なしで充電する方法に似たようなものである。

さらに、トンネル突入時の車内の気圧変動が大きくて耳が痛くなる、俗にいう「耳ツン」現象が起こっているという指摘もあるが、飛行機の離着陸時の気圧変動や、かつての在来線特急のトンネル突入時の気圧変動にくらべると、そんなに大きくない。

リニアの換気システムはファンによる強制換気ではなく、空気圧(ラムウエア)を利用したラムウエア換気システムを採用している。このため気圧変動はあるものの不快になるほどではない。これを採用しているのは、ファンによる強制吸排気装置にくらべると軽く、省電力、低騒音だからである。リニアは浮上するから軽いほうがよいし、外部から電源をとりにくいから電力消費を抑えたいためである。

それでも不快だというのならラムウエア換気システムをやめ、新幹線と同様にファンによる強制吸排気をすれば「耳ツン」はほぼ完全に抑えられる。

これらのリニアモーターカーの欠点とされる事項は、いわばリニアに関しての情報があまりにも少ないことからきているといえる。リニアを開発しているＪＲ東海は、弱点や現状での問題点を隠さず、丁寧に説明してほしいものである。

速く走らせることの利点

リニア中央新幹線の品川―名古屋間で、1時間当たり直行タイプ5本、各駅停車タイプ1本の運転をしたとき、使用する列車編成数は直行タイプ用に10編成、各駅停車タイプ用に3編成の計13編成の車両が必要である。予備車両も3編成程度必要なので、最低でも16編成を用意することになる。

リニアをやめて320キロ走行の在来型新幹線にしたとすると直行タイプは15編成、各駅停車タイプは9編成は必要になり、これに予備車両はやはり3編成用意しておかなければならないから、最低でも27編成の車両が必要である。

東海道新幹線が開通したときにそろえた車両編成は30編成もあった。しかし、1時間に2本の運転でしかなかった。所要時間が「ひかり」で4時間、「こだま」で5時間かかっていた。

速く走るということは、回転（運用効率）がよくなるから使用車両は少なくてすむ。速く走るということは利用者にもメリットがあるが、運用側も、より少ない車両数で所定の輸送力を持たせることができ、車両製造費や運用コストも少なくてすむのである。

リニア中央新幹線の根本的な欠点

そうはいっても、リニア中央新幹線には根本的な欠点がある。一つは、「のぞみ」と同じ16両編成でも、定員は「のぞみ」N700系が1323人なのに950人程度と少ない。このため「のぞみ」と同じ人数を輸送するには1・4倍の運転本数が必要になる。

なぜ定員が少なくなるかというと、新幹線の車体幅は3360～3380㎜だが、リニアは在来線とほぼ同じ2900㎜にしている。在来線並みの幅にしたのは、浮上走行するために車体を軽くする必要があることと、500㌔走行時の空力特性をよくするためである。ただし、それだけではない。左右の側壁の外径幅は約3400㎜になっている。もしリニアの開発が順調にいかなかったときには、在来型新幹線に切り替えができるためでもある。ともあれ1列車当たりの定員は少ない。

次に運転間隔である。東京―名古屋間285・6㌔に10か所の中間変電所が置かれている。通常の変電所の意味ではなく、周波数と電流を変化させて列車をコントロールするための施設である。鉄道模型のレイアウトと同様に、一つの変電所で一つの列車をコントロールする。一つの変電所に下り用と上り用の二つのコントローラーがあると考えてもいい。

このほかに品川と名古屋の両駅の入換用変電所と、二つある車庫への入出庫線用の変電所もある。

1変電所の受け持ち距離は平均28・6㌔である。図のように先行列車が変電所の境界に走っているとき、想定では、後続の列車は手前の変電所のさらに7㌔手前までしか走れない。

リニア走行パターン（筆者想定）

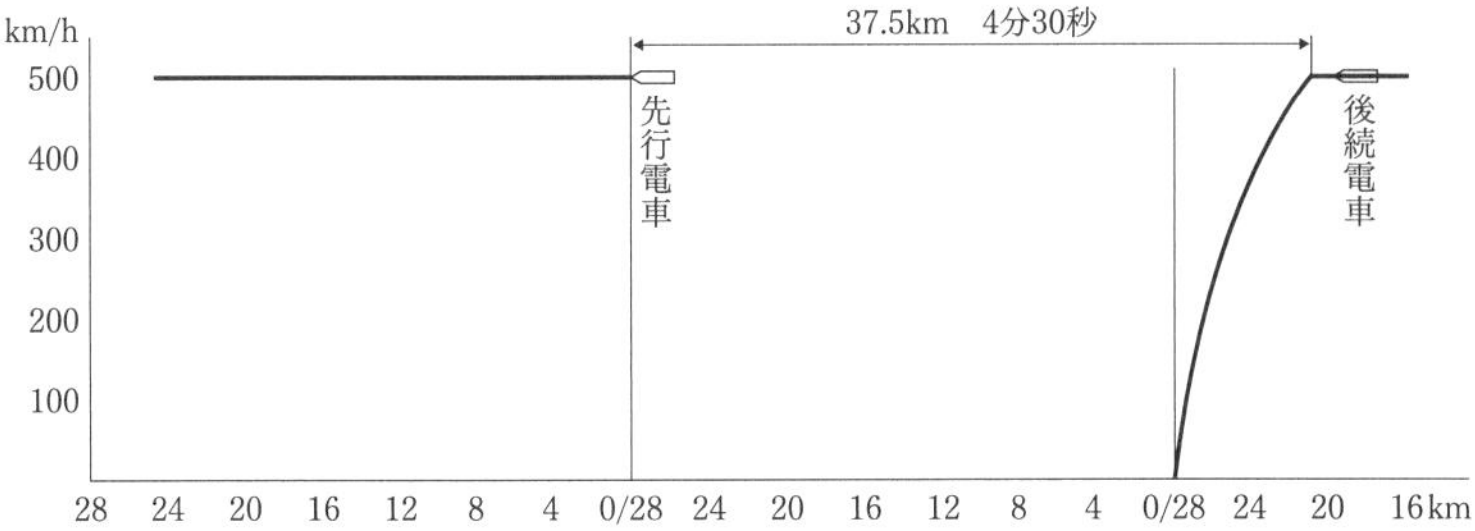

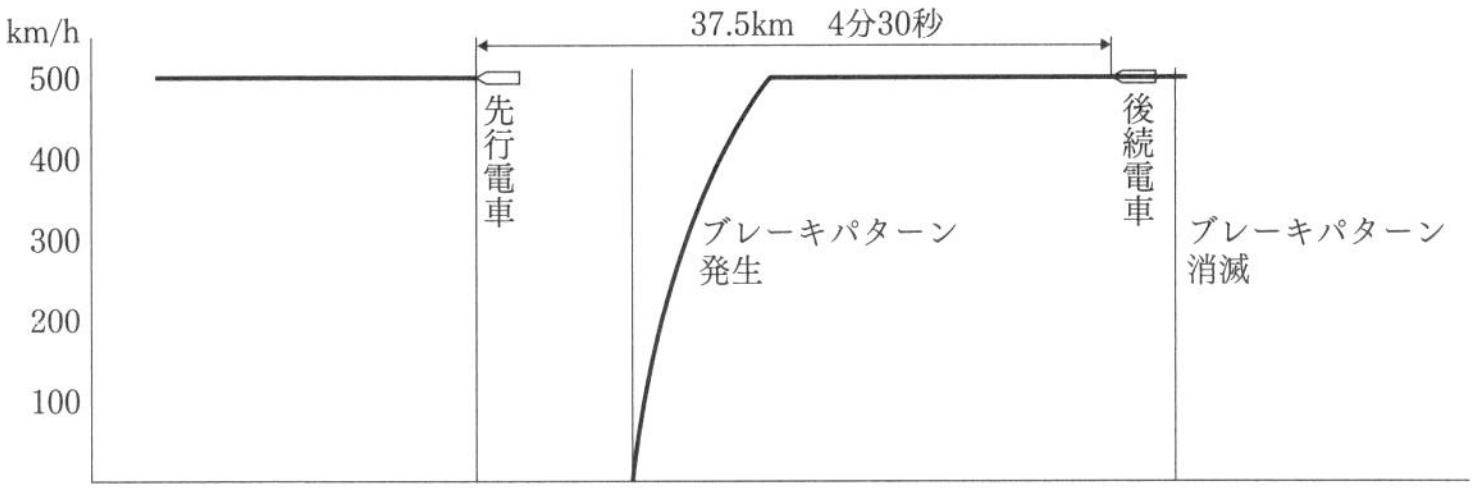

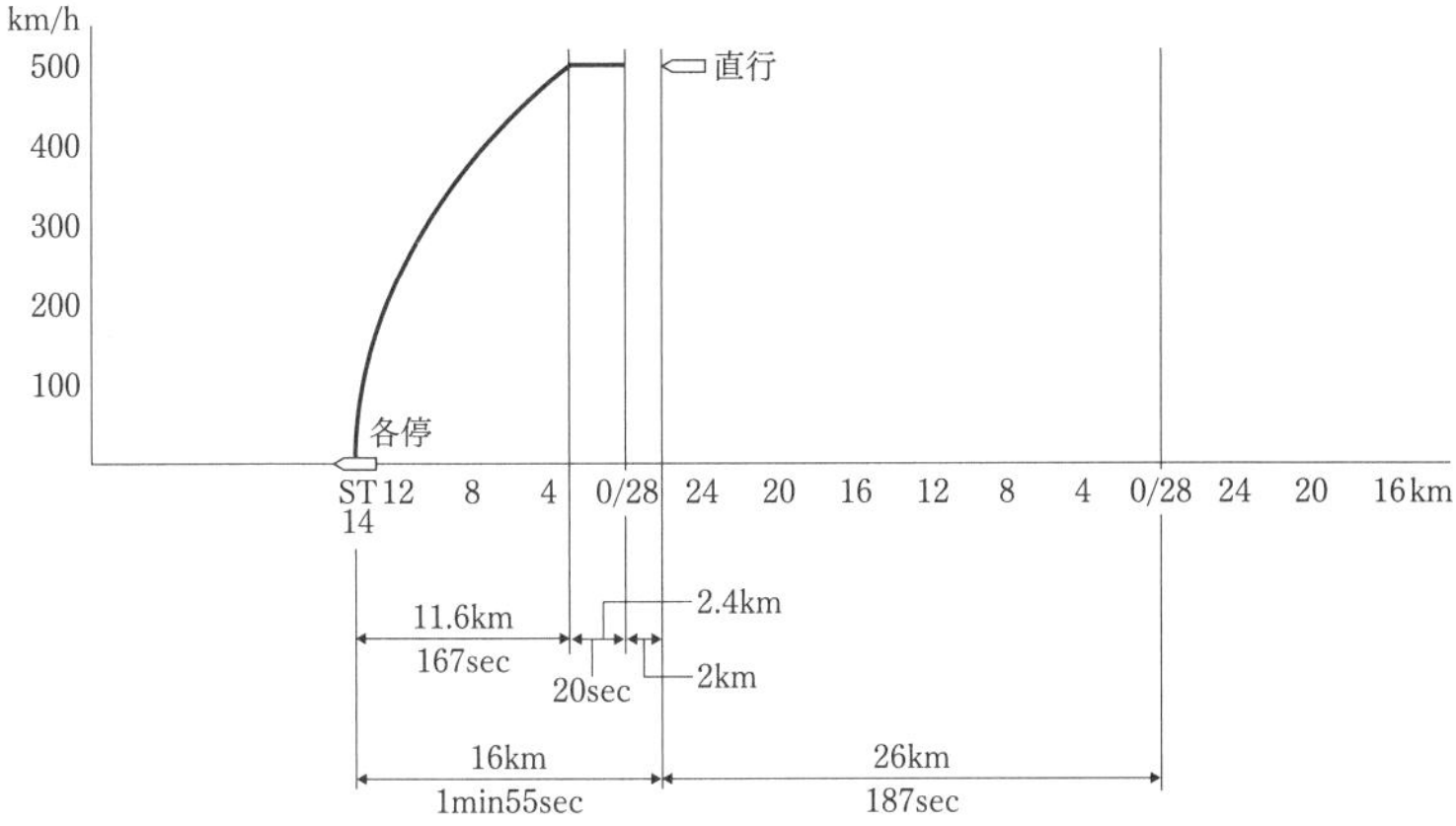

リニアの車両は在来線並みの車体幅なので、横2&2列になっている

リニア列車の非常ブレーキの減速度は5・0キロ／時／秒とされる。500キロ走行中に非常ブレーキをかけると100秒で停止する。ブレーキ距離は6・94キロ、安全をみて境界の7キロ手前の地点に達すると非常ブレーキがかかる。

先行列車と後続列車の最小運転間隔は距離にして28・6＋7キロの35・6キロである。時間にして4分16秒だが、余裕距離を考慮し、ダイヤ上では15秒を単位にしているので、最小運転間隔は余裕をみて4分30秒ということになり、先行電車と後続電車の距離は37・5キロということになる。ただしこれらについてはあくまで筆者の想定であり、JR東海が公式に発表していないものである。

JR東海の発表では、通常の時間帯では1時間に6本を走らせ、そのうち1本は各駅停車タイプとしている。また、最大運転本数は直行タイプ7本、各駅停車タイプ1本の計8本としている。増やす直行タイプは各駅停車が走らない10分サイクルの間に5分間隔で走らせる。これからしても最小運転間隔は4分30秒だと推測できる。

先行電車が各駅停車の場合に、同電車が待避線に進入してから直行電車が駅を通過するまでの時間を吟味してみる。この場合、減速度は乗り心地の観点から3・0とする。駅を1変電所の中央に置くことになろう。減速度3・0で500キロの速度から駅に停車する距離は11・6キロ、時間にして167秒、500キロ走行距離は2・4キロ、20秒である。

後続の直行電車が駅受け持ち変電所の手前の変電所区域に入って187秒走行する距離は26キロである。図のように、各停電車が停止したときには直行電車は駅の手前16キロのところを500キロで走行している。駅に到達する時間は1分55秒、15秒単位に切り上げると2分ということになる。

直行電車が通過して各停電車が発車する時間も、加速度3・0にした場合は2分である。

詳しいダイヤの吟味は249ページで述べるが、直行タイプが7本ということは1時間の最大輸送力は6650人にすぎない。現東海道新幹線「のぞみ」の1時間当たりの最大輸送力1万5900人にくらべると40％ほどの輸送力である。

名古屋開業時には、品川―名古屋間の「のぞみ」の利用客の3分の1程度が中央新幹線利用に切り替えてくると見込んでいるという。輸送力は東海道新幹線の30％でいいということなので、40％程度の輸送力であれば余裕があることになる。

東京駅から新大阪駅に行くのに、品川と名古屋で乗り換えるのは面倒なので敬遠する。新横浜駅の利用者も、橋本駅まで行ってリニアを利用するのも面倒である。しかも橋本からは各駅停車タイプしか乗れない。本来であれば橋本停車の直行列車も設定したいところだが、そうすると八王子、町田、多摩センターの各方面からの中央新幹線利用客が殺到するから、これは設定しないだろう。

各駅停車客も橋本利用は多いが、山梨県駅と長野県駅、岐阜県駅の利用者は少ないとみている。

中央新幹線品川—名古屋間のルートと駅

品川—橋本間

東海道新幹線品川駅の地下に中央新幹線の品川駅が建設される。その北側には品川変電所が置かれる。いわゆる変電所ではなく、リニア電車の走行をコントロールする装置がある場所のことで、品川変電所は駅構内の入換用や、引上線とホームとの間の移動用である。品川駅は地下３階に島式ホーム２面４線があり、終端側奥に引上線が設置される。

品川駅を出ると大深度地下線で長さ36・9キロの第1首都圏トンネルを走る。東海道新幹線の地下を南下する。

東海道新幹線は半径４００ｍで右カーブしてから今度は同じ半径で左カーブして、湘南新宿ラインが走る東海道本線大崎支線を越え、東急大井町線の下神明《しもしんめい》駅あたりで品鶴《ひんかく》貨物線の下を走っている。

中央新幹線は半径９００ｍで右カーブするので東海道新幹線と分かれ、大崎支線の下をくぐってほぼまっすぐ進む。東海道新幹線と交差、大井町線の戸越公園駅、荏原町《えばらまち》駅の北、東急池上線の長原駅の南を通り、洗足駅をかすめ、東横線の田園調布—多摩川間で同線を横切って多摩川をくぐる。

南武線とは武蔵中原—武蔵新城《しんじょう》間で交差、東急田園都市線と宮前平駅の南西で交差、東名高速道路とは川崎インターチェンジの中心点で交差、小田急線とは新百合ヶ丘—柿生《かきお》間で交差し、ＪＲ横浜線・京王相模原線の橋本駅の南西側に中央新幹線の神奈川県駅（以下橋本駅とする）が設置される。

橋本駅はオープンカットの開削《かいさく》工法で造られ、地下3階に島式ホーム2面4線がある。

橋本—新甲府間

橋本駅の先は、長さ3645mの第2首都圏トンネルとなる。同トンネルを出ると263mの相模川橋梁、176mの太井《おおい》上依知《かみえち》架道橋、162mの第1串川《くしかわ》橋梁、59mの第2串川橋梁を通る。第1と第2の串川橋梁の間に相模川変電所がある。また、太井上依知架道橋で津久井広域道路、第2串川橋梁で串川とともに首都圏中央連絡道（圏央道）を越える。圏央道とは相模原インターチェンジの高尾山寄り出口ランプウェイ付近で交差する。

6276mの津久井トンネルに入る。トンネル内で、南側に設置される関東車両基地への5キロの入出庫線が分かれる。出庫線は品川方につながり、入庫線は品川方から分かれる。このた

富士山をバックに500km/h走行

め、入出庫電車が回送でない限り品川—橋本間の区間電車が走るものと思われる。関東車両基地は宮ヶ瀬湖の北側の地下に設置され、関東車両基地変電所が設置される。この変電所は入出庫用である。

入出庫線が分岐した先で津久井トンネルは終わり、明かり区間に出て162mの道志《どうし》川《がわ》橋梁を渡り、すぐに1万449mの藤野トンネルに入る。明かり区間に出て176mの安《あ》寺沢《てらざわ》橋梁を渡り、すぐに3054mの安寺トンネルに入る。同トンネルの途中から現在のリニア実験線になる。

短い第4〜第1大ノ入トンネル、3805mの秋山トンネルを抜けるとリニア実験線の車両基地がある。続いて1818mの朝日トンネル、3943mの九鬼トンネルを抜ける。明かり区間はフードで覆われて景色を見ることはできない。九鬼トンネルの出口から先も200mほどのフードで覆われている。このフードは微気圧波を緩和するために長い。

九鬼トンネルの先は真の明かり区間になり、富士山を見ることができる。しかし、500キロで走ると6秒間しか見ることはできない。

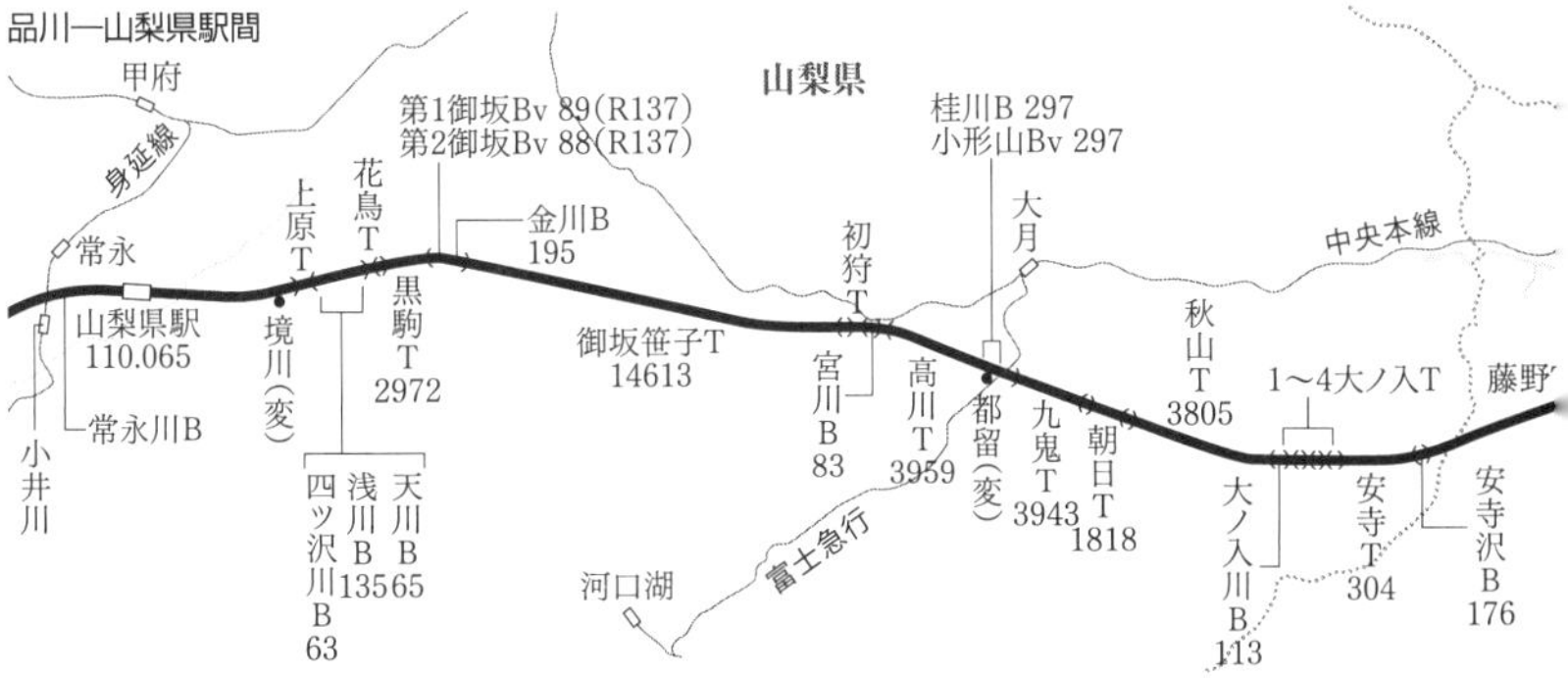

明かり区間では297mの桂川橋梁で富士急行と国道139号を越え、下路アーチ式の小形山《おがたやま》架道橋で中央高速河口湖線を渡る。渡った先に現リニア見学センターと山梨実験センターとホーム、山梨県立リニア見学センター、それに都留《つる》変電所がある。

3959mの高川トンネル、463mの初狩トンネル、1万4613mの御坂笹子《みさかささご》トンネルを抜ける。各トンネルの間の明かり区間はシェルターで覆われているが、初狩トンネルと御坂笹子トンネルの間のシェルターには窓が置かれて景色を見ることができる。一瞬の時間なので、気づくことのほうが難しいが、長い明かり区間でのフードには、このような窓が設置される。

御坂笹子トンネルに続いて黒駒トンネルを抜けると甲府盆地に入る。開通時にはシェルターで覆われる可能性はあるが、現在は覆われていない。

2972mの黒駒トンネルがあって、その先に境川変電所が置かれている。現在のリニア実験線はここで終了する。品川起点104・2キロの位置である。

この先で中央道を2回オーバークロスした先に山梨県駅（以下新甲府駅とする）がある。品川起点110・1キロの位置であ

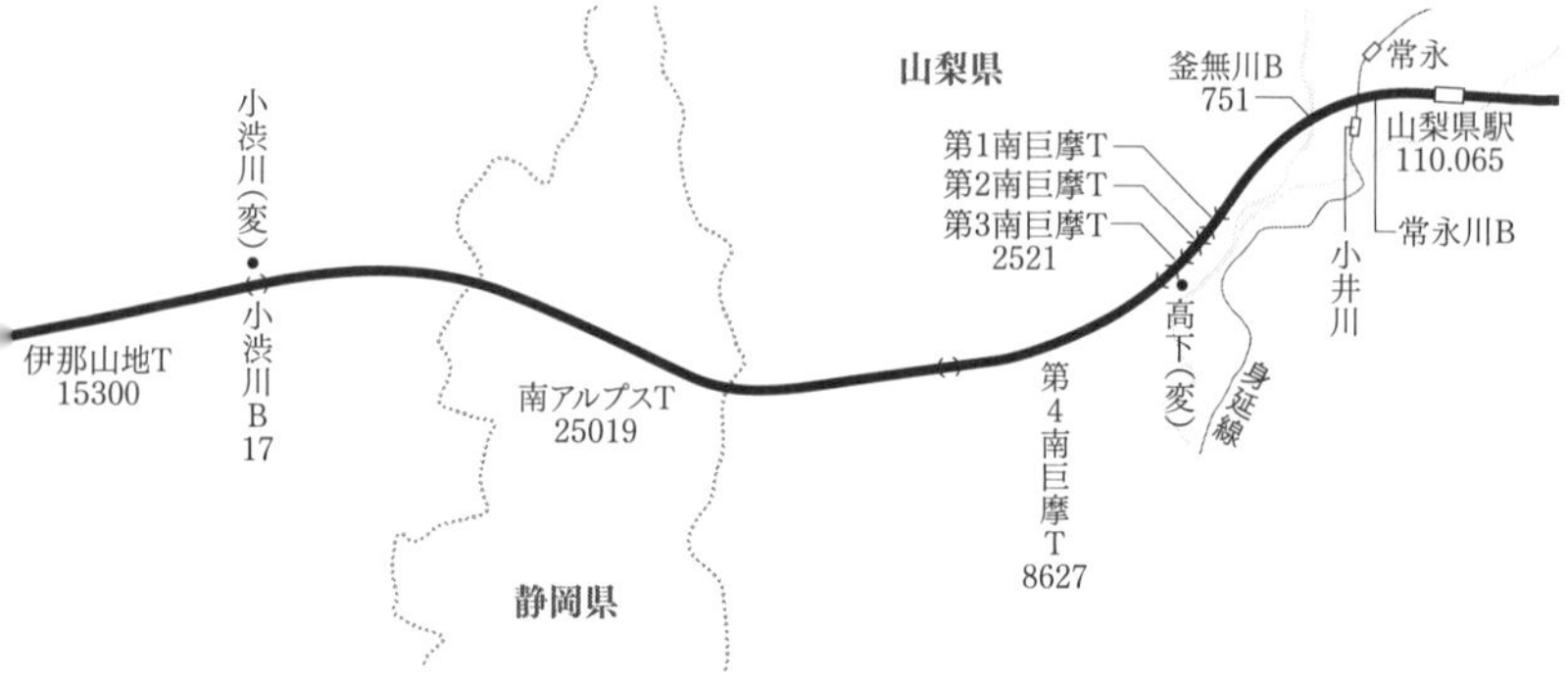

る。3階にホームがある高架駅で、1階にコンコースがある。島式ホーム2面4線で上下渡り線が設置される。

北側に中央道が並行し、インターチェンジが設置される予定である。南側にも新山梨環状道路が並行している。リニアの高架下に、身延《みのぶ》線小井川《こいかわ》駅との間を結ぶ新交通システムまたは連接バス、あるいは身延線に直通できる通常型の鉄道路線を敷設する構想がある。

新甲府—新飯田間

中央新幹線は半径1万m、続いて8000mで左に大きくカーブして南下し、次に右に大きくカーブして西進する。右カーブする手前で第1〜3の南巨摩トンネルを抜けてから、2万5019mすなわち25キロ余りの長さになっている南アルプストンネルに入る。板屋岳と烏帽子岳の間を抜けている。

長野県に入って、小渋川《こしぶがわ》を渡るために南アルプストンネルは終了し、次に1万5300mの伊那山地トンネルに入るが、明かり区間に小渋川変電所が設置される。

伊那山地トンネル出口付近にも豊丘変電所が置かれる。長大

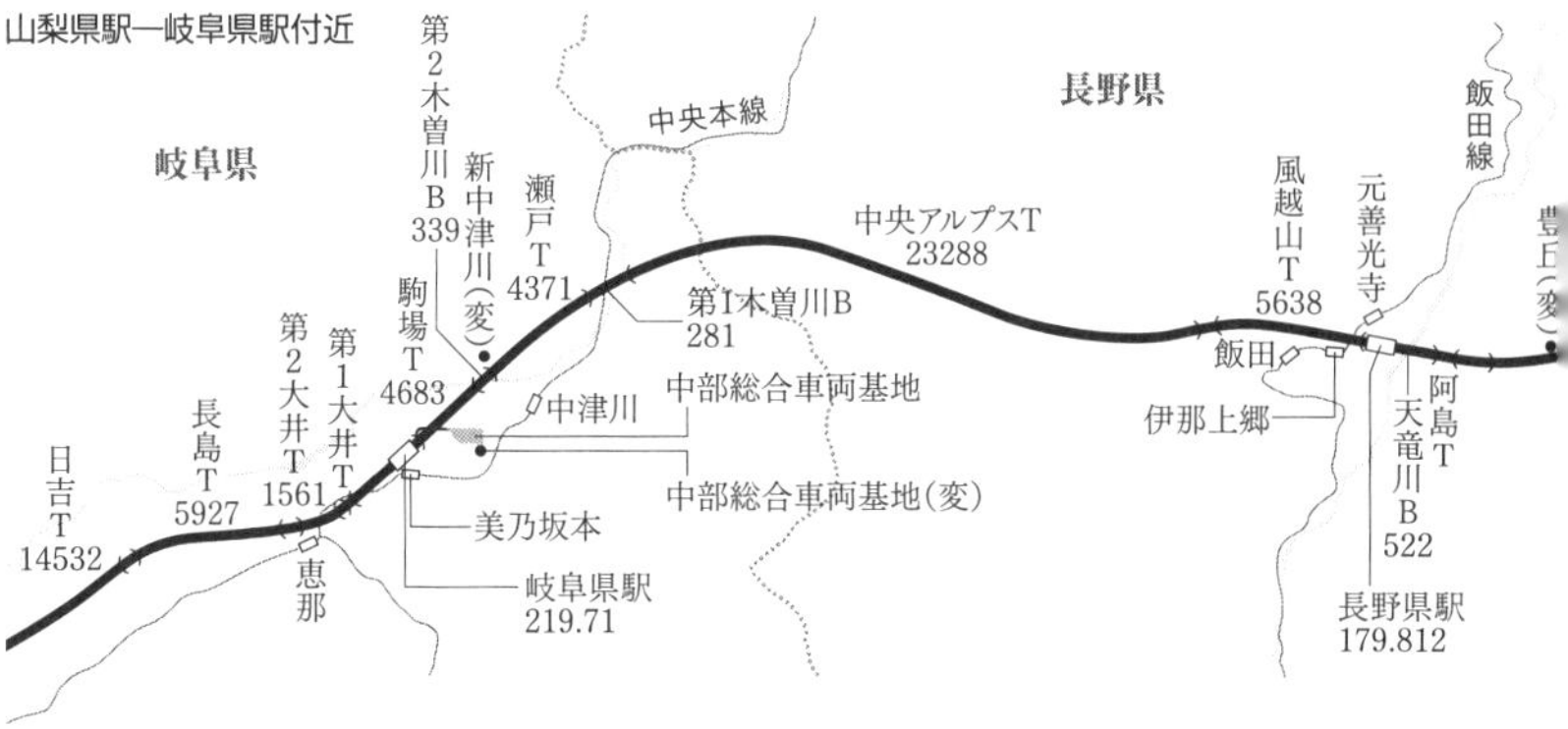

トンネルが続くので、明かり区間近くに変電所を設置して、担当区間までトンネル内をケーブルを通して接続するからである。

伊那山地トンネルを出て、短い阿島トンネルを抜け、522mの天竜川橋梁を渡り、国道153号を越えると長野県駅（以下新飯田駅とする）となる。

新飯田駅は品川起点179・8キロの位置で、新甲府駅と同構造の島式ホーム2面4線の高架駅である。位置は国道153号の西、イオンモールの北側である。

新飯田駅を出るとすぐに5638mの風越山トンネルに入るが、同トンネルへ入ってすぐに飯田線と交差する。交差する場所は同線の伊那上郷《かみさと》駅と元善光寺駅のちょうど真ん中あたりなので、ここに飯田線も新飯田駅を造り、中央新幹線と連絡することが考えられている。

新飯田—新中津川間

風越山トンネルに続いて2万3288mの中央アルプストンネルを抜けて岐阜県に入り、第1木曽川橋梁で木曽川と中央本

リニア岐阜県駅は中央本線美乃坂本駅に隣接。すでに用地は確保されている

リニア岐阜県駅は建設を開始した

線を越える。中央本線と交差する地点は落合川駅と坂下駅の間で、落合川駅から上り塩尻方面の線路が別線線増で分かれたあと再び上下線が合流するあたりである。

今度は４３７１ｍの瀬戸トンネルを抜けて、すぐに４６８３ｍの駒場トンネルに入る。近くに新中津川変電所が設置される。駒場トンネル内の名古屋寄りで中部総合車両基地の入出庫線が分岐する。出庫電車は名古屋方で接続、入庫電車は名古屋方から分岐するので、こちらも岐阜県駅（以下新中津川駅とする）―名古屋間の区間電車が多数設定されるかもしれない。車両基地の入出庫用に中部総合車両基地変電所が設置される。

駒場トンネルを出ると新中津川駅になる。品川起点219・7キロのところにあり、やはり島式ホーム2面4線の高架駅である。中央本線の美乃坂本《みのさかもと》駅に隣接している。

新中津川―名古屋間

中央新幹線はまっすぐ進む。中央本線は美乃坂本駅の名古屋寄りに半径400mの左カーブがあり中央新幹線とほぼ並行するようになる。しかし、すぐに右にカーブして中央新幹線と交差し、離れていく。

短い第1大井トンネル、続いて1561mの第2大井トンネルを抜ける。第2大井トンネルの名古屋寄りで中央本線が交差する。

中央本線や中央道と離れた北側の山塊を、5927mの長島、1万4532mの日吉、3260mの美佐野の三つのトンネルで抜ける。少し明かり区間があってから短い久々利《くくり》トンネル、続いて大深度地下トンネルの第1中京圏トンネルに入る。同トンネルの長さは34・2キロもある。太多《たいた》線とは小泉―根本間で交差する。この付近に姫変電所が置かれる。

中央本線とは神領《じんりょう》―春日井間で交差してから、勝川《かちがわ》駅の名古屋寄りで再び交差するまでほぼ並行する。名鉄小牧《こまき》線・地下鉄上飯田線の上飯田駅の南側で同線と交差、名城線とは志賀本通《しがほんどおり》―平安通間で

名古屋付近

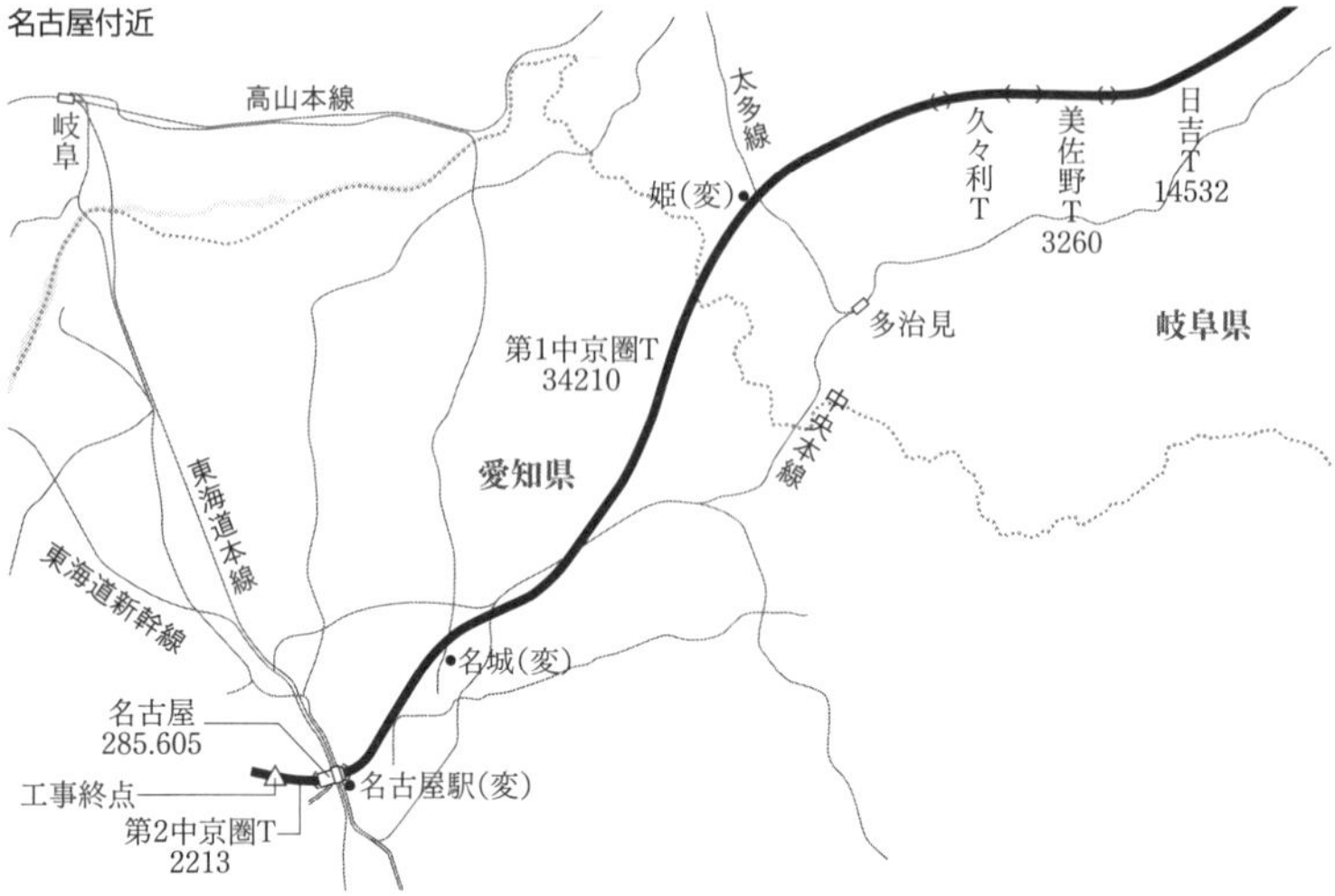

交差、名鉄瀬戸線とは清水駅と東大手駅の2か所で交差する。この付近に名城変電所が置かれる。市役所駅付近で再び名城線と交差して名古屋駅に滑り込む。

中央新幹線の名古屋駅は、地下4階に島式ホーム2面4線が設置される。品川起点285・6キロ地点にある。高架の他線とはほぼ直角に交差するので、エレベータで上がれば新幹線のホームに簡単に行ける品川駅のようにはならない。列車の中央付近ならそれもできるが、列車の先頭や後部の車両からはかなり歩くことになる。新幹線側も同様である。乗換時間は10分以上必要だろう。名古屋駅の奥に引上線が設置される。このため入換用の名古屋駅変電所が設置される。

名古屋駅の先の第2中京圏トンネルも2213mほど掘削される。名古屋駅からまっすぐ西に進み、地下鉄東山線とは中村公園駅付近で交差、庄内川をくぐったところまで掘削される。

中央新幹線のダイヤ作成の条件を考察する

中央新幹線の本線列車のコントロールは、まず目黒川変電所が受け持つ。同変電所は首都高速中央環状線と東海道本線の交点付近にあり、受け持ち区間は明示されていないが、品川駅から橋本駅の手前14キロ地点（小田急小田原線交点付近）までの24キロだと思われる。

周波数変換器は上下それぞれ１基だとし、加速度・減速度ともに乗り心地を考慮して３・０キロ／時／秒（以下単位を省略）とすると、橋本駅通過電車の品川―橋本間の所要時間は４分30秒（15秒単位で切り上げ）かかる。後続の電車は４分30秒後ということになる。

次の相模川変電所は品川起点42キロ付近である。同変電所の受け持ち区間は、橋本駅を挟む14キロの区間にして、駅停車や通過のコントロールをすると思われる。

起点駅を受け持つ目黒川変電所は24キロ区間だが、中間の変電所間隔は28キロ前後になっている。これが通常の鉄道でいう閉塞《へいそく》１区間の長さということで、ここに列車があると他の列車が入るわけにはいかない。このため、後発列車は先行列車が走っている閉塞区間に入れないように、デジタルＡＴＣと同様に、ブレーキパターンを発生させて速度を落とすようにする。

28キロの距離と、受け持ち変電所外の区間において非常減速度５・０（リニア実験線での最大加減速度の値）で後続列車を境界で止める距離９・５キロを足した37・５キロが安全な列車間距離になる。５００キロ走行だと時間にして、やはり４分30秒かかる。なお減速度５・０は阪神ジェットカー初期形の常用減速

車両の扉とホームとの間には磁気シールドされたフードが設置される

度の値である。満員の通勤時にこの減速度でブレーキをかけても将棋倒しになったことはない。

つまり4分30秒が最小運転間隔になる。

また、一駅停車するごとに6分遅くなるとされている。6分の根拠は以下のとおりである。

ホームに停車してもすぐに扉は開けられない。磁気シールドした、空港のボーディングブリッジの先端にあるような幌を扉に密着させる。このため停車時間は3分は必要である。これに、加速度も減速度も3・0にした場合、減速あるいは加速にかかる時間は3分、距離にして11・6㌔である。駅を通過する電車が11・6㌔の距離を時速500㌔で走ると1分30秒だから、加減速によるロス時間は3分－1分30秒＝1分30秒で、加減速合わせて3分である。停車時間3分を加えると6分である。

品川―名古屋間開業時の想定ダイヤ

最小運転間隔は4分30秒、各駅停車タイプの加減速によるロス時間は1分30秒、停車時間は3分になると思われる。

各駅停車タイプは全駅で待避をする。変電所の受け持ち区間を14キロとすると、各駅停車タイプが停車してノンストップ列車が追い越しのために通過するまでの時間は2分、通過してから各駅停車タイプが発車するのも2分ということになる。

JR東海の発表では、最ピーク時の運転本数は1時間8本としている。うち1本は各駅停車タイプなので、直行タイプは7本ということになる。おそらく直行電車は10分毎に運転して、追い越しをしない10分間隔の時間帯にもう1本直行電車を挿入して、3本を連続して5分毎に走らせるということになろう。そして通常時間帯は10分毎、あるいは一部時間帯は20分毎になると思われる。

そうすると品川―名古屋間の所要時間は、直行タイプが42分、各駅停車タイプが1時間20分になる。

リニアの中間普通車の定員はトイレ・洗面所付が52人、なしが68人、先頭普通車は40人、中間グリーン車は38人と想定できる。グリーン車の連結は3両とすると、総定員は16両編成で862人である。

だが、品川―新大阪間が全通しても所要時間は1時間6分と短いから、トイレ・洗面所の数はその

品川―名古屋間開通時　下り7時台時刻表

行先		名古屋	名古屋	名古屋	名古屋	名古屋	名古屋	名古屋	名古屋	名古屋	名古屋	名古屋
列車名		ふじ 17号	ふじ 19号	ふじ 21号	かいこま 303号	はと 203号	はと 103号	ふじ 23号	ふじ 25号	ふじ 27号	ふじ 29号	ふじ 31号
品川	発	700	705	710	…	…	716	720	730	740	750	800
橋本	着	レ	レ	レ	…	…	726	レ	レ	レ	レ	レ
	発	レ	レ	レ	…	720	730	レ	レ	レ	レ	レ
新甲府	着	レ	レ	レ	…	733	743	レ	レ	レ	レ	レ
	発	レ	レ	レ	729	739	749	レ	レ	レ	レ	レ
新飯田	着	レ	レ	レ	742	752	802	レ	レ	レ	レ	レ
	発	レ	レ	レ	748	758	808	レ	レ	レ	レ	レ
新中津川	着	レ	レ	レ	757	807	817	レ	レ	レ	レ	レ
	発	レ	レ	レ	803	813	823	レ	レ	レ	レ	レ
名古屋	着	742	747	752	816	826	836	802	812	822	832	842

半分にしてもいい。つまり中間普通車のトイレ・洗面所付を6両から3両に減らすと総定員は48人増えて910人になる。

現行「のぞみ」の総定員は1323人だからリニアの定員はその69%になる。つまり「のぞみ」16両編成を10両編成に減じたくらいの定員なのである。

現行「のぞみ」は東京―新大阪間で1時間に最大12本の運転をしている。輸送力は1万5900人にもなるが、中央新幹線の輸送力は6370人と半分にも満たない。トイレ・洗面所なし普通車だけにしたとしても輸送力は7224人なので、こうしたとしても「のぞみ」の輸送力の半分にもならない。

品川―名古屋間の部分開業であれば、京都以遠へは面倒な乗り換えを嫌って「のぞみ」を利用するから、中央新幹線の利用をしない人も多くいる。また従来、長津田駅あたりから南側の横浜線から新横浜駅で「のぞみ」を利用していた人がわざわざ橋本駅まで行って、しかも各駅停車で時間がかかる中央新幹線を利用するようなケースは少ない。

ちなみに中央新幹線の橋本―名古屋間の各駅停車タイプの所要時間は1時間6分である。「のぞみ」の新横浜―名古屋間は1時間16分か1時間21分なので、10分程度の差である。ただし横浜線の町田―八王子間や京王相模原線沿線では中央新幹線のほうが便利になる。乗るのは各駅停車タイプだから直行タイプよりも空いている。

直行タイプの一部列車を橋本に停車することも考えられるが、そうするとその直行列車に殺到することになるから、直行列車の橋本停車はしないと思われる。

そうすると各駅停車タイプは橋本ですでに満員になり、新甲府や新飯田では乗れない恐れもある。そのためには橋本始発あるいは新甲府始発、さらには新飯田始発の各駅停車をピーク時などには設定する必要があり、それは難しくはない。

初狩トンネルと御坂笹子トンネルの間にある明かり区間はフードで覆われているが、列車の窓の位置に合わせてフードにも窓を設置して、500km/h走行時に外の景色が見えるようにしている

新大阪延伸時には変電所の数を倍増する必要がある

新大阪まで延伸したときには当然、名古屋乗り換えがなくなる。このため京都駅近くに中央新幹線の駅は絶対に設置しない。すれば即刻満員状態になる。それでなくても4分30秒が最小運転間隔であれば輸送力不足になる。

変電所の数を倍にすれば最小運転間隔は2分45秒にできる。直行列車の本数も、2列車続行運転をすることで現「のぞみ」と同じ12本運転ができるとともに、橋本停車も設定できよう。各駅停車タイプが停車して1分後に直行タイプが通過することも可能になる。その各駅停車タイプも1時間に2本以上の運転も可能になるし、現「ひかり」のような途中駅停車タイプも設定できよう。

しかし、これでは中央新幹線のダイヤは過密になり、東海道新幹線はゆったりしたダイヤになってしまう。

なんとか東海道新幹線にも利用される方策が必要であり、「のぞみ」のスピードアップが必要である。そのためには車体傾斜角度を２・５度に引き上げて、２５００ｍのカーブで最高速度を２８５キロ、その他で３００キロ運転をする。

東海道新幹線の東京―新大阪間の所要時間を2時間8分にするとともに、山陽新幹線では３２０キロ運転をして、山陽新幹線直通客は東海道新幹線経由になるよう誘導することである。

中央新幹線の新大阪駅は東海道・山陽新幹線の地下に設置される。両線の乗換時間は15分ほどかかる。品川―新大阪間を1時間6分で走ったとしても、博多方面に行くには乗換時間の15分を加えた1時間21分＋山陽新幹線の所要時間となる。東海道新幹線の品川―新大阪間は現行最速で2時間15分、先述したように車体傾斜角度を2・5度にしたりすれば2時間8分になる。中央新幹線とは62分の差になるが、乗換時間15分を加えると、差は47分に縮まる。さらに東海道新幹線は東京駅から出る。山陽新幹線直通客は東海道新幹線経由のほうが便利だし、ほとんどがトンネルを走行する中央新幹線よりも、明かり区間が多い東海道新幹線のほうが快適である。

ただし、北陸新幹線が開通したときには、山陽新幹線のホームは北陸新幹線のホームと共用して直通運転をすることが考えられている。その共用ホームは、中央新幹線ホームのさらに下の地下に設置する。JR西日本としては山陽新幹線と北陸新幹線と直通運転をして、山陽方面から京都へは自社の北陸新幹線を利用してもらいたいためである。

それもいいが、東海道新幹線との直通運転を全面的に中止するわけにはいかない。人の流れとして山陽新幹線から北陸新幹線に向かう乗客は少ない。あっても松井山手と京都への利用客が主だろう。

だから北陸新幹線を、新大阪駅を経由して南下させ、大阪駅、難波駅を経て関西空港に向かう。さらにそこから紀淡海峡を渡って淡路島に達し、大鳴門橋《おおなるときょう》を通って、高松、松山を経て大分へ至る四国新幹線にするというのもいい。なお、大鳴門橋は道路の下部に四国新幹線の路盤がすでに造られている鉄道・道路併用橋である。

リニア中央新幹線の延伸として四国新幹線を建設するのもいい

前項とは逆に、リニア中央新幹線の延長路線として、四国新幹線を磁気浮上式リニアにするのも一つの手である。

リニアの表定速度は時速４５０キロ程度である。限界乗車時間2時間半説からすると、１１２５キロの距離が有効ということになる。東京―博多間や東京―札幌間ということだが、すでに在来型新幹線の東海道・山陽新幹線や東北・北海道新幹線がある。

基本計画新幹線の大阪―高松―松山―大分間の四国新幹線の距離は約４８０キロ、大分―熊本間の九州横断新幹線は約１２０キロである。東京―熊本間は１０８０キロほどなので所要時間は2時間15分となる。まさにリニアが得意とする距離と所要時間である。

リニアを新大阪駅から関西空港経由の四国新幹線として建設するか、当初の計画どおり神戸を経て淡路島に渡るかは、十分吟味が必要である。

中央新幹線は大きな輸送力を要求され、それに呼応するには変電所の間隔を15キロ前後にしなければならないが、四国新幹線と九州横断新幹線の輸送人員はそれほど多くはない。このため変電所の間隔は30キロ前後にして、最小運転間隔４分45秒でも間に合う。

磁気浮上式リニアを品川―新大阪間に留め置くのはもったいない。四国新幹線として延伸することで、リニアが持つ力をさらに発揮できるといえよう。

著者略歴

川島令三 かわしま・りょうぞう

1950年、兵庫県生まれ。芦屋高校鉄道研究会、東海大学鉄道研究会を経て「鉄道ピクトリアル」編集部に勤務。現在、鉄道アナリスト。小社から1986年に刊行された最初の著書『東京圏通勤電車事情大研究』は通勤電車の問題に初めて本格的に取り組んだ試みとして大きな反響を呼んだ。著者の提起した案ですでに実現されているものがいくつもある。著書は上記のほかに『全国鉄道事情大研究』(シリーズ全30巻)、『関西圏通勤電車徹底批評(上下)』『なぜ福知山線脱線事故は起こったのか』『東京圏通勤電車 どの路線が速くて便利か』『鉄道事情トピックス』『最新 東京圏通勤電車事情大研究』『関西圏鉄道事情大研究(将来篇、ライバル鉄道篇)』『首都圏鉄道事情大研究(将来篇、ライバル鉄道篇、観光篇)』(いずれも草思社)、『全線・全駅・全配線』(シリーズ全52巻)、『日本vs.ヨーロッパ「新幹線」戦争』『鉄道配線大研究』『全国通勤電車大解剖』(いずれも講談社)、『全国未成線徹底検証(国鉄編、私鉄編)』『全国鉄道なるほど雑学』(いずれも天夢人)など多数。

最新 新幹線事情大研究

2021年9月23日 第1刷発行

著　者 川島令三
装幀者 板谷成雄
発行者 藤田　博
発行所 株式会社 草思社
〒160-0022 東京都新宿区新宿1-10-1
電話 営業 03(4580)7676 編集 03(4580)7680

組版・図版 板谷成雄
印刷・製本 中央精版印刷株式会社

ISBN978-4-7942-2541-2 Printed in Japan 検印省略